═══ 한국어 ═══

질병 표현
어휘 사전

Ⓥ

방언별 한국인의 질병 표현 어휘

한국어 질병 표현 어휘 사전 V

방언별 한국인의 질병 표현 어휘

김양진 엮음

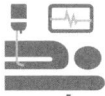

도서출판 모시는사람들

한국어 질병 표현 어휘 사전 V

- 방언별 한국인의 질병 표현 어휘

등록 1994.7.1 제1-1071
초판 1쇄 발행 2026년 3월 31일

엮은이 김양진
펴낸이 박길수
편집장 소경희
편집 · 디자인 조영준
관 리 위현정
펴낸곳 도서출판 모시는사람들
        03147 서울시 종로구 삼일대로 457(경운동 수운회관) 1306호
전 화 02-735-7173/팩스 02-730-7173
홈페이지 http://www.mosinsaram.com/

인 쇄 피오디북(031-955-8100)
배 본 문화유통북스(031-937-6100)

값은 뒤표지에 있습니다.
ISBN 979-11-6629-266-8   91710

이 저서는 2019년 대한민국 교육부와 한국연구재단의 지원을 받아 수행된
연구임(NRF-2019S1A6A3A04058286).

머리말

　이 사전은 경희대학교 인문학연구원의 인문한국플러스 HK+ 통합의료인문학연구단의 사업의 〈한국인의 질병 표현 어휘 사전〉 시리즈의 마지막 권으로 기획되었다. 〈한국인의 질병 표현 어휘 사전〉 시리즈는『질병 표현 어휘 사전 - 주요 사망원인 질병 표현을 중심으로』,『질병 표현 어휘 사전 II - 한국인이 자주 걸리는 질병 관련 표현을 중심으로』,『질병 표현 어휘 사전 III - 한국인의 전염병』,『질병 표현 어휘 사전 IV - 사용역에 따른 한국인의 질병』에 이어 마지막 권인 제5권『질병 표현 어휘 사전 V - 방언별 한국인의 질병 표현 어휘』로 구성된다.

　『질병 표현 어휘 사전 V - 방언별 한국인의 질병 표현 어휘』는 최초로 한국어의 방언 중에서 질병과 관련한 표현만을 모아서 만든 사전으로 제주 방언을 포함해서 경상(경남/경북) 방언, 전라(전남/전북) 방언, 충청(충남/충북) 방언, 경기 방언, 강원 방언 등 한국의 각 지역 방언에서 사용되고 있는 주요 질병 표현과 관련한 3,235 단어와 이에 대한 표준어 대응어 및 통증 관련 일반 어휘를 포함한 표준어의 질병 표현 어휘 1,154 단어를 합하여 총 4,389 단어를 대상으로 사전을 구축하였다.

　이 사전의 전체 구성은 기존에 출간된『질병 표현 어휘 사전 I~IV』과 기본적인 포맷을 같이 하였지만 방언 표제어의 특성상 지역명을 표제어 뒤에 따로 붙였고, 뜻풀이를 표준어 대응형과 연결하여 표준어 뜻풀이를 통해 방

언 어휘의 의미를 쉽게 이해할 수 있게 하였다. 또 표준어 대응형이 없는 경
우 최대한 현대 한국어 표준어로 정확하게 뜻풀이하고 용례를 덧붙여 해당
방언 어휘에 대한 이해를 높이고자 하였다. 특히 용법을 알기 어려운 방언
의 질병 표현 어휘에 대하여 해당 언어에서의 사용례를 보이고, 그 사용례
를 표준어로 번역하여 방언 화자로서의 환자 및 환자 가족과 표준어를 사용
하는 의사 및 간호사 등 의료 종사자들 간의 의사 소통에 기본적인 참고 자
료가 될 수 있도록 구성하였다.

　　이 사전은 한국어 방언 어휘 속의 질병 표현 어휘를 한곳에 모아 출간하
는 최초의 시도이다. 일부 지역어에서는 이러한 관점의 질병 표현들이 상
당한 정도로 조사되어 자료 정리에 참고된 경우도 있지만 아직까지 대체로
이러한 관점, 즉 질병 표현 어휘의 방언적 실체에 초점을 둔 방언 조사가 이
루어지지 못했기 때문에 이 사전을 구축하는 데 많은 제약이 되었으며, 그
런 이유로 지역 방언에서의 질병 표현 어휘가 이 사전에 모두 집대성되었다
고 하기 어렵다. 다만 이 사전은 표준어 중심의 질병 표현 어휘를 넘어서서
지역어 기반의 실제 언어 생활에서 다양하게 실현되어 온 민간의 질병 표
현 어휘들을 최초로 망라했다는 데 의의가 있다. 방언과 사투리를 포함하
여 표준어와 괴리가 있는 방언에서의 질병 표현 어휘들에 대한 관심이 확장
되고 추가로 조사되는 계기가 되기를 기대한다. 나아가 향후 이렇게 수집
된 방언 질병 표현 어휘들이 이 사전의 확장된 버전에 모두 실리게 됨으로
써 전국적 차원에서 환자와 의사, 환자와 간호사, 환자 가족과 의료 담당자
들 간의 의사 소통에서 오해나 갈등이 생기는 원인을 줄이는 데 이 사전이
주요한 역할을 하게 되기를 기대한다.

이 사전의 구축 과정에 경희대학교 대학원 국어국문학과 국어학 분야의 대학원생 이진제(국문과 박사 과정)와 허지민(국문과 석사 과정)이 자료 정리에 도움을 주었다. 질병 표현 어휘를 고르고 정리하고 풀이하는 쉽지 않은 작업에 적지 않은 시간을 할애해 준 두 학생에게 감사의 말을 남긴다.

지금까지 네 권의 사전에 이어 이 시리즈의 마지막 사전인 『질병 표현 어휘 사전 V - 방언별 한국인의 질병 표현 어휘』이 출간될 때까지 지원을 아끼지 않은 경희대학교 HK+통합의료인문학연구단의 박윤재 단장님과 최성민 부단장님, 그리고 까다로운 출판 조건을 탓하지 않고 상업성이 떨어지는 사전을 꼼꼼하게 출판해 주는 〈도서출판 모시는사람들〉의 박길수 대표 및 소경희 편집장, 조영준 실장에게도 감사의 인사를 전한다.

2026년 3월
김양진

한국어 질병 표현 어휘 사전 V

차례

일러두기

※ 방언별 한국인의 질병 표현 어휘

『질병 표현 어휘 사전 V - 방언별 한국인의 질병 표현 어휘』에서는 한국인의 주요 질병 표현 어휘를 방언별로 모아서 크게 (1)제주(622 단어) (2)전라남도(551 단어) (3)경상남도(683 단어) (4)전라북도(145 단어) (5)경상북도(361 단어) (6)충청남도 (186 단어) (7)충청북도(112 단어) (8)강원도(520 단어) (9)경기도(187 단어) (10)표준어(1,154 단어) 등 10개 지역으로 나누어 각 지역에서 사용하는 특징적 질병 표현 어휘 표현 4,389 단어(방언 어휘 3,235, 표준어 1,154)를 모아 출판하였다.

다만 '경상'(150 단어), '전라'(185 단어), '충청'(102 단어)은 각각 '경상남도-경상북도', '전라남도-전라북도', '충청남도-충청북도'에 공히 사용되는 방언 어휘라는 의미이고 이 밖에 여러 지역에 걸쳐서 사용되는 방언형에는 각 지역명을 나열하여 보였다.

'표준어'의 어휘 수가 방언에 비해 많은 것은 가 방언형에 대응하는 표준어를 『표준국어대사전』 및 『우리말샘』에서 찾아 보인 이외에 일반 통증 표현 어휘 700여 단어를 추가하였기 때문이다. 이 과정에 '호쎄, 아하다'와 같은 비표준어적 용법의 단어 일부가 포함되기도 하였다. 이들은 '비표준어'로 따로 표시하였다.

사전의 거시구조 : 겉표지-내지-속표지-일러두기-사전본문(ㄱ~ㅎ)-부록1(표제어-방언형 목록)-부록2(출처)-부록3(논저목록)

사전의 미시구조 : 표제항 방언지역 (원어)[발음] 품사 뜻풀이 ¶용례. 〈관련어휘〉

I. 표제항/표제어

1. 이 사전의 표제어는 한국인의 주요 질병 표현 어휘를 지역에 따라 크게 (1)제주 (제주) (2)전라남도(전남) (3)경상남도(경남) (4)전라북도(전북) (5)경상북도(경북)

(6)충청남도(**충남**) (7)충청북도(**충북**) (8)강원도(**강원**) (9)경기도(**경기**) (10)표준어
(**표준**) 등 10개로 나누어(지역 순서는 남쪽에서 북쪽, 단 표준어는 서울 방언을 포함
한 전국 방언의 개념으로 사용함) 각 지역별 질병 어휘 표현 4,389 단어를 모아 가나
다순으로 배열한다. 다만 제주방언에서 아래아(ㆍ)가 사용된 경우 'ㅏ'의 앞에 배치
한다. 각 방언의 표제어들은 『표준국어대사전』의 표제어 표기 원칙에 따라 표기되
지만 띄어쓰기 표시 ⌒ 등은 표제어에 반영하지 않고 단순히 떼어 쓴다. 각 표제어
의 뒤에 방언 지역명을 ▦ 기호 안에 밝힌다. 방언에 표준어 대응어가 있는 경우
는 『표준국어대사전』에서 찾아 '표준어'로 제시하고, 이와 별도로 통증 표현을 나타
내는 일반 어휘를 '표준어'에 포함한다. **경상**, **전라**, **충청**의 경우 용례에서 〈경남〉,
〈전남〉, 〈충북〉 등을 붙여 구별한다. 필요에 따라 '호쎄, 아하다'와 같은 비표준어적
용법의 단어에 **비표준** 표시를 덧붙이는 경우도 있다. 여러 방언 지역에서 사용되는
단어의 경우는 각 방언을 모두 나열하여 표시한다.

〈사례〉

(1) **깽필-하다** **강원** **동** '마르다'의 방언. ¶저 아는 너무 깽필해사 보기에 영 안 좋
드라.(저 아이는 너무 말라서 보기에 영 안 좋더라.)

(2) **귀-먹추** **경기** **명** '귀머거리'의 방언. ¶그 아이는 날 때부터 귀먹추다.(그 아이
는 날 때부터 귀머거리다.)

(3) **까끄리-하다** **경남** **형** '깔끄럽다'의 방언. ¶몸살이 날라 카는지 오늘따라 쎄가
까끄리하다.(몸살이 나려고 하는지 오늘따라 혀가 깔끄럽다.)

(4) **답다부리-하다** **경북** **형** '답답하다'의 방언. ¶가심이 이리 답다부리한 게 참 사
람 죽겄네.(가슴이 이리 답답한 게 참 사람 죽겠네.)

(5) **다랓** **전남** **명** '다래끼'의 방언. ¶자고 일어낭께 눈에 다랓이 났어라.(자고 일
어나니까 눈에 다래끼가 났어요.)

(6) **부실묵** **전북** **명** '부스럼'의 방언. ¶너 모욕 안 하면 부실묵 난다닝께.(너 목욕
안 하면 부스럼 난다니까.)

(7) **ᄀᆞ롭다** **제주** **형** '가렵다'의 방언. ¶강알이 막 ᄀᆞ릅완 ᄒᆞ는 사름은 강알에 버짐
이 들어신디사 잘 봅서.(사타구니가 막 가려운 사람은 사타구니에 버짐이 들은
것이니 잘 보세요.)

(8) **달래끼** **충남** **명** '다래끼'의 방언. ¶달래끼가 날라구 허는지 눈이 간질간질
혀.(다래끼가 나려고 하는지 눈이 간질간질해.)

(9) **임병** 충북 명 '염병'의 방언. ¶엔날이는 임병만 걸리면 다 죽는 걸로만 알았지 멀.(옛날에는 염병만 걸리면 다 죽는 걸로만 알았지 뭘.)

(10) **깔딱-지** 경상 [깔딱찌] 명 '딸꾹질'의 방언. ¶깔딱지 멈출라마 물 마시거래 이.(딸꾹질 멈추려면 물 마셔라.)

(11) **시춤-허다** 전라 형 '시들하다'의 방언. ¶느그 엄씨가 시춤허니 지세미만 보고 있담서?(너희 어미가 시들하게 처마만 보고 있다면서?)〈전남〉

(12) **홍역** 표준 (紅疫) 명 『의학』 홍역 바이러스가 비말 감염에 의하여 일으키는 급성 전염병. 1~6세의 어린이에게 많고 봄철에 많다. 잠복기는 약 10일로, 감기와 비슷한 증상으로 시작하여 입안 점막에 작은 흰 반점이 생기고 나중에는 온몸에 좁쌀 같은 붉은 발진이 돋는다. 한번 앓으면 다시 걸리지 않는다.〈유〉마진 (痲疹)

(13) **호쎄** 비표준 [호쎄:] 감 (아이들이 다친 데나 아픈 데를 덜 아프게 하려고) 입을 오므려 내밀어 입김을 내뿜으며 쓰다듬을 때 내는 소리. 또는 그 모양. ¶어렸을 때 아플 때마다 어머니가 다친 부위를 '호쎄' 하며 만져 주셨다.

(14) **절룩발-이** 강원 경남 전북 제주 [절룩빠리] 명 '절름발이'의 방언. ¶소아마비를 그때느 아뭇 조치도 없어 갖고 절룩발이가 마이 생기고 안 그랬심니꺼?(소아마비를 그때는 아무 조치도 없어 가지고 절름발이가 많이 생기고 안 그랬습니까?)〈경남〉

2. 방언 표제어는 원칙적으로 단어만을 선택하여 명사, 동사, 형용사, 부사 등 품사를 구별하였지만 특수한 표현이 많은 제주어의 경우 구동(동사구), 구형(형용사구)의 사례 일부를 포함한다. 경우에 따라 아직 표준어로 인정되지 않았지만 현재 널리 사용되는 표현 중 일부를〈표준〉으로 등재하고, 그 밖에 표준어로 처리된 통증 표현 어휘들 중에는 일단 단어(명사, 동사, 형용사, 부사) 이외에 구명(명사구), 구동(동사구), 구형(형용사구), 관용구, 속담 등이 다양하게 제시한다.

〈사례〉

가래-덩어리 강원 명 '가래톳'의 방언.
자물-쎄다 전남 동 '까무러치다'의 방언.
깔뚝 경남 부 딸꾹'의 방언.
까렵다 충남 형 '가렵다'의 방언.

숨 ᄀ끼다 제주 동구 숨이 막히다.

야가지 바짝ᄒ다 제주 형구 목이 칼칼하다.

아하다 비표준 [아ː하다] 동

아야하다 비표준 [ ] 동

쌀쌀 표준 부

4대 성인병 표준 (四大成人病) 명구

가스가 차다 표준 ( ) 동구

몸이 무겁다 표준 형구

홍역(을) 치르다 표준 ( ) 관

역질 흑함(黑陷) 되듯 한다 표준 () 속담

3. 표제항에 딸린 각 단어의 미시 정보는 "(1)표제항 (2)방언지역 (3)(원어) (4)[발음] (5)품사 (6)《전문분야》 (7)뜻풀이 (8)〈관련어휘〉 (9)¶용례"의 순서로 배열하였으나 (원어), [발음], 《전문분야》 등은 표준어 대응어에서만 상세히 밝히고 방언의 특성 상 (원어), [발음], 《전문분야》 등이 불확실한 경우는 자세히 밝히지 않는다.

〈사례〉

궤약 제주 (궤藥) 명 '고약'의 방언. ¶궤약을 ᄇᆞ랑 보름이 지나민 곰셍이는 죽곡 ᄀᆞ려움증이나 물집 증상은 좋아져도, 곰셍이 포자는 그냥 남앗당그네 덥곡 습ᄒᆞ민 도로 살아나 마씀.(고약을 발라서 보름이 지나면 곰팡이는 죽고 가려움증이나 물집 증상은 좋아져도, 곰팡이 포자는 그냥 남았다가 덥고 습하면 도로 살아납니다.)

Ⅱ. 뜻풀이

1. 방언 어휘의 뜻풀이는 표준어 대응형이 있는 경우는 "…의 방언."의 꼴로 풀이하는 것을 원칙으로 하되 대응 표준어에서 뜻풀이와 기타 어휘 정보를 밝힌다.

〈사례〉

매리다 전북 형 '마렵다'의 방언.

며누리-고굼 경기 명 '며느리고금'의 방언.

비지미 강원 명 '비듬'의 방언.

잔조로다 경남 동 '몸조리하다'의 방언.

춤막-춤막 제주 부 '섬뜩섬뜩'의 방언.

마렵다 표준 [마렵따] 형 대소변을 누고 싶은 느낌이 있다. ¶뒤가 마렵다./아이가 오줌이 마려운지 다리를 꼬기 시작했다.

며느리고금 표준 명 '말라리아, 학질'을 한방에서 이르는 말.

비듬 표준 명 살가죽에 생기는 회백색의 잔비늘. 특히 머리에 있는 것을 이른다. 〈유〉풍설(風屑) ¶비듬을 털다.

몸조리-하다 표준 [몸調理하다] 동 허약해진 몸의 기력을 회복하도록 보살피다. 〈유〉몸조섭-하다(몸調攝하다) ¶몸조리하러 친정에 가다./한 달간 쉬면서 몸조리하다.

섬뜩-섬뜩 표준 부 갑자기 소름이 끼치도록 무섭고 끔찍한 느낌이 자꾸 드는 모양. ¶섬뜩섬뜩 공포를 느끼다.

2. 표준어 대응어가 없는 방언이나 비표준어는 해당 맥락에 맞게 표준어로 뜻풀이한다. 이때 표제어의 품사에 맞게 명사는 명사형으로, 동사/동사구는 동사형으로, 형용사/형용사구는 형용사형으로, 부사는 부사형으로 풀이하되 '…함을 이르는 말' 혹은 '…을 비유적으로 이르는 말'처럼 상위어로 풀이한다.

〈사례〉

귓-밋 제주 [권밋] 명 고막이 아프거나 할 때 귓구멍에서 흘러내리는 진물. ¶귀고망에 도지기·귀야덜·귀아들·귓밋, 코바우에 코아덜, 둑지나 뒷고개에 큰종기, 등따리에 난 등창, 다리에 화담 돗는거·꽃담 불근거 이런 것들이 다 열독의 일종이라 마씀.(귓구멍에 도지기·귀야덜·귀아들·귓밋, 콧망울에 코아덜, 어깨죽지나 뒷목에 큰종기, 등에 난 등창, 다리에 화담 돋는 거, 꽃담 붉은 거 이런 것들이 다 열독의 일종입니다.)

나수다 경남 동 병 따위를 낫게 하다.

보굴-묵다 경남 동 골이 나도록 부아가 돋다. ¶아가 어찌나 깐죽거리는지 보굴무서 죽는 주 알았다.(애가 어찌나 깐죽거리는지 골이 나도록 부아가 돋아서 죽는 줄 알았다.)

우리-하다 경상 형 몹시 아리거나 또는 욱신욱신하다. 〈참〉아리다, 욱신욱신하다 ¶주사를 맞고 나면 허리가 이삼일 정도 우리하게 불편할겁니다.

체라쎄 전남 감 재채기하는 사람 곁의 사람이 지르는 소리. ¶체라쎄! 자네 감기 걸렸는갑만.(체라쎄! 자네 감기 걸렸나 보군.)

아 비표준 ( )[아:] 감 (치과에서) 환자들의 입을 벌리라는 뜻으로 의사나 간호사가 내는 소리.

호하다 비표준 ( )[호:하다] 동 (아이들이 다친 데나 아픈 데를 덜 아프게 하려고) 입을 오므려 내밀어 입김을 내뿜다.

3. 표준어가 다의어일 경우, 일상적인 뜻보다는 질병 표현으로서의 뜻을 우선하여 풀이하였다.

〈사례〉

파랗다 표준 ( )[파:라타] 형 춥거나 겁에 질려 얼굴이나 입술 따위가 푸르께하다. 〈참〉퍼렇다 ¶그녀는 두려움에 휩싸여 얼굴이 파랗게 질렸다./수영을 오래 해서 입술이 파랗게 되었다.

효험 표준 (效驗)[효:험] 명 일의 좋은 보람. 또는 어떤 작용의 결과. 흔히 약이나 치료가 좋은 결과를 보일 때 사용하는 말이다. 〈유〉효(效), 효력(效力), 효용(效用) ¶효험을 보다./효험이 있다./효험이 높다.

Ⅲ. 용례

1. 용례는 실제 쓰임이 확인되는 서술형 문장을 용례 표시 '¶'의 뒤에 제시하되 가독성을 위해 ( ) 안에 표준어로 옮겨서 보인다.

〈사례〉

껄띠기 강원 명 '딸꾹질'의 방언. ¶갑작시리 껄띠기가 나서 혼났잖소.(갑작스럽게 딸꾹질이 나서 혼났잖소.) 제주 본벵 「명사」 '풍토병'의 방언. ¶60년대 제주사름한티 본벵이 하나썩 잇어나신디 그것이 기생충벵이라 낫수다.(60년대 제주사람한테 풍토병이 하나씩 있었는데 그것이 기생충병이었습니다.)

비지미 강원 명 '비듬'의 방언. ¶언나 머리캉에 허영 비지미가 많애요.(어린아이 머리카락에 허연 비듬이 많아요.)

지꼬대 경북 명 '기지개'의 방언. ¶가다가 지꼬대도 펴면서 시 가며 해라.(가끔씩 기지개도 펴면서 쉬어 가며 해라.)

할딱-바우 전남 명 '대머리'의 방언. ¶머리가 할딱 빗게져서 할딱바우락 허제.(머리가 훌렁 벗겨져서 대머리라고 하지.)

몰료다 전북 동 '말리다'의 방언. ¶고추를 빼싹 몰료야 되는디 이 비란 놈이 계속 온다니께.(고추를 바싹 말려야 되는데 이 비란 놈이 계속 온다니까.)

뚧다 강원 충청 형 '떫다'의 방언. ¶땡감언 뚧어서 못 먹어.(땡감은 떫어서 못 먹어.)〈충남〉

아야하다 비표준 ( )[ㅣ동 (유아나 아동들이) 아픔을 느끼다. 또는 아픔을 느끼게 하다. ¶애고 우리 귀여운 아기, 아야했어요.

호쎄 비표준 ( )[호쎄:ㅣ] (아이들이 다친 데나 아픈 데를 덜 아프게 하려고) 입을 오므려 내밀어 입김을 내뿜으며 쓰다듬을 때 내는 소리. 또는 그 모양. ¶어렸을 때 아플 때마다 어머니가 다친 부위에 '호쎄' 하며 만져 주셨다.

2. 용례를 제시하기 어려운 표제어는 굳이 용례를 제시하려고 하지 않았다.

IV. 관련 어휘

뜻풀이의 뒤에 표준어를 기준으로 '유의어'와 '참고어'를 〈유〉,〈참〉으로 구별하여 보이되 그밖에 본말·준말, 큰말·작은말, 센말·거센말·여린말 등의 관련 어휘들은 굳이 밝히지 않았다.

〈사례〉

느진돌 제주 명 '가래톳'의 방언. 〈유〉느진돗. ¶다리에 종기가 생기민 강알트멍에 느진돗·느진돌·가랫톳이 바짝 사곡, 풀닷이나 앞ㄱ슴에 종기가 생기민 ㅈ깡이에 멍열이 삽주.(다리에 종기가 생기면 사타구니에 느진돗·느진돌·가랫톳이 바짝 생기고, 팔이나 앞가슴에 종기가 생기면 겨드랑이에 멍이 생깁니다.)

느진돗 제주 명 '가래톳'의 방언. 〈유〉느진돌. ¶다리에 종기가 생기민 강알트멍
에 느진돗·느진돌·가렛톳이 바짝 사곡, 폴 닷이나 앞ᄀ슴에 종기가 생기민 ᄌ깡
이에 멍얼이 삽주.(다리에 종기가 생기면 사타구니에 느진돗·느진돌·가렛톳이
바짝 생기고, 팔이나 앞가슴에 종기가 생기면 겨드랑이에 멍이 생깁니다.)
가라 경남 명 '가래'의 방언. 〈유〉
삼포 경북 명 '가래'의 방언. 〈유〉
개래 충남 명 '가래'의 방언. 〈유〉

V. 출처 - 〈부록2〉

개별 표제항의 출처를 따로 인용하지 않은 것들은 사전의 끝부분에 참고한 자료 및
주요 사이트의 목록을 〈부록1〉로 따로 보인다.

VI. 논저목록 - 〈부록3〉

질병 표현 어휘 관련 논저의 목록을 〈부록2〉로 보인다.

한국어 질병 표현 어휘 사전 Ⅴ

ㄱ

ᄀ는 귀 막다 제주 ( )[ ][형구] 귀가 조금 먹다.

ᄀ롭다 제주 ( )[ ][형] '가렵다'의 방언. ¶강알이 막 ᄀ릅완 ᄒ는 사름은 강알에 버짐이 들어신디사 잘 봅서.(사타구니가 막 가려운 사람은 사타구니에 버짐이 들은 것이니 잘 보세요.)

ᄀ려움증 제주 (ᄀ려움症)[ ][명] '가려움증'의 방언. ¶궤약을 불랑 보름이 지나민 곰셍이는 죽곡 ᄀ려움증이나 물집 증상은 좋아져도, 곰셍이 포자는 그냥 남앗당그네 덥곡 습ᄒ민 도로 살아나 마씀.(고약을 발라서 보름이 지나면 곰팡이는 죽고 가려움증이나 물집 증상은 좋아져도, 곰팡이 포자는 그냥 남았다가 덥고 습하면 도로 살아납니다.)

ᄀ롭다 제주 ( )[ ][형] '가렵다'의 방언. ¶몸이 자꾸 가료완, 니가 신 셍이여.(몸이 자꾸 가려운 것을 보니, 이가 있는 모양이다.)〈제주〉

ᄀ룹다 강원 경북 전북 제주 ( )[ ][형] '가렵다'의 방언.

ᄀ른-징 제주 (ᄀ른症)[ ][명] 목구멍 병.

ᄀ릅다 제주 ( )[ ][형] '간지럽다'의 방언.

ᄀ릅다 전남 제주 ( )[ ][형] '가렵다'의 방언.

ᄀ모끄다 제주 ( )[ ][동] '삐다'의 방언. ¶손 가모까신가 보다. 손이 아판.(손 삐었나 보다. 손이 아파.)

ᄀ무까먹다 제주 ( )[ ][동] '삐다'의 방언.

ᄀ무끄다 제주 ( )[ ][동] '삐다'의 방언. ¶영 걸어가당 잘못하영 삐끗하민 발 가무껑 잘 걷도 못ᄒ곡 하지.(이렇게 걸어가다가 잘못해서 삐끗하면 발 삐어서 잘 걷지도 못하고 하지.)

ᄀ기다 제주 ( )[ ][동] '사레들리다'의 방언. ¶물도 잘못 먹으민 각긴다.(물도 잘못 먹으면 사레들린다.)

ᄀ곱시리 제주 ( )[ ][부] '갑갑히'의 방언.

ᄀ곱이 제주 ( )[ ][부] '갑갑히'의 방언.

ᄀ곱트다 제주 ( )[ ][동] 근육 따위가 뒤틀리다. ¶오랜만이 일헤나난 둑지가 갑턴

저리다.(오래간만에 일을 해서 어깨가 뒤틀려서 저리다.)

가개 경남 ( )[ ] 명 '홍역'의 방언.

가깝ㅎ다 제주 ( )[ ] 형 '갑갑하다'의 방언.

가나-부 경기 ( )[ ] 명 '간호부'의 방언.

가는귀-먹다 표준 ( )[가는귀먹따] 동 작은 소리를 잘 알아듣지 못할 정도로 귀가 조금 먹다. ¶그는 가는귀먹어서 귀에 보청기를 꽂고 다닌다./가는귀먹었는지 작은 소리로 말을 하면 못 알아듣는다.

가는귀-묵다 전남 ( )[ ] 동 '가는귀먹다'의 방언.

가닐대다 표준 ( )[가닐대다] 동 (몸이나 그 일부가) 살갗이 간지럽고 자릿한 느낌이 자꾸 나다. 〈유〉가닐가닐하다, 가닐거리다 〈참〉그닐대다

가라 경남 ( )[ ] 명 '가래'의 방언.

가라-투 전북 ( )[ ] 명 '가래톳'의 방언.

가랍다 경남 전라 제주 ( )[ ] 형 '가렵다'의 방언.

가래 표준 ( )[ ] 명 허파에서 후두에 이르는 사이에서 생기는 끈끈한 분비물. 잿빛 흰색 또는 누런 녹색의 차진 풀같이 생겼으며 기침 따위에 의해서 밖으로 나온다. 〈유〉가래-침, 담(痰) ¶가래가 끓다/가래를 뱉다/가래가 걸리다/목에 가래가 차서 숨을 쉬기가 어렵다./감기가 심해지자 기침이 나오고 가래가 가르랑거렸다.

가래(가) 끓다 표준 ( )[ ] 동구 가래가 목구멍에 붙어서 숨 쉬는 대로 소리가 나다.

가래-덧 전남 ( )[ ] 명 '가래톳'의 방언.

가래-덩어리 강원 ( )[ ] 명 '가래톳'의 방언.

가래-때 전남 충남 ( )[ ] 명 '가래톳'의 방언.

가래-똘 전북 ( )[ ] 명 '가래톳'의 방언.

가래-뜻 전남 ( )[ ] 명 '가래톳'의 방언.

가래-멍어 강원 ( )[ ] 명 '가래톳'의 방언.

가래-멍어리 강원 ( )[ ]명 '가래톳'의 방언.

가래-춤 강원 경남 전남 ( )[ ]명 '가래침'의 방언. ¶질에 가래춤으 함부루 뱉으면 안 돼.(길에 가래침을 함부로 뱉으면 안 돼.)〈강원〉

가래-침 표준 ( )[ ]명 허파에서 후두에 이르는 사이에서 생기는 끈끈한 분비물. 잿빛 흰색 또는 누런 녹색의 차진 풀같이 생겼으며 기침 따위에 의해서 밖으로 나온다. 〈유〉가래, 담(痰) ¶가래침을 뱉다/담배 때문에 목에 가래침이 자주 생긴다.

가래-텃 전남 ( )[ ]명 '가래톳'의 방언.

가래-토시 경남 ( )[ ]명 '가래톳'의 방언.

가래-톳 표준 ( )[가래톧]명 넙다리 윗부분의 림프샘이 부어 생긴 멍울. ¶가래톳이 서다/다리에 가래톳이 생겨 몹시 아프다.

가래-투 전북 ( )[ ]명 '가래톳'의 방언.

가래-툿 강원 경남 ( )[ ]명 '가래톳'의 방언.

가래-툿 전남 ( )[ ]명 '가래톳'의 방언.

가랫-대 전남 ( )[ ]명 '가래톳'의 방언.

가랫-덕 충남 ( )[ ]명 '가래톳'의 방언.

가랫-덧 충남 ( )[ ]명 '가래톳'의 방언. ¶어렸을 때 가랫덧 서면 침을 탁 뱉어 갖구 가랫덧 선 데 문질러 주구 그랬어.(어렸을 때 가래톳 서면 침을 탁 뱉어 갖고 가래톳 선 데 문질러 주고 그랬어.)

가랫-도리 전남 ( )[ ]명 '가래톳'의 방언.

가랫-터 전남 ( )[ ]명 '가래톳'의 방언.

가럅다 충남 ( )[ ]형 '가렵다'의 방언.

가러-톳 경남 ( )[ ]명 '가래톳'의 방언.

가럼-망알 경북 ( )[ ]명 '가래톳'의 방언.

가럼-망울 경북 ( )[ ]명 '가래톳'의 방언.

가럽다 경기 경북 충남 ( )[ ]형 '가렵다'의 방언.

가려움 표준 ( )[ ] 명 긁고 싶은 기분을 일으키는 감각. ¶피부병에 걸린 그는 가려움 때문에 잠을 이루지 못했다./가려움을 못 참고 벌레에 물린 곳을 자꾸 긁는다.

가려움-증 표준 (가려움症)[가려움쯩] 명 발진은 없이 몹시 가려운 만성 피부병. 긁어서 습진과 비슷한 변화를 일으키는 수가 많다. 〈유〉소양-감(搔癢感), 양감(癢感) ¶무좀이 심해진 요즘에는 가려움증 때문에 신경이 곤두서 있다.

가려웁다 충남 ( )[ ] 형 '가렵다'의 방언.

가렵다 표준 ( )[가렵따] 형 (몸이) 근지러워 긁고 싶은 느낌이 있다. ¶나는 모기한테 물린 곳이 가려워서 참을 수가 없었다./등 한가운데가 가려운데 아무리 손을 비틀어도 닿지 않는다.

가로 경남 ( )[ ] 명 '과로'의 방언.

가로-하다 경남 ( )[ ] 동 '과로하다'의 방언.

가롭다 경기 ( )[ ] 형 '가렵다'의 방언.

가리-넘어가다 경북 ( )[ ] 동 '사레들리다'의 방언. ¶떡 묵다가 가리넘어가서 죽을 뻔했다.(떡 먹다가 사레들려서 죽을 뻔했다.)

가리-때 전라 충남 ( )[ ] 명 '가래톳'의 방언.

가리-말 경북 ( )[ ] 명 '가래톳'의 방언.

가리-춤 전남 ( )[ ] 명 '가래침'의 방언.

가리-태 전남 ( )[ ] 명 '가래톳'의 방언.

가리-터 전남 ( )[ ] 명 '가래톳'의 방언.

가리-토시 강원 경남 ( )[ ] 명 '가래톳'의 방언. ¶메칠으 싸돌아댕기드니 사타구니에 가리토시가 생겼구나.(며칠을 싸돌아다니더니 사타구니에 가래톳이 생겼구나.)〈강원〉

가리-톳 경남 ( )[ ] 명 '가래톳'의 방언.

가립다 강원 경상 충남 ( )[ ] 형 '가렵다'의 방언.

가릿-대 전남 ( )[ ]명 '가래톳'의 방언.

가메아뜩-하다 제주 ( )[ ]형 정신이 어지러워 까무러칠 듯하다

가무러-지다 표준 ( )[ ]동 정신이 가물가물해지다.〈참〉까무러지다

가무지다 전라 ( )[ ]동 '삐다'의 방언.

가무치다 경북 ( )[ ]동 '삐다'의 방언.

가무타다 경남 ( )[ ]동 '삐다'의 방언.¶정신없이 가다가 발로 가무타뿠다.(정신 없이 가다가 발을 삐어 버렸다.)

가물시다 경남 ( )[ ]동 '까무러치다'의 방언.

가민 경남 ( )[ ]명 '과민'의 방언.

가민-하다 경남 ( )[ ]형 '과민하다'의 방언.

가분-하다 표준 ( )[ ]형 몸의 상태가 가볍고 상쾌하다.〈참〉가뿐하다

가붓-가붓 표준 ( )[가붇까붇]부 여럿이 다 조금 가벼운 듯한 느낌.〈참〉가뿟하 다

가붓-하다 표준 ( )[가붇타다]형 조금 가벼운 듯하다.〈참〉가뿟하다

가뿐-하다 표준 ( )[ ]형 몸의 상태가 가볍고 상쾌하다. '가분하다'보다 센 느낌 을 준다.〈참〉가분하다 ¶몸살기가 있었는데 약 먹고 한숨 푹 잤더니 몸이 한결 가뿐하다.

가뿟-가뿟 표준 ( )[가뿓까뿓]부 여럿이 다 조금 가벼운 듯한 느낌. '가붓가붓' 보다 센 느낌을 준다.〈참〉가붓하다

가뿟-하다 표준 ( )[가뿓타다]형 조금 가벼운 듯하다. '가붓하다'보다 센 느낌을 준다.〈참〉가붓하다

가쁘다 표준 ( )[ ]형 숨이 몹시 차다.¶가쁜 숨을 내쉬다./그가 숨을 가쁘게 쉬 면서 말을 이어 나갔다./백 미터 달리기를 한 아이들이 가빠 오는 호흡을 주 체하지 못하는 듯 숨을 헐떡인다.

가새기 전라 ( )[ ]명 '가위'의 방언.

가새-눌리다 전라 ( )[ ]동 '가위눌리다'의 방언.

가스가 차다 표준 ( )[ ]동구 소화 기관 내에서 내용물이 부패 · 발효하여 기체가 발생하다 ¶소화가 안 되는지 배 속에 가스가 찼다.

가스승ᄒ다 제주 ( )[ ]형 모습이 나약하고 생기를 잃고 메말라 거칠어 보이다. ¶양지가 무사 경 가스승ᄒ니?(얼굴이 왜 그렇게 메말라서 거칠어 보이니?)

가슴-벵 제주 ( )[ ]명 '가슴앓이'의 방언.

가슴-병 표준 (가슴病)[가슴뼝]명 가슴 구조나 기능에 나타나는 장애 · 질환.

가슴-빙 제주 ( )[ ]명 '가슴앓이'의 방언.

가슴속-앓이 경북 ( )[ ]명 '가슴앓이'의 방언.

가슴쓰림 표준 ( )[가슴쓰림]명 명치 부위가 화끈하고 쓰린 증상. 흔히 위의 신물이 식도로 역류할 때 생기며 신물이 입안으로 올라올 때도 있다. 〈유〉가슴앓이

가슴-쓰림 표준 ( )[ ]명 명치 부위가 화끈하고 쓰린 증상. 흔히 위의 신물이 식도로 역류할 때 생기며 신물이 입안으로 올라올 때도 있다. 〈유〉가슴-앓이, 가슴앓잇-병(가슴앓잇病), 속 쓰림

가슴-아피 전남 제주 ( )[ ]명 '가슴앓이'의 방언. ¶가슴아피는 가심벵엔도 ᄒ곡 파듬벵엔도 ᄀ라마슴.(가슴앓이는 가슴병이라고도 하고 파듬병이라고도 합니다.)〈제주〉

가슴아피-허다 전남 ( )[ ]동 '가슴앓이하다'의 방언.

가슴앓이 표준 ( )[가스마리]명 위에서 식도에 이르는 상복부 및 인두 근처까지 고열이 나는 듯하거나 송곳으로 찌르는 것같이 아픈 증상. 식도 아래의 염증, 위액의 식도 안으로의 역류, 식도 아래쪽의 신전(伸展), 극도의 긴장감 등이 원인이 된다. 〈유〉흉복통(胸腹痛), 가슴쓰림

가슴앓이-하다 표준 ( )[가스마리하다]동 안타까워 마음속으로만 애달파하다. ¶혼자 가슴앓이하다./아무한테도 말 못 하고 가슴앓이하는 내 심정을 누가 알까.

가슴-애피 전남 ( )[ ]명 '가슴앓이'의 방언.

가슴애피-허다 전남( )[ ]동 '가슴앓이하다'의 방언.

가슴을 앓다 표준( )[ ]동구 안달하여 마음의 고통을 느끼다. ¶그는 오랫동안 혼자 가슴을 앓으며 살아야 했다.

가슴이 아리다 표준( )[ ]동구 몹시 가엾거나 측은하여 마음이 알알하게 찌르는 것처럼 아프다. ¶아이들의 불쌍한 모습을 보자 가슴이 아렸다.

가슴이 찢어지다 표준( )[ ]동구 슬픔이나 분함 때문에 가슴이 째지는 듯한 고통을 받다. ¶가슴이 찢어지는 고통을 참으며 걸어갔다.

가슴이 타다 표준( )[ ]동구 마음속으로 고민하여 가슴이 뜨거워지는 것 같다. ¶가슴이 타서 견딜 수가 없다.

가시-허물 제주( )[ ]명 '뾰루지'의 방언.

가심-벵 제주( )[ ]명 '가슴병'의 방언.

가심-아피 전남( )[ ]명 '가슴앓이'의 방언.

가심아피-허다 전남( )[ ]동 '가슴앓이하다'의 방언.

가심-앓이 경북 전라( )[ ]명 '가슴앓이'의 방언. ¶살민서 가심앓이 한분 안 해 본 사람은 없을 기다.(살면서 가슴앓이 한번 안 해 본 사람은 없을 거다.)〈경북〉

가심앓이-하다 강원( )[가심아리하다]동 '가슴앓이하다'의 방언.

가심-애피 전남( )[ ]명 '가슴앓이'의 방언.

가심애피-허다 전남( )[ ]동 '가슴앓이하다'의 방언.

가심-에피 전남( )[ ]명 '가슴앓이'의 방언.

가왜 강원( )[ ]명 '가위'의 방언.

가왜-눌래다 강원( )[ ]동 '가위눌리다'의 방언. ¶꿈에서 깨나지 못하고 가왜눌래서 발버뎅이질 치다 깨 보니 새복이잖소.(꿈에서 깨나지 못하고 가위눌려서 발버둥질 치다 깨 보니 새벽이잖소.)

가왜-눌래키다 강원( )[ ]동 '가위눌리다'의 방언.

가왜-눌리키다 강원( )[ ]동 '가위눌리다'의 방언.

가위 표준 ( )[ ]동 무서운 내용의 꿈. 또는 꿈에 나타나는 무서운 것. ¶아이가 가위에 눌리는지 식은땀을 흘리며 잔다.

가위-눌리다 표준 ( )[ ]동 자다가 무서운 꿈에 질려 몸을 마음대로 움직이지 못하고 답답함을 느끼다. ¶흉한 꿈에 가위눌리다./그는 악몽에서 깨어나지 못하고 가위눌려서 애를 쓰고 있었다.

가이 경남 ( )[ ]명 '가위'의 방언.

가이-눌리다 경남 ( )[ ]동 '가위눌리다'의 방언.

가지랍다 경남 ( )[ ]형 '간지럽다'의 방언.

가통 표준 (加痛)[가통]명 1. 환자의 병이 심해져서 고통이 더함. 2. 열병이나 중병이 재발하거나 다른 증세가 생겨서 몹시 앓음.

가통하다 표준 (加痛하다)[가통·하다]동 1. 환자의 병이 심해져서 고통이 더하다. 2. 열병이나 중병이 재발하거나 다른 증세가 생겨서 몹시 앓다.

가-트림 충남 ( )[ ]명 '트림'의 방언.

가푸다 경남 전남 ( )[ ]형 '가쁘다'의 방언.

가풋-하다 전남 ( )[ ]형 '가뿟하다'의 방언.

가프다 전남 ( )[ ]형 '가쁘다'의 방언.

각골분한 표준 (刻骨憤恨)[각꼴분한]명 뼈에 사무칠 만큼 원통함. 또는 그런 일. 〈유〉각골지통, 각골통한

각골지통 표준 (刻骨之痛)[각꼴지통]명 뼈에 사무칠 만큼 원통함. 또는 그런 일. 〈유〉각골분한(刻骨憤恨), 각골통한(刻骨痛恨)

각골통한 표준 (刻骨痛恨)[각꼴통한]명 뼈에 사무칠 만큼 원통함. 또는 그런 일. 〈유〉각골분한, 각골지통

각심통 표준 (脚心痛)[각씸통]명 발바닥의 한가운데가 아픈 증상. 〈유〉족심통(足心痛)

각통 표준 (脚痛)[각통]명 다리의 아픔.

각통 표준 (覺痛)[각통]명 아픔을 느낌.

간가랍다 〔경남〕( )[ ]〔형〕'가렵다'의 방언.

간벵 〔강원〕( )[ ]〔명〕'간병'의 방언.

간병 〔표준〕(看病)[ ]〔명〕앓는 사람이나 다친 사람의 곁에서 돌보고 시중을 듦.
〈유〉간호(看護), 구병(救病), 병 수발(病수발), 병-시중(病시중), 시병(侍病),
요호(療護) ¶자식들의 효성스러운 간병으로 아버지의 병세가 차츰 좋아졌
다./노인들의 간병 문제가 심각한 사회 문제로 떠올랐다.

간심통 〔표준〕(肝心痛)[간:심통]〔명〕간의 이상으로 생기는 가슴앓이. 얼굴빛이
퍼렇게 되고 숨을 제대로 쉬지 못한다.

간저럽다 〔경남〕( )[ ]〔형〕'가렵다'의 방언.

간절-염 〔경남〕( )[ ]〔명〕'관절염'의 방언.

간지락-개 〔전남〕( )[ ]〔명〕'간지럼'의 방언.

간지락발 〔전남〕( )[ ]〔명〕'간지럼'의 방언.

간지람 〔전남〕( )[ ]〔명〕'간지럼'의 방언.

간지랍다 〔경상〕〔전남〕( )[ ]〔형〕'가렵다'의 방언. ¶일루 와서 간지랍은 데 쫌 긁어
도고.(이리 와서 가려운 데 좀 긁어 다오.)〈경북〉

간지랍다 〔전라〕〔충남〕( )[ ]〔형〕'간지럽다'의 방언. ¶콧구멍이 간지라와서 재채기가
나올락 말락 해유.(콧구멍이 간지러워서 재채기가 나올락 말락 해요.)〈충남〉

간지랍-밥 〔전북〕( )[ ]〔명〕'간지럼'의 방언. ¶아헌티 간지랍밥 멕인다.(아이한테
간지럼 태운다.)

간지럼 〔표준〕( )[ ]〔명〕간지러운 느낌. 〈유〉약감(擽▽感), 연양(軟癢) 〈참〉근지
럼 ¶간지럼을 타다./간지럼을 태우다.

간지럽 〔전남〕( )[ ]〔명〕'간지럼'의 방언.

간지럽다 〔표준〕( )[간지럽따]〔형〕(사물이) 살갗에 살짝 닿거나 스칠 때처럼 웃음
이 나거나 견디기 어려운 느낌이 있다. 〈참〉근지럽다 ¶아이는 모기에 물린
데가 간지러운지 자꾸 긁어 댔다.

간지럽다 〔표준〕( )[ ]〔형〕무엇이 살에 닿아 가볍게 스칠 때처럼 견디기 어렵게 자

리자리한 느낌이 있다. ¶나는 등이 간지러워 긁고 싶었다./피부병 때문에 살갗이 간지러웠다./땀띠 때문에 아기는 간지러워서 온몸을 이리저리 비틀었다.

간지롬 전남 ( )[ ] 명 '간지럼'의 방언.

간지롭다 전남 ( )[ ] 형 '가렵다'의 방언.

간지롭다 전남 ( )[ ] 형 '간지럽다'의 방언.

간지룸 강원 ( )[ ] 명 '간지럼'의 방언.

간지룹다 강원 ( )[간지룹따] 형 '간지럽다'의 방언.

간지룹다 강원 전남 ( )[ ] 형 '가렵다'의 방언.

간지름 강원 ( )[ ] 명 '간지럼'의 방언.

간지름-밥 전남 ( )[ ] 명 '간지럼'의 방언.

간지박 전남 ( )[ ] 명 '간지럼'의 방언.

간질-간질 표준 ( )[ ] 부 자꾸 간지러운 느낌이 드는 상태. 〈참〉근질근질

간질간질-하다 표준 ( )[간질간질하다] 동 / 형 자꾸 간지러운 느낌이 들다. 또는 자꾸 그런 느낌이 들게 하다./자꾸 또는 매우 간지럽다. 〈유〉간질거리다, 간질대다 〈참〉근질근질하다 ¶바람에 날린 머리카락이 얼굴을 간질간질한다./코가 간질간질하여 재채기가 연거푸 났다.

간질-거리다 표준 ( )[간질거리다] 동 (몸이나 그 일부가) 부드러운 물체가 살짝 닿거나 스칠 때처럼 웃음이 나거나 견디기 어려운 느낌이 나다. 〈유〉간질간질하다, 간질대다 〈참〉근질거리다 ¶가래가 걸려 목구멍이 간질거린다.

간질굼 강원 ( )[ ] 명 '간지럼'의 방언.

간질-대다 표준 ( )[간질대다] 동 (몸이나 그 일부가) 부드러운 물체가 살짝 닿거나 스칠 때처럼 웃음이 나거나 견디기 어려운 느낌이 나다. 〈유〉간질간질하다, 간질거리다 〈참〉근질대다

간질-벵 경남 ( )[ ] 명 '간질병'의 방언.

간질-병 비표준 (癇疾病)[간질뼝] 명 '뇌전증'의 전 용어. 〈유〉간기(癇氣), 간질

(癎疾), 간풍(癎風), 뇌전-증(腦電症), 전간(癲癎), 전간-증(癲癎症), 전질(癲疾), 지랄, 지랄-병(지랄病), 지랄-증(지랄症) ¶간질병에 좋은 약./간질병에 걸리다.

간질-빙 제주 ( )[ ]몡 '간질병'의 방언.

간호-부 비표준 (看護婦)[ ]몡 '간호사'의 전 용어. ¶제가 당분간 간호부 노릇 하던 경험으로 힘껏 간호를 하여 드리겠습니다./회진 시간이 되어 의무관이 들어오고 간호부가 바른손에 감긴 붕대를 풀기 시작하였다.

간호-사 표준 (看護師)[ ]몡 의사의 진료를 돕고 환자를 돌보는 사람. 법으로 그 자격을 정하고 있다. 〈유〉백의 천사(白衣天使) ¶대학 병원에서 근무하는 간호사/간호사가 아기에게 조심스레 주사를 놓았다./간호사가 환자에게 수술 전 주의 사항을 설명했다.

간호-원 비표준 (看護員)[ ]몡 '간호사'의 전 용어. ¶청진기를 찬 젊은 의사가 혈압기를 든 간호원에게 다가와서 물었다./대부분의 환자가 휠체어에 실려 나오거나 간호원들의 부축을 받은 채 천천히 병원 밖으로 나왔다.

갈강-버즘 강원 ( )[ ]몡 '마른버짐'의 방언.

갈금 충남 ( )[ ]몡 '간지럼'의 방언.

갈급증 표준 (渴急症)[갈급쯩]몡 목이 말라 물을 마시고 싶은 느낌. 〈유〉갈증(渴症)

갈방-버짐 강원 ( )[ ]몡 '마른버짐'의 방언.

갈실갈실-허다 전남 ( )[ ]혱 '간질간질하다'의 방언. ¶코가 갈실갈실해서 제침이 연방으로 난다.(코가 간질간질하여 재채기가 연달아 난다.)

갈증 표준 (渴症)[갈쯩]몡 목이 말라 물을 마시고 싶은 느낌. 〈유〉갈급증(渴急症) ¶갈증을 느끼다/갈증을 해소하다/갈증이 나다/참을 수 없는 갈증에 당뇨병 초기 증상이 아닌가 생각을 했다.

감각이 둔하다 표준 ( )[ ]혱구 감각이 날카롭지 않고 몹시 무디다. ¶요즘 들어 잇몸 주위에 둔한 통증이 자주 느껴진다.

감그 전라 ( )[ ]명 '감기'의 방언.

감기-돌게 전남 (感氣돌게)[ ]명 '감기'의 방언.

감투다 전남 ( )[ ]동 '삐다'의 방언.

감환 표준 (感患)[ ]명 감기의 높임말.

갑갑-증 표준 (갑갑症)[갑깝쯩]명 갑갑하게 느껴지는 증세. ¶직장을 그만두고 며칠 동안을 집 안에만 있었더니 갑갑증이 나서 못 견디겠습니다.

갑갑-하다 표준 ( )[갑까파다]형 가슴이나 뱃속이 꽉 막힌 듯이 불편하다. ¶소화가 안 돼서 속이 갑갑하다./이 병에 걸리면 밤중에 가슴이 갑갑해지는 느낌 때문에 몇 번이고 잠에서 깨어난 후 쉽게 잠을 이루지 못하게 됩니다./그는 찜찜한 가슴을 그 정도로 도닥거려 한숨을 돌리며, 고개를 휘돌려 목운동을 해서 갑갑함을 누그러뜨렸다.

갑갑-하다 표준 ( )[갑까파다]형 가슴이나 배 속이 꽉 막힌 듯이 불편하다. ¶소화가 안 돼서 속이 갑갑하다

갑갑-하다 표준 ( )[갑까파다]형 좁고 닫힌 공간 속에 있어 꽉 막힌 느낌이 있다. ¶전철에 사람이 많아서 갑갑하다./하루 종일 좁은 방에만 있으려니 갑갑하다./열대야로 방 안이 덥고 갑갑해서 우리 식구는 마루에 돗자리를 깔고 나와서들 수박을 먹으며 두런두런 이야기꽃을 피웠다.

갑작-벵 경남 ( )[ ]명 '갑작병'의 방언.

갑작-병 표준 (갑작病)[갑짝뼝]명 갑자기 앓는 병.

강거람 경남 ( )[ ]명 '간지럼'의 방언.

강그라-지다 전남 ( )[ ]동 '가무러지다'의 방언.

강그러-지다 전남 ( )[ ]동 '가무러지다'의 방언.

강그럽다 경남 ( )[ ]형 '간지럽다'의 방언.

강상 표준 (強上)[ ]명 목이 뻣뻣해지는 증상. 파상풍이나 중풍 때 주로 나타난다.

개구다리 전북 ( )[ ]명 '절름발이'의 방언.

개-노릇 전남 ( )[개노른]명 '말라리아, 학질'의 방언. ¶애기가 개노릇 난시 심들어 히서 내 맴이 많이 아팠제라우.(아기가 학질 때문에 힘들어 해서 내 맴이 많이 아팠지요.)

개-눈 경남 ( )[ ]명 '의안'의 방언.

개-대가리 경북 ( )[ ]명 '감기'의 방언.

개-따가리 경남 ( )[ ]명 '감기'의 방언.

개-때가리 경남 ( )[ ]명 '감기'의 방언.

개란-정 전남 ( )[ ]명 '가려움증'의 방언.

개란-증 전라 ( )[ ]명 '가려움증'의 방언.

개랍다 경상 전라 충남 ( )[ ]형 '가렵다'의 방언.

개래 충남 ( )[ ]명 '가래'의 방언.

개랩다 강원 ( )[개랩따]형 '가렵다'의 방언.

개럽다 강원 경북 전남 충청 ( )[ ]형 '가렵다'의 방언. ¶머가 물었는지 개럽어서 죽을다.(뭐가 물었는지 가려워 죽겠다.)〈경북〉

개렵다 강원 경기 전라 충청 ( )[ ]형 '가렵다'의 방언.

개롭다 강원 경상 전라 충북 ( )[ ]형 '가렵다'의 방언. ¶나락을 손이로 훑으면 온몸이 개로울 수 있어라우.(벼를 손으로 훑으면 온몸이 가려울 수 있어요.)〈전남〉

개룸 강원 ( )[ ]명 '가려움'의 방언.

개룹다 강원 경북 전라 전라 충북 ( )[ ]형 '가렵다'의 방언.

개릅다 강원 전남 ( )[ ]형 '가렵다'의 방언.

개립다 강원 충남 ( )[ ]형 '가렵다'의 방언.

개쁜-하다 전남 ( )[ ]형 '가뿐하다'의 방언.

개-뿔 경북 ( )[ ]명 '감기'의 방언.

개씹 제주 ( )[ ]명 '다래끼'의 방언.

개씹-쟁이 전라 ( )[ ]명 눈병에 걸린 사람 ¶개씹쟁이랑 어울려 댕깅께 눈애피

가 나제.(눈병에 걸린 사람이랑 어울려 다니니까 눈병이 나지.)〈전북〉

개-잠머리 경상 ( )[ ]명 '감기'의 방언.

개-저꼽자구 전남 ( )[ ]명 '감기'의 방언.

개-점머리 전남 ( )[ ]명 '감기'의 방언.

개-조따가리 경남 ( )[ ]명 '감기'의 방언.

개-조버리 전북 ( )[ ]명 '감기'의 방언.

개-조부리 전남 ( )[ ]명 '감기'의 방언.

개-조푸리 전남 ( )[ ]명 '감기'의 방언.

개-좃 제주 ( )[ ]명 '다래끼'의 방언.

개-좆 제주 ( )[ ]명 '다래끼'의 방언.

개-좆대가리 전남 ( )[ ]명 '감기'의 방언.

개-좆머리 전남 ( )[ ]명 '감기'의 방언.

개-좆버리 전라 ( )[ ]명 '감기'의 방언.

개-좆부리 전라 충북 ( )[ ]명 '감기'의 방언.

개-좆불 전북 ( )[ ]명 '감기'의 방언.

개-주때가리 전남 ( )[ ]명 '감기'의 방언.

개-주뻐리 전북 ( )[ ]명 '감기'의 방언.

개-주뿌리 전남 ( )[ ]명 '감기'의 방언.

개-주뿔 전북 ( )[ ]명 '감기'의 방언.

개-줌머리 전남 ( )[ ]명 '감기'의 방언.

개-지꼽자구 전남 ( )[ ]명 '감기'의 방언.

개-지뻐리 전라 ( )[ ]명 '감기'의 방언.

개-지뿌데기 전남 ( )[ ]명 '감기'의 방언.

개-지뿌리 경남 전남 ( )[ ]명 '감기'의 방언.

개지뼈리 전남 ( )[ ]명 '감기'의 방언.

개-짐머리 전남 ( )[ ]명 '감기'의 방언.

개-춤 제주 ( )[ ]**명** '가래침'의 방언.

개-투림 경남 ( )[ ]**명** '트림'의 방언.

개-트름 경남 ( )[ ]**명** '트림'의 방언.

개픈-개픈 전남 ( )[ ]**부** '가뿟가뿟'의 방언.

개픈-하다 전라 ( )[ ]**형** '가뿐하다'의 방언.

개픈-허다 전남 ( )[ ]**형** '가뿟하다'의 방언.

갠병 충남 ( )[ ]**명** '간병'의 방언.

갠지랍다 전남 ( )[ ]**형** '간지럽다'의 방언.

갠지랍다 경북 전남 ( )[ ]**형** '가렵다'의 방언.

갠지럼 전라 ( )[ ]**명** '간지럼'의 방언. ¶자는 통 갠지럼을 안 타.(쟤는 통 간지럼을 안 타.)〈전남〉/자는 친구의 발바닥에 갠지럼을 멕이다. 자는 친구의 발바닥에 간지럼을 태우다.〈전북〉

갠지럽다 강원 전남 충남 ( )[ ]**형** '간지럽다'의 방언. ¶금자리에 물리면 엄칭이 갠지럽더라구요.(거머리에 물리면 엄청 간지럽더라고요.)〈충남〉

갠지럽다 강원 경북 전남 충북 ( )[ ]**형** '가렵다'의 방언.

갠지롭다 경북 ( )[ ]**형** '가렵다'의 방언. ¶메칠 동안 세수도 몬 하고 지내다 보이 몸이 억수로 갠지로와.(며칠 동안 세수도 못 하고 지내다 보니 몸이 대단히 가려워.)

갠지룹다 전라 ( )[ ]**형** '간지럽다'의 방언.

갠질-갠질 충남 ( )[ ]**부** '간질간질'의 방언.

거럽다 경북 ( )[ ]**형** '가렵다'의 방언.

거바 전라 ( )[ ]**명** '말더듬이'의 방언.

거북목 증후군 표준 (거북목症候群)[ ]**명** 눈높이보다 낮은 위치의 모니터를 오랫동안 내려다보는 경우에, 사람의 목이 거북의 목처럼 앞으로 구부러지는 증상. 척추에 부담이 가고 목근육과 인대가 늘어난다. ¶거북목이 되다.

거북하다 표준 ( )[거ː부카다]**형** 몸이 찌뿌드드하고 괴로워 움직임이 자연스럽지 못하거나 자유롭지 못하다. ¶나는 속이 거북해서 점심을 걸렀다.

거수에 제주 ( )[ ]명 '회충'의 방언.

거수엣빙 제주 ( )[ ]명 '거위배'의 방언.

거수웨 제주 ( )[ ]명 '회충'의 방언.

거수의 제주 ( )[ ]명 '회충'의 방언.

거스러미 표준 ( )[ ]명 손발톱 뒤의 살 껍질이나 나무의 결 따위가 얇게 터져 일어난 부분. ¶판자의 거스러미/날씨가 건조해지자 손톱 주위에 다시 거스러미가 일기 시작했다.

거슴 들다 제주 ( )[ ]동구 가시가 박히다.

거심 들다 제주 ( )[ ]동구 가시가 박히다.

거안 표준 (拒按)[거:안]명 아픈 부위를 만져 주면 아픔이 더 심해져서 손을 대지 못하게 함.

거위배 표준 ( )[거위배]명 회충으로 인한 배앓이. 〈유〉충복통(蟲腹痛), 회복통(蛔腹痛), 회통(蛔痛), 횟배(蛔배), 횟배앓이(蛔배앓이) ¶저놈이 거위배를 앓느냐 왜 배를 문질러.

거적-귀신 강원 ( )[ ]명 '졸음'의 방언.

거적-손님 강원 ( )[ ]명 '졸음'의 방언.

건강 표준 (健康)[건:강]명 정신적으로나 육체적으로 아무 탈이 없고 튼튼함. 또는 그런 상태. ¶건강 상태/정신 건강/건강을 돌보다./건강을 되찾다./건강을 해치다./건강이 좋다./건강이 회복되다./규칙적인 생활은 건강에 좋다./가정의 평안과 건강을 빕니다./그는 건강을 유지하기 위해 아침마다 조깅을 한다.

건강-하다 표준 (健强하다)[건:강하다]형 정신적으로나 육체적으로 아무 탈이 없고 튼튼하다. 〈유〉건승-하다(健勝하다) ¶사고방식이 건강하다./건강한 모습으로 다시 보기를 바란다./여러분 모두 새해 건강하시고 기쁨과 보람이 가득한 한 해가 되기를 빕니다.

건강-히 표준 (健强히)[건ː강히] 부 정신적으로나 육체적으로 아무 탈이 없고 튼튼하게. ¶다시 만날 때까지 건강히 잘 지내세요./이 아빠가 너에게 바라는 것은 그저 몸 건강히 잘 자라 주었으면 하는 것뿐이란다./그 아이는 부모 없이도 건강히 컸다.

건거럽다 경상 ( )[ ] 형 '가렵다'의 방언. ¶타작하고 나믄 전신에 까끄래기 겉은 기 묻어 가지고 건거럽고 그랬잖니껴?(타작하고 나면 전신에 가시랭이 같은 게 묻어 가지고 가렵고 그랬잖습니까?)〈경북〉

건게옥-질 전라 ( )[ ] 명 '건구역질'의 방언. ¶야가 새복부터 건게옥질을 해 쌓네.(애가 새벽부터 건구역질을 해 대네.)〈전북〉

건구역-질 표준 (乾구역질)[건구역찔] 명 게우는 것이 없이 욕지기가 나는 일.〈유〉헛구역-질

건-기침 표준 (乾기침)[건기침] 명 '마른기침'을 일상적으로 이르는 말.〈유〉강-기침 ¶할아버지 방에서 건기침 소리가 들려온다.

건망-증 표준 (健忘症)[건ː망쯩] 명 경험한 일을 전혀 기억하지 못하거나 어느 시기 동안의 일을 전혀 기억하지 못하거나 또는 드문드문 기억하기도 하는 기억 장애.〈유〉건망(健忘), 잊음-증(잊음症) ¶건망증에 걸리다./건망증이 생기다./건망증이 심하다.

건-버짐 경남 ( )[ ] 명 '마른버짐'의 방언.

건시 경남 ( )[ ] 명 '회충'의 방언.

건지람 전남 ( )[ ] 명 '간지럼'의 방언.

건지랍다 경상 ( )[ ] 형 '가렵다'의 방언.

건지래비 경남 ( )[ ] 명 '옴'의 방언.

건지럽다 경북 ( )[ ] 형 '근지럽다'의 방언. ¶옆구래가 짜꾸 건지럽다.(옆구리가 자꾸 근지럽다.)

건-지침 전라 ( )[ ] 명 '건기침'의 방언.

건협통 표준 (乾脇痛)[건협통] 명 옆구리 아래 한 부위가 끊임없이 아픈 것으로

매우 위중한 병증. 『의초유편(醫鈔類編)』 「협통문(脇痛門)」에서 '지나치게 허하여 손상됨으로써 옆구리 아래쪽이 끊임없이 아픈 것을 말한다. ¶건협 통은 심히 위급한 증상으로 분류되는데, 육체적·정신적 피로가 너무 심해 기혈이 극도로 허약해진 결과로 보기 때문에 치료 처방도 기혈을 보강하는 약재로 구성돼 있다.

걸귀-지다 제주 ( )[ ] 형 몸이 여위다.

걸때기 강원 ( )[ ] 명 '딸꾹질'의 방언.

걸키다 경상 ( )[ ] 동 '긁히다'의 방언.

검기 경북 ( )[ ] 명 '감기'의 방언.

검버섯 표준 ( )[ ] 명 주로 노인의 살갗에 생기는 거무스름한 얼룩. ¶검버섯이 낀 얼굴./검버섯이 피다./검버섯이 돋다./그는 그때 비로소 어머니의 솟아 오른 광대뼈와 그 밑에서 자라기 시작한 검버섯을 보았다.

겅그럽다 경남 ( )[ ] 형 '가렵다'의 방언.

겅-버짐 전남 ( )[ ] 명 '마른버짐'의 방언.

게-거품 표준 ( )[게 : 거품] 명 사람이나 동물이 몹시 괴롭거나 흥분했을 때 입 에서 나오는 거품 같은 침.

게랍다 전남 ( )[ ] 형 '가렵다'의 방언.

게렵다 충남 ( )[ ] 형 '가렵다'의 방언.

게롭다 강원 ( )[게롭따] 형 '가렵다'의 방언.

게-버끔 전남 ( )[ ] 명 '게거품'의 방언.

게살 경남 ( )[ ] 명 '엄살'의 방언.

게살-부리다 경남 ( )[ ] 동 '엄살떨다'의 방언.

게어-내다 경남 ( )[ ] 동 '게우다'의 방언.

게역질-하다 경남 ( )[ ] 동 '구역질하다'의 방언.

게오지 경남 ( )[ ] 명 앞쪽 젖니가 빠진 아이를 이르는 말. ¶게오지로 보모 에릴 때 생각이 마이 난다.(앞쪽 젖니가 빠진 아이를 보면 어릴 때 생각이 많이 난다.)

게옥-질 전남 충청 ( )[ ]뗑 '구역질'의 방언. ¶냄시가 고약혀서 게옥질이 다 나
오네.(냄새가 고약해서 구역질이 다 나오네.)〈전북〉

게왁-질 전남 ( )[ ]뗑 '구역질'의 방언.

게욕-질 전남 ( )[ ]뗑 '구역질'의 방언.

게우다 표준 ( )[게우다]동 먹은 것을 삭이지 못하고 도로 입 밖으로 내어놓
다.〈유〉구토-하다(嘔吐하다), 토-하다(吐하다) ¶갓난아이가 젖을 게우다./
차가 자꾸 흔들리는 바람에 멀미가 나서 점심 먹은 것을 다 게웠다.

게우리 제주 ( )[ ]뗑 '회충'의 방언.

게욱-질 전남 ( )[ ]뗑 '구역질'의 방언.

게욱질-하다 경남 ( )[ ]동 '구역질하다'의 방언. ¶속이 안 좋나 와 자꾸 게욱질
하노?(속이 안 좋니 왜 자꾸 구역질하니?)

게-춤 제주 ( )[ ]뗑 '가래침'의 방언. ¶질레 아무디레나 게춤 바끄민 안 돼
여.(길에 아무데나 가래침 뱉으면 안 돼.)

게-침 제주 ( )[ ]뗑 '가래침'의 방언.

게-투룸 전북 충남 ( )[ ]뗑 '트림'의 방언.

게트라기 제주 ( )[ ]뗑 '트림'의 방언.

게트레기 제주 ( )[ ]뗑 '트림'의 방언.

게-트름 충청 ( )[ ]뗑 '트림'의 방언.

게트림 제주 ( )[ ]뗑 '트림'의 방언.

게틀우다 제주 ( )[ ]동 '트림하다'의 방언.

겍-질 경남 ( )[ ]뗑 '구역질'의 방언.

겐지람 전남 ( )[ ]뗑 '간지럼'의 방언.

겐지-밥 전남 ( )[ ]뗑 '간지럼'의 방언.

겔겔 경남 ( )[ ]뷔 '골골'의 방언.

겔겔-거리다 경남 ( )[ ]동 '골골거리다'의 방언. ¶감기가 독하게 걸려서 바깥에

도 몬 나오고 겔겔거리고 있다.(감기가 독하게 걸려서 밖에도 못 나오고 골골거리고 있다.)

겔겔-대다 경남 ( )[ ]동 '골골대다'의 방언.

겔핵 강원 ( )[ ]명 '결핵'의 방언.

겡기다 경남 ( )[ ]동 '곰기다'의 방언.

겨욱-질 경기 ( )[ ]명 '구역질'의 방언.

격통 표준 (膈痛)[격통-]명 가슴과 명치 끝이 아픈 증상.

격통 표준 (激痛)[격통-]명 심한 아픔. ¶그는 격통에 온 미간을 찌푸렸다.

견배통 표준 (肩背痛)[견배통-]명 어깨와 등의 근맥(筋脈)과 살이 아픈 병증. 대부분 풍습(風濕)의 침입을 받아서 발생하는데, 장부(臟腑)와 기혈(氣血)이 속에서 상하여 발생한다. ¶동의보감에서는 견비통의 원인을 외상에 의해 발생하거나 축축하고 무거우며 찬 기운이 드는 풍한습이나 기혈 부족으로 발생한다고 본다.

견비통 표준 (肩臂痛)[견비통-]명 신경통의 하나. 어깨에서 팔까지 저리고 아파서 팔을 잘 움직이지 못한다. ¶일반적인 견비통, 즉 장시간 동일한 자세를 취해 근육의 긴장이 계속돼 혈류가 나빠진 단순 피로 견비통라면 마늘 효과를 볼 수 있다.

견인증 표준 (牽引症)[겨닌쯩]명 근육이 땅기고 쑤시고 아픈 증상.

견인통 표준 (牽引痛)[겨닌통-]명 신경통의 하나. 근육이 땅겨서 쑤시고 아프다.

견통 표준 (肩痛)[견통-]명 목덜미로부터 어깨에 걸쳐 일어나는 근육통을 통틀어 이르는 말. 피로가 주된 원인이며 대개 어깨에 둔한 통증이 있다. ¶전문의약품은 견통을 어깨 통증으로 바꾸는 등 일반인들도 이해하기 쉬운 용어를 써야 한다./이 제품에 함유된 활성형 비타민은 신경 기능을 정상으로 유지시킴으로써 신경통, 요통, 견통(어깨 결림)을 완화시킨다.

결리다 표준 ( )[결리다]동 (사람이 몸의 일부가) 숨을 쉬거나 움직일 때 당기거나 뻐근하여 아픔이 느껴지다. ¶어깨가 결리다./계속 앉아서 일했더니 허리가 결려./나는 구둣발에 채인 옆구리가 결려서 한동안 숨도 쉬지 못했다.

결핵 표준 (結核)[결핵]몡 결핵균에 감염되어 일어나는 만성 전염병. 허파·콩팥·창자나 뼈·관절·피부·후두 따위에 침투하며 결핵 수막염, 흉막염, 복막염을 일으키고 온몸에 퍼지기도 한다. 〈유〉결핵-병(結覈病) 〈참〉비시지^접종(BCG接種) ¶결핵에 걸리다./결핵을 앓다./결핵은 호흡기를 통해 감염이 일어난다.

경련 진통 표준 (痙攣陣痛)[ ] 몡구 자궁의 수축이 풀리지 않고 같은 강도로 계속되는 진통.

경통 표준 (經痛)[경통]몡 월경 때에, 배와 허리 또는 온몸이 아픈 증상. 〈유〉경통증(經痛症)

경통증 표준 (經痛症)[경통쯩]몡 월경 때에, 배와 허리 또는 온몸이 아픈 증상. 〈유〉경통(經痛)

계심통 표준 (悸心痛)[계:심통/게:심통]몡 심장이 두근거리고 가슴이 답답하며 명치 부위가 아픈 증세. ¶언젠가부터 할아버지는 계심통으로 인해 잠을 잘 주무시지 못한다.

계통 표준 (悸痛)[계:통/게:통]몡 가슴이 두근거리면서 아픈 증상.

계통 표준 (繼痛)[계:통/게:통]몡 잇따라 병을 앓음.

고글고글 전라 ( )[ ] 부 '골골'의 방언.

고글고글-하다 전라 ( )[ ] 동 '골골하다'의 방언.

고도리 경남 ( )[ ] 몡 '곰보'의 방언.

고롬 경북 ( )[ ] 몡 '말라리아, 학질'의 방언.

고룸 경북 ( )[ ] 몡 '말라리아, 학질'의 방언.

고말 제주 ( )[ ] 몡 '화상'의 방언. ¶고말엔 말지름 발르믄 좋아.(화상엔 말기름 바르면 좋아.)

고매-팔 경북 ( )[ ]몡 '곰배팔이'의 방언.

고부랭이 제주 ( )[ ]몡 '곱사등이'의 방언.

고분지통 표준 (鼓盆之痛)[고분지통]몡 물동이를 두드리는 슬픔이라는 뜻으로, 아내가 죽은 슬픔을 이르는 말.〈참〉붕성지통(崩城之痛), 붕천지통(崩天之痛)

고뿌-개짐머리 전남 ( )[ ]몡 '감기'의 방언.

고뿔 제주 ( )[ ]몡 '감기'의 방언.

고새등 제주 ( )[ ]몡 '곱사등이'의 방언.

고약 표준 (膏藥)[ ]몡 주로 헐거나 곪은 데에 붙이는 끈끈한 약. ¶종기가 난 자리에 고약을 붙였다.

고자 표준 (鼓子)[고자]몡 생식 기관이 불완전한 남자.〈유〉엄인(閹人), 화자(火者)〈참〉고녀(鼓女) ¶환관은 자기 가문이나 종씨 가운데 고자가 있으면 양자로 들이고, 그 양자는 자동적으로 환관을 계승하여 당장 왕 가까이 입시할 수 있었다.

고질-벵 경남 ( )[ ]몡 '고질병'의 방언.

고질-병 표준 (痼疾病)[고질뼝]몡 오랫동안 앓고 있어 고치기 어려운 병.〈유〉고질(痼疾), 구병(久病), 구질(久疾), 숙병(宿病), 숙아(宿痾/宿疴), 숙증(宿症), 숙질(宿疾), 숙환(宿患), 침고(沈痼)〈참〉지병(持病) ¶위장병을 고질병으로 가진 그는 끼니때마다 약을 먹는다.

고창 표준 (蠱脹)[고창]몡 기생충 때문에 배가 불러 오면서 아픈 증상.

고통 표준 (苦痛)[고통]몡 몸이나 마음의 괴로움과 아픔.〈유〉고한(苦恨)〈참〉통고(痛苦)

고통스럽다 표준 (苦痛스럽다)[고통스럽따]혱 몸이나 마음이 괴롭고 아픈 느낌이 있다. ¶그는 말하는 것조차도 고통스러운 듯했다./보초는 언제나 고된 임무이지만 특히 겨울밤의 보초는 고통스럽다./나는 목이 부어 밥을 넘기기가 고통스러웠다.

고-팔이 강원 ( )[고파리]명 '곰배팔이'의 방언.

고푸리 전남 ( )[ ]명 '감기'의 방언.

고풀 전남 충남 ( )[ ]명 '감기'의 방언.

고한 표준 (苦恨)[고한]명 몸이나 마음의 괴로움과 아픔. 〈유〉고한(苦痛)

고환통 표준 (睾丸痛)[고환통]명 고환이나 관련 부위에 일어나는 신경통. ¶코로나19 감염의 특이 증상으로는 남성들에게서만 나타나는 고환통이 있다.

곡지통 표준 (哭之痛)[곡찌통]명 목을 놓아 매우 슬프게 욺. ¶덕령이 이 대목을 읽었을 때, 오천 장병들은 모두 다 흐느껴 곡지통을 아니 할 수 없었다.

골 표준 ( )[골]명 중추 신경 계통 가운데 머리뼈안에 있는 부분. 대뇌, 사이뇌, 소뇌, 중간뇌, 다리뇌, 숨뇌로 나뉜다. 근육의 운동을 조절하고 감각을 인식하며, 말하고 기억하며 생각하고 감정을 일으키는 중추가 있다. 〈유〉골치, 골패기, 뇌(腦), 뇌수(腦髓), 두뇌(頭腦), 머릿-골, 상-단전(上丹田), 수뇌(髓腦), 수해(髓海)

골골 표준 ( )[골골]부 병이 오래되거나 몸이 약하여 시름시름 앓는 모양. ¶그집은 살림도 넉넉지 않은 형편에 안주인이 병으로 노상 골골 앓아서 걱정이다.

골골-거리다 표준 ( )[골골거리다]동 병이 오래되거나 몸이 약하여 시름시름 자주 앓다. 〈유〉골골-대다 ¶동생은 어려서부터 골골거리며 병치레가 끊이지 않았다.

골골-대다 표준 ( )[골골대다]동 병이 오래되거나 몸이 약하여 시름시름 자주 앓다. 〈유〉골골-거리다 ¶그는 골병이 들어 허리를 펴지도 못하고 골골댔다.

골골-하다 표준 ( )[골골하다]동 병이 오래되거나 몸이 약하여 시름시름 앓다.

골-나다 표준 ( )[골라다]동 비위에 거슬리거나 마음이 언짢아서 성이 나다. ¶골난 표정을 짓다./그는 골난 사람처럼 무뚝뚝한 표정으로 말없이 그녀를 노려보고 있다./나는 그 일이 마음에 들지 않아 골난 소리로 대답했다.

골담 제주 ( )[ ]명 '퇴행성슬관절염'의 방언. ¶골담으로 몰광꽝이 닳으연 관절 소곱에 가시가 생겼댄 마씀.(퇴행성슬관절염으로 연골이 닳으면 관절 속에 가시가 생겼다는 말입니다.)

골대기 나다 제주 ( )[ ]동구 성이 나다. 성질이 나다.

골-딱지 표준 ( )[골딱찌]명 '골'을 속되게 이르는 말. ¶골딱지가 일어나다./골 딱지를 부리다.

골-때기 경북 ( )[ ]명 '골'의 방언.

골-때기 경상 제주 ( )[ ]명 '골딱지'의 방언. ¶재는 와 골때기가 나서 저라노?(쟤 는 왜 골딱지가 나서 저러니?)

골배-팔 경북 ( )[ ]명 '곰배팔이'의 방언.

골-벵 경남 ( )[ ]명 '골병'의 방언.

골벵-들다 제주 ( )[ ]동 '골병들다'의 방언.

골-병 표준 (골病)[골병]명 겉으로 드러나지 아니하고 속으로 깊이 든 병. ¶골 병이 들다./오랜 타향살이 때문에 골병을 얻었다.

골병-들다 표준 (골病들다)[골병들다]동 심하게 다치거나 무리한 노동 따위로 몸이 상하여 겉으로 드러나지 아니하고 속으로 깊이 병이 들다. ¶계단에서 넘어져 어디 한 군데 성한 구석이 없을 정도로 온몸에 골병들었다./부모님 은 당신 자식들 공부시키느라고 무리하시다가 골병드셨다.

골-비이 강원 ( )[ ]명 '골병'의 방언. ¶그라 일을 하더니 골비이가 들었잖소.(그 렇게 일을 하더니 골병이 들었잖소.)

골-빙 경남 ( )[ ]명 '골병'의 방언.

골빙-들다 경남 ( )[ ]동 '골병들다'의 방언.

골통 표준 (骨痛)[골통]명 주로 과로 때문에 생기는 것으로, 뼈가 쑤시는 듯이 아프고 열이 오르내리는 병.

골패기 강원 ( )[ ]명 '골'의 방언.

곪-지다 제주 ( )[ ]동 '곰기다'의 방언.

곰기다 표준 ( )[곰기다]통 곪은 자리에 딴딴한 멍울이 생기다.

곰깨이 전북 ( )[ ]명 '부스럼'의 방언.

곰발 전남 ( )[ ]명 '부스럼'의 방언.

곰발이 전남 ( )[ ]명 '부스럼'의 방언.

곰배-팔 표준 ( )[곰배팔]명 꼬부라져 붙어 펴지 못하게 된 팔. 또는 팔뚝이 없는 팔.

곰배팔-이 표준 ( )[곰배파리]명 팔이 꼬부라져 붙어 펴지 못하거나 팔뚝이 없는 사람을 낮잡아 이르는 말.〈유〉곰배, 곰배-팔

곰배-폴 전남 ( )[ ]명 '곰배팔'의 방언.

곰배폴-이 전남 ( )[ ]명 '곰배팔이'의 방언.

곰백-팔 충남 ( )[ ]명 '곰배팔이'의 방언.

곰뱅이 강원 ( )[ ]명 '곰보'의 방언.

곰-보 표준 ( )[곰:보]명 얼굴이 얽은 사람을 낮잡아 이르는 말.〈유〉얽-보〈참〉얽둑-빼기, 얽둑-빼기

곰보-딱지 표준 ( )[곰:보딱찌]명 얼굴이 몹시 얽은 사람을 놀림조로 이르는 말.

곰보-병 전북 ( )[ ]명 '천연두'의 방언.

곱다 표준 ( )[곱따]형 (이가) 시거나 찬 음식을 먹어서 시큰시큰하다. ¶시큰한 오렌지를 연상하기만 해도 마치 이가 곱는 듯한 느낌이다.

곱사뎅-이 강원 ( )[ ]명 '곱사등이'의 방언.

곱사드-이 경북 제주 ( )[ ]명 '곱사등이'의 방언.

곱사-등 표준 ( )[곱싸등]명 등뼈가 굽어 큰 혹같이 불거진 등.〈유〉곱사

곱사등-이 표준 ( )[곱싸등이]명 '척추 장애인'을 낮잡아 이르는 말.〈유〉곱사, 구배(傴背), 귀배(龜背), 꼽추, 누배(僂背), 융질(癃疾), 척이(戚施), 척추^장애인(脊椎障礙人), 타배(駝背)

곱사디-이 경북 ( )[ ]명 '곱사등이'의 방언.

곱새 강원 경기 경상 ( )[ ]몡 '곱사등이'의 방언.

곱새둥 제주 ( )[ ]몡 '곱사둥이'의 방언.

곱새이 경상 ( )[ ]몡 '곱사둥이'의 방언.

곳-것 전라 ( )[ ]몡 '헌데'의 방언.

곳다 제주 ( )[ ]동 손발 따위가 동상에 걸리다 ¶너미 얼언 손발이 곳앗저.(너무 추워서 손발이 동상에 걸렸다.)

공것 전남 ( )[ ]몡 '부스럼'의 방언.

공곳 전라 ( )[ ]몡 '부스럼'의 방언.

공깽이 전남 ( )[ ]몡 '부스럼'의 방언.

공껭이 전남 ( )[ ]몡 '부스럼'의 방언.

공다리 제주 ( )[ ]몡 '나환자'의 방언.

공복통 표준 (空腹痛)[공복통]몡 배 속이 비었을 때 윗배에서 느끼는 통증. ¶단식을 하며 공복통을 경험하는 사람들이 많다. 주로 시작할 무렵에 느끼게 되는데, 우리 몸이 음식으로 섭취하는 포도당을 연료로 사용하는 데 익숙해져 있기 때문이다.

공이 경상 ( )[ ]몡 '회충'의 방언.

과개 경북 ( )[ ]몡 '홍역'의 방언.

과거 경북 ( )[ ]몡 '홍역'의 방언.

과로 표준 (過勞)[과:로]몡 몸이 고달플 정도로 지나치게 일함. 또는 그로 말미암은 지나친 피로. 〈유〉오버워크(overwork) ¶과로로 쓰러지다./요즈음 과로로 병을 얻는 직장인들이 많아지고 있다./지난밤에 구조된 사람들은 허기와 과로 때문에 체력이 극도로 떨어진 상태였다.

과로-하다 표준 (過勞하다)[과:로하다]동 몸이 고달플 정도로 지나치게 일하다. ¶그는 며칠 동안 과로한 나머지 결국 병원 신세를 졌다./어제까지 과제물을 끝내느라 과로해서 몸이 천근만근이다.

과민 표준 (過敏)[과:민]몡 감각이나 감정이 지나치게 예민함. ¶과민 반응.

과민-하다 표준 (過敏하다)[과ː민하다] 형 감각이나 감정이 지나치게 예민하다. ¶조그마한 소리에도 신경이 과민한 사람./그는 남들의 평가에 과민한 반응을 보였다./동물들은 새끼를 배거나 낳으면 주인에게도 아주 과민해진다.

관절-염 표준 (關節炎)[관절렴] 명 관절에 생기는 염증.

관절통 표준 (關節痛)[관절통] 명 뼈마디가 쑤시면서 몹시 아픈 증상. ¶나이가 들면서 관절통이 심해져서 요즘은 운동도 못하고 있습니다.

괄키다 충남 ( )[ ] 동 '긁히다'의 방언.

광인-다리 제주 ( )[ ] 명 '미치광이'의 방언.

광절-다리 제주 ( )[ ] 명 '미치광이'의 방언.

광질-다리 제주 ( )[ ] 명 '미치광이'의 방언.

괘악-질 경남 ( )[괘악찔] 명 '구역질'의 방언.

괠키다 충남 ( )[ ] 동 '긁히다'의 방언.

괴뿔 경북 ( )[ ] 명 '감기'의 방언.

괴약-질 전라 ( )[괴악찔/궤악찔] 명 '구역질'의 방언.

괴역-질 전라 ( )[괴역찔/궤역찔] 명 '구역질'의 방언.

괴옥-질 전라 ( )[괴옥찔/궤옥찔] 명 '구역질'의 방언.

괴욱-질 전남 ( )[괴욱찔/궤욱찔] 명 '구역질'의 방언.

굉기다 경남 ( )[ ] 동 '곪기다'의 방언.

교액 표준 (絞扼)[교액] 명 목이 졸려 기도가 막혀 숨을 쉴 수 없는 상태. 〈유〉목-조름

교통 표준 (絞痛)[교통] 명 비트는 것처럼 몹시 아픈 증상.

구갈 표준 (口渴)[구ː갈] 명 목이 마름. 〈유〉조갈(燥渴) ¶구갈이 심하다./구갈을 느끼다.

구갈증 표준 (口渴症)[구ː갈쯩] 명 폐위(肺胃)에 열이 있거나 진액(津液)이 부족하여 입안과 목이 마르면서 갈증이 많이 나는 증상.

구갈하다 표준 (口渴하다)[구ː갈하다] 동 목이 마르다. 〈유〉조갈-하다(燥渴하다)

구마 제주 ( )[ ] 명 '화상'의 방언. ¶구만 바직바직 막 아파.(화상은 바직바직 아주 아파.)

구불딩-이 경남 ( )[ ] 명 '곱사등이'의 방언.

구술 강원 ( )[ ] 명 '홍역'의 방언.

구슬 강원 경북 ( )[ ] 명 '홍역'의 방언.

구시 경기 ( )[ ] 명 '홍역'의 방언.

구실 강원 경기 경남 제주 ( )[ ] 명 '홍역'의 방언.

구실ᄒ다 제주 ( )[ ] 동 천연두에 걸리다.

구엑-질 전라 ( )[구엑찔] 명 '구역질'의 방언.

구역-정 제주 ( )[구역쩡] 명 '구역질'의 방언.

구역-질 표준 (嘔逆질)[구역찔] 명 속이 메스꺼워 자꾸 토하려고 하는 짓. 〈유〉욕지기질, 외욕질, 토역질(吐逆질) ¶그는 심한 악취를 맡자 웩웩 구역질을 시작하였다./이십 분쯤 지났을 때 구역질은 어느 정도 가라앉는 것 같았다.

구역질-하다 표준 (嘔逆질하다)[구역찔하다] 동 속이 메스꺼워 자꾸 토하려고 하다. 〈유〉외욕질-하다, 욕지기질-하다, 토역질-하다(吐逆질하다) ¶그 임신부는 몇 달이나 구역질하며 입덧을 하였다.

구역-징 제주 ( )[ ] 명 '구역질'의 방언.

구욕-질 강원 충남 ( )[구욕찔] 명 '구역질'의 방언.

구음 표준 (久瘖)[구ː음] 명 만성적으로 목이 쉬거나 목소리가 나지 않는 증상.

구진-물 제주 ( )[ ] 명 '진물, 구정물'의 방언. ¶살이 덜 곪안 끈작ᄒ게 덩어리로 ᄒᆞᆫ 가운디 엉켜진 걸 애옥이엔 ᄀᆞᆮ는디 애옥이 나와 불곡, 고름 빠진 종기자리에 굿인물이 다 나와부러사 종기가 낫는 거라 마씀.(살이 덜 곪아서 끈적하게 덩어리로 한가운데 엉켜진 걸 애옥이라고 말하는데 애옥이 나와 버리고, 고름 빠진 종기 자리에 진물이 다 나와 버려야 종기가 낫는 겁니다.)

구토-하다 표준 (嘔吐하다)[구토하다] 동 먹은 음식물을 토하다. 〈유〉게우다, 토-하다(吐하다) ¶뱃멀미로 심하게 구토하다./아이는 고기를 먹은 후 열이 나면서 구토하기 시작했다.

구투-하다 경남 ( )[ ] 동 '구토하다'의 방언.

군-버줌 제주 ( )[ ] 명 '마른버짐'의 방언.

군-버즘 제주 ( )[ ] 명 '마른버짐'의 방언.

군버즘 제주 ( )[ ] 명 '마른버짐'의 방언.

굳은살 표준 ( )[ ] 명 잦은 마찰로 손바닥이나 발바닥에 생긴 두껍고 단단한 살. ¶굳은살이 박이다/굳은살을 빼다./지난여름 돈을 벌려고 막노동을 했더니 손에 굳은살이 박였다.

굶-게다 경북 ( )[ ] 동 '굶기다'의 방언.

굶-기다 표준 ( )[굼기다] 동 끼니를 거르게 하다. '굶다'의 사동사. ¶아이가 배탈이 나서 한 끼를 굶겼다.

굶-지다 제주 ( )[ ] 동 '굶기다'의 방언.

굼가다 경남 ( )[ ] 동 '굶기다'의 방언.

굼지럽다 경상 ( )[ ] 형 '가렵다'의 방언.

궂인-물 제주 ( )[ ] 명 '진물, 구정물'의 방언. ¶살이 덜 곪안 끈작ᄒ게 덩어리로 흔 가운디 엉켜진 걸 애옥이엔 ᄀ는디 애옥이 나와 불곡, 고름 빠진 종기자리에 궂인물이 다 나와부러사 종기가 낫는 거라 마씀.(살이 덜 곪아서 끈적하게 덩어리로 한가운데 엉켜진 걸 애옥이라고 말하는데 애옥이 나와 버리고, 고름 빠진 종기 자리에 진물이 다 나와 버려야 종기가 낫는 겁니다.)

궐두통 표준 (厥頭痛)[궐두통] 명 찬 기운이 뇌에까지 미쳐 두통과 치통이 함께 나타나는 증상. 〈유〉궐역 두통((厥逆頭痛)

궐심통 표준 (厥心痛)[궐씸통] 명 사기(邪氣)가 심장을 둘러싸고 있는 막과 거기에 붙어 있는 낙맥(絡脈)을 침범하여 생긴 병. 심장이 바늘로 찌르는 것 같고 등까지 아프다. ¶한의학에서는 현대 협심증과 유사한 증상으로 '흉비

(胸痞)', '심통(心痛)', '궐심통(厥心痛)'이 있다.

궤약 제주 (궤藥) [ ] 명 '고약'의 방언. ¶궤약을 불랑 보름이 지나민 곰셍이는 죽
곡 ᄀ려움증이나 물집 증상은 좋아져도, 곰셍이 포자는 그냥 남앗당그네 덥
곡 습ᄒ민 도로 살아나 마씀.(고약을 발라서 보름이 지나면 곰팡이는 죽고
가려움증이나 물집 증상은 좋아져도, 곰팡이 포자는 그냥 남았다가 덥고 습하
면 도로 살아납니다.)

귀-마구리 제주 ( ) [ ] 명 '귀머거리'의 방언.

귀-막다 제주 ( ) [ ] 동 '귀먹다'의 방언.

귀-막레이 제주 ( ) [ ] 명 '귀머거리'의 방언.

귀막-쉬 제주 ( ) [ ] 명 '귀머거리'의 방언.

귀막-재이 제주 ( ) [ ] 명 '귀머거리'의 방언.

귀막-쟁이 제주 ( ) [ ] 명 '귀머거리'의 방언.

귀-머거리 표준 ( ) [귀머거리] 명 '청각 장애인'을 낮잡아 이르는 말. 〈유〉청각^
장애인(聽覺障礙人), 청각^장애자(聽覺障礙者) 〈참〉농외(聾聵), 농인(聾人),
농자(聾者), 농혼(聾昏) ¶귀머거리 행세.

귀-머구리 경기 ( ) [ ] 명 '귀머거리'의 방언.

귀-먹다 표준 ( ) [귀먹따] 동 귀가 어두워져 소리가 잘 들리지 아니하게 되다. ¶
귀먹은 할머니.

귀먹-보 전남 ( ) [ ] 명 '귀머거리'의 방언.

귀먹-자가리 전라 ( ) [ ] 명 '귀머거리'의 방언.

귀먹-자욱 전북 ( ) [ ] 명 '귀머거리'의 방언.

귀먹-장구 전북 ( ) [ ] 명 '귀머거리'의 방언.

귀먹-재가리 전남 ( ) [ ] 명 '귀머거리'의 방언.

귀먹-재기 전남 ( ) [ ] 명 '귀머거리'의 방언.

귀먹-재이 강원 경기 경남 ( ) [ ] 명 '귀머거리'의 방언.

귀먹-쟁이 강원 전라 충청 ( ) [ ] 명 '귀머거리'의 방언.

귀먹-재이 강원 ( )[ ]명 '귀머거리'의 방언.

귀먹-저거리 경북 ( )[ ]명 '귀머거리'의 방언.

귀먹-젱이 전남 ( )[ ]명 '귀머거리'의 방언.

귀-먹추 경기 ( )[ ]명 '귀머거리'의 방언. ¶그 아이는 날 때부터 귀먹추다.(그 아이는 날 때부터 귀머거리다.)

귀-멀다 전남 ( )[ ]동 '귀먹다'의 방언.

귀-멍챙이 전라 ( )[ ]명 '귀머거리'의 방언.

귀-멍쳉이 전남 ( )[ ]명 '귀머거리'의 방언.

귀-멍추 경기 ( )[ ]명 '귀머거리'의 방언.

귀목-쟁이 전남 ( )[ ]명 '귀머거리'의 방언.

귀-묵다 전남 ( )[ ]동 '귀먹다'의 방언.

귀묵-쟁이 전남 ( )[ ]명 '귀머거리'의 방언.

귀아덜 제주 ( )[ ]명 귓구멍에 나는 작은 부스럼. 〈유〉귀야덜 ¶귀 고망에 도지기·귀야덜·귀아들·귓밋, 코바우에 코아덜, 둑지나 뒷고개에 큰종기, 등따리에 난 등창, 다리에 화담 돗는거·꽃담 불근거 이런 것들이 다 열독의 일종이라 마씀.(귓구멍에 도지기·귀야덜·귀아들·귓밋, 콧망울에 코아덜, 어깨죽지나 뒷목에 큰종기, 등에 난 등창, 다리에 화담 돋는 거, 꽃담 붉은 거 이런 것들이 다 열독의 일종입니다.)

귀아덜 제주 ( )[ ]명 귓구멍에 생기는 작은 부스럼.

귀-앓이 표준 ( )[귀아리]명 귓속이 곪아 앓는 병. 또는 그런 증상. 〈유〉귀통증 ¶귀앓이를 앓다.

귀야덜 제주 ( )[ ]명 귓구멍에 나는 작은 부스럼. 〈유〉귀아덜 ¶귀 고망에 도지기·귀야덜·귀아들·귓밋, 코바우에 코아덜, 둑지나 뒷고개에 큰종기, 등따리에 난 등창, 다리에 화담 돗는거·꽃담 불근거 이런 것들이 다 열독의 일종이라 마씀.(귓구멍에 도지기·귀야덜·귀아들·귓밋, 콧망울에 코아덜, 어깨죽지나 뒷목에 큰종기, 등에 난 등창, 다리에 화담 돋는 거, 꽃담 붉은 거 이런 것들이 다 열독의 일종입니다.)

귀억-질 경남 ( )[귀억찔]명 '구역질'의 방언.

귀-역징 제주 ( )[귀역찡]명 '구역질'의 방언.

귀-통증 표준 (귀痛症)[귀통쯩]명 귓속이 곪아 앓는 병. 또는 그런 증상.〈유〉귀앓이, 이통(耳痛) ¶코로나에 감염의 증상으로 심한 인후통이나 코막힘을 호소하는 아이들이 많으며, 귀통증은 코막힘과 연관되는 경우가 흔하다.

굶-기다 강원 전라 충청 ( )[굄기다]동 '굶기다'의 방언.

귓-밋 제주 ( )[귄믿]명 고막이 아프거나 할 때 귓구멍에서 흘러내리는 진물. ¶귀 고망에 도지기·귀야덜·귀아들·귓밋, 코바우에 코아덜, 둑지나 뒷고개에 큰종기, 등따리에 난 등창, 다리에 화담 듯는거·꽂담 불근거 이런 것들이 다 열독의 일종이라 마씀.(귓구멍에 도지기·귀야덜·귀아들·귓밋, 콧망울에 코아덜, 어깨죽지나 뒷목에 큰종기, 등에 난 등창, 다리에 화담 돋는 거, 꽂담 붉은 거 이런 것들이 다 열독의 일종입니다.)

귓-병 표준 (귓病)[귀뼝/귇뼝]명 귀를 앓는 병을 통틀어 이르는 말.〈유〉귀-탈(귀頉) ¶처음에는 너무 자주 귓속이 가려워 무슨 귓병이라도 붙은 게 아닌가 하고 은근히 걱정도 했다./어렸을 때 앓았던 귓병 때문에 결국 청각을 잃고 말았다.

그닐거리다 표준 ( )[그닐거리다]동 (몸이나 그 일부가) 살갗이 근지럽고 저린 느낌이 자꾸 나다.〈유〉그닐그닐하다, 그닐대다〈참〉가닐가닐하다 ¶손가락이 벌레에 물린 듯 그닐거렸다.

그닐그닐하다 표준 ( )[그닐그닐하다]동 (몸이나 그 일부가) 살갗이 근지럽고 저린 느낌이 자꾸 나다.〈유〉그닐거리다, 그닐대다〈참〉가닐가닐하다

그닐대다 표준 ( )[그닐대다]동 (몸이나 그 일부가) 살갗이 근지럽고 저린 느낌이 자꾸 나다.〈유〉그닐거리다, 그닐그닐하다〈참〉가닐대다

그르 제주 ( )[ ]명 '자국'의 방언. ¶숭 엇이 낫이느냐 텐 그르가 남느냐는 화상이 야프냐 깊으냐 무싱 거엔 데였느냐 ㅎ곡 상관이 잇주마는, 초담 치료를

잘 ᄒ여신가 못 ᄒ여신가에도 들린 거우다.(흉 없이 낫느냐 텐 자국이 남느
냐는 화상이 얕으냐 깊으냐 뭐에 데였느냐하고 상관이 있습니다마는, 처음 치
료를 잘 했느냐 못 했느냐에도 달린 겁니다.)

그엑-질 경상 ( )[그엑찔]명 '구역질'의 방언.

그지럽다 전남 ( )[ ]형 '간지럽다'의 방언.

그키다 경남 전남 ( )[ ]동 '긁히다'의 방언.

그트럼 충남 ( )[ ]명 '트림'의 방언.

그트름 경기 충북 ( )[ ]명 '트림'의 방언.

극통 표준 (極痛/劇痛)[극통-]명 매우 심한 아픔이나 고통. ¶기절 직전의 극통
이 온몸을 휩쓸고 지나갔다.

근강 강원 ( )[ ]명 '건강'의 방언.

근강-하다 강원 ( )[ ]형 '건강하다'의 방언.

근강-히 강원 ( )[ ]부 '건강히'의 방언.

근거럽다 경남 ( )[ ]형 '근지럽다'의 방언.

근근하다 표준 ( )[근근하다]형 (몸이나 피부가) 좀 아픈 듯하면서도 가려운 느
낌이 있다. ¶피부병이 났던 자리가 건조하고 근근하네요./부스럼 자리가
근근하면서 좀 쑤신다.

근막 동통 증후군 표준 (筋膜疼痛症候群)[ ]명구 근육의 탄력성이 떨어져 수축된
상태가 지속되어 통증을 느끼게 되는 가장 일반적인 만성 근육 장애. 근육
이 수축된 상태가 지속되면 근육 내 신경이 눌리고 혈관이 압박되어 근육
내에서 생긴 통증 물질이 배출되지 못하고 근육 내에 축적된다. 그러면 근
육이 부착된 골막이 자극을 받아 통증이 유발된다. 〈유〉근막 통증 증후군
(筋膜痛症症候群), 근막통 증후군(筋膜痛症候群)

근시럽다 전라 ( )[ ]형 '근지럽다'의 방언.

근실거리다 표준 ( )[근실거리다]동 (사람이나 그 몸이) 가려운 느낌이 자꾸 나
다. 〈유〉근실근실하다, 근실대다 ¶벌레가 기어가는 것처럼 몸이 자꾸 근실

거린다.

근실근실하다 표준 ( )[근실근실하다]동 (사람이나 그 몸이) 가려운 느낌이 자꾸 나다. 〈유〉근실거리다, 근실대다 ¶송충이들이 무리 지어 기어가는 것을 보고 있으면 온몸이 근실근실하여 기분이 나쁘다.

근실대다 표준 ( )[근실대다]동 (사람이나 그 몸이) 가려운 느낌이 자꾸 나다. 〈유〉근실거리다, 근실근실하다

근육이 뭉치다 표준 ( )[ ]동구 지나친 운동이나 피로의 누적 따위로 인해 몸의 근육이 한쪽에 덩어리져 모이게 되다. ¶오랜 피로로 인해 근육이 뭉치면 침을 맞거나 마사지를 해서 빨리 풀어 주어야 합니다.

근육통 표준 (筋肉痛)[그뉵통]명 근육이 쑤시고 아픈 증상. 〈유〉근통(筋痛), 살몸살 ¶근육에 피로 물질이 축적되면 근육통이 생긴다./운동을 심하게 했더니 온몸에 근육통이 생겼어./몸살감기로 인해 뼈마디가 쑤실 정도로 근육통이 심해졌다.

근육 통증 표준 (筋肉痛症)[그뉵통쯩]명구 근육이 쑤시고 아픈 증상. 〈유〉근육통(筋肉痛), 근통(筋痛), 살몸살

근지럼 표준 ( )[ ]명 근지러운 느낌. 〈참〉간지럼, 약감(擽▽感), 연양(軟癢)

근지럽다 표준 ( )[근지럽따]형 (몸이) 무언가 닿아 스치는 것처럼 가려운 느낌이 있다. 〈참〉간지럽다 ¶몸이 너무 근지러워서 목욕을 좀 해야겠다.

근지롭다 전남 ( )[ ]형 '가렵다'의 방언.

근지룹다 강원 ( )[근지룹따]형 '근지럽다'의 방언.

근지릅다 전남 ( )[ ]형 '간지럽다'의 방언.

근지막 전남 ( )[ ]명 '간지럼'의 방언.

근질거리다 표준 ( )[근질거리다]동 (몸이나 그 일부가) 부드러운 물체가 닿을 때처럼 저릿저릿한 느낌이 자꾸 들다. 〈유〉근질근질하다, 근질대다 〈참〉간질거리다

근질-근질 표준 ( )[ ]부 자꾸 근지러운 느낌이 드는 상태. 〈참〉간질간질

근질근질하다 표준 ( )[근질근질하다]동/형 (몸이) 자꾸 가려운 느낌이 들다./ (몸이) 매우 가렵다. 〈유〉근질거리다, 근질대다 ¶왜 이리 등이 근질근질하 는지 모르겠네./가을이 되니 피부가 건조해서 몸이 근질근질하다.

근질대다 표준 ( )[근질대다]동 (몸이나 그 일부가) 부드러운 물체가 닿을 때처 럼 저릿저릿한 느낌이 자꾸 들다. 〈유〉근질거리다, 근질근질하다 〈참〉간질 대다

근통 표준 (筋痛)[근통]명 근육이 쑤시고 아픈 증상. 심한 운동 뒤나, 각종 근 염에 의한 충혈, 손상 따위가 원인이다. 〈유〉근육통 ¶무리하게 마라톤을 완주한 후 근통이 생겼다.

글체다 강원 ( )[ ]동 '긁히다'의 방언.

글치다 전남 ( )[ ]동 '긁히다'의 방언.

긁어-지다 제주 ( )[ ]동 '긁히다'의 방언.

긁-헤다 강원 ( )[글케다]동 '긁히다'의 방언.

긁-히다 표준 ( )[글키다]동 손톱이나 뾰족한 기구 따위로 바닥이나 거죽이 문 질러지다. '긁다'의 피동사. 〈참〉갉-히다 ¶손이 가시에 긁히다./그는 얼굴 을 고양이에게 긁혔다.

급경련통 표준 (急痙攣痛)[급껑년통]명 배가 팍팍 쑤시는 듯이 심하게 아픈 것 이 간격을 두고 되풀이하여 일어나는 증상. 배 부위 내장의 여러 질환에 따 르는 증후로 대개 콩팥돌증, 창자막힘증 따위의 경우에 나타난다. ¶급경련 통은 속이 빈 모양의 내장기관, 즉 소장, 대장, 요관, 자궁, 나팔관 등이 비정 상적으로 수축할 때 나타나며 심하게 쥐어짜는 듯한 통증이 온다.

급-기 제주 ( )[ ]명 '급병(急病)'의 방언.

급통 표준 (急痛)[급통]명 1.죄어들거나 켕기면서 아픔. 2.갑자기 몹시 아 픔. ¶항암치료는 불을 통과하는 극통(極痛)이었다.

급후비 표준 (急喉痺)[그푸비]명 갑자기 목구멍이 붓고 아픈 증세. 〈유〉졸후 비

기간지-염 경남 ( )[ ]**명** '기관지염'의 방언.

기갈통 표준 (飢渴痛)[기갈통]**명** '빈속 통증'의 전 용어.

기-거품 강원 ( )[ ]**명** '게거품'의 방언. ¶내거 싫은 소리르 좀 했드니, 그 댁네거 아주 기거품을 물고 달게들잖소.(내가 싫은 소리를 좀 했더니, 그 댁네가 아주 게거품을 물고 달려들잖소.)

기게-독 전라 ( )[ ]**명** '기계총'의 방언.

기게-둑 전북 ( )[ ]**명** '기계독'의 방언.

기게-버점 강원 ( )[ ]**명** '기계총'의 방언.

기게-창 경남 충북 ( )[ ]**명** '기계총'의 방언.

기게-충 경기 경북 ( )[ ]**명** '기계총'의 방언.

기겟-독 경상 전남 충청 ( )[ ]**명** '기계독'의 방언.

기계-독 표준 (機械毒)[기계독/기계똑]**명** '두부 백선'을 일상적으로 이르는 말. 〈유〉기계-총(機械총)

기계-똥 경남 ( )[ ]**명** '버짐'의 방언.

기계-버짐 경남 ( )[ ]**명** '버짐'의 방언.

기계-비점 강원 ( )[ ]**명** '기계총'의 방언.

기계-총 표준 (機械총)[기계총/기계총]**명** '두부 백선'을 일상적으로 이르는 말. 〈유〉기계-독(機械毒)

기계-충 경기 전남 ( )[ ]**명** '기계총'의 방언.

기계충 비표준 (機械충)[ ]**명** '기계총'의 비표준어

기관지-염 표준 (氣管支炎)[기관지염]**명** 기관지의 점막에 생기는 염증. 바이러스나 세균이 원인인 급성의 경우와 먼지·가스·흡연 따위가 원인인 만성의 경우가 있는데, 대개 기침이 나고 가래가 나오며 열이 나고 가슴이 아프다. 〈유〉기관지^카타르(氣管支catarrh)

기기-독 전북 ( )[ ]**명** '기계독'의 방언.

기다 전남 충남 ( )[ ]**동** '게우다'의 방언.

기드름 강원 ( )[ ] 명 '트림'의 방언.

기-막히다 경북 ( )[ ] 동 '귀먹다'의 방언.

기-머거리 경남 전남 충북 ( )[ ] 명 '귀머거리'의 방언. ¶기머거리라도 말이사 다 알아 듣는다.(귀머거리여도 말이야 다 알아 듣는다.) 〈경남〉

기-머그리 전남 ( )[ ] 명 '귀머거리'의 방언.

기-머러기 경북 ( )[ ] 명 '귀머거리'의 방언.

기-머머리 경상 전라 충청 ( )[ ] 명 '귀머거리'의 방언.

기-먹다 경북 ( )[ ] 동 '귀먹다'의 방언.

기먹-재가리 경남 ( )[ ] 명 '귀머거리'의 방언.

기먹-재이 경상 전남 ( )[ ] 명 '귀머거리'의 방언.

기먹-쟁이 강원 충청 ( )[ ] 명 '귀머거리'의 방언.

기먹-저리 경북 ( )[ ] 명 '귀머거리'의 방언.

기먹-정거리 경북 ( )[ ] 명 '귀머거리'의 방언.

기-멀다 경북 ( )[ ] 동 '귀먹다'의 방언. ¶기멀었나? 와 사람 말로 몬 알아듣노?(귀먹었니? 왜 사람 말을 못 알아듣니?)

기메 경북 ( )[ ] 명 '기미'의 방언.

기미 표준 ( )[기미] 명 얼굴에 끼는 거뭇한 얼룩점. ¶새까맣게 기미가 앉은 얼굴./요즘 고생이 많이 되는지 아내의 얼굴에 부쩍 기미가 끼었다.

기-버끔 전남 ( )[ ] 명 '게거품'의 방언.

기비 표준 (肌痺)[기비] 명 살가죽의 감각이 마비되고 저리거나 아픈 증상이 있는 병.

기심통 표준 (氣心痛)[기심통] 명 가슴속에 기(氣)가 몰려서 찌르는 듯이 아프거나 아픈 곳을 누르면 통증이 덜해지고 맥(脈)이 힘이 없는 병증.

기-앓이 경남 ( )[ ] 명 '귀앓이'의 방언.

기역 표준 (氣逆)[기역] 명 기운이 위로 치미는 병리 현상. 가슴이 답답하고 손발이 차고 머리가 아프며 어지럽고 목이 마르는 증상이 나타난다.

기역 표준 (飢疫/饑疫)[기역]명 굶주림과 돌림병을 아울러 이르는 말.

기역-질 전남 ( )[기역찔]명 '구역질'의 방언. ¶호랭이가 벡락 같은 소리를 내더니 고개를 흔들고 기역질을 하거든.(호랑이가 벼락 같은 소리를 내더니 고개를 흔들고 구역질을 하거든.)

기요통 표준 (氣腰痛)[기요통]명 정신적인 원인으로 기혈이 잘 돌지 못하여 허리가 아픈 병. ¶기요통의 치료는 정신적 안정, 기혈 순환 개선 및 허리 강화가 기존 치료에 앞서 이루어져야 한다.

기우다 경남 ( )[ ]동 '게우다'의 방언.

기욱-질 전남 ( )[기욱찔]명 '구역질'의 방언.

기제기 경기 ( )[ ]명 '기지개'의 방언.

기지개 표준 ( )[기:지개]명 피곤할 때에 몸을 쭉 펴고 팔다리를 뻗는 일. ¶기지개를 켜다.

기지기 경기 ( )[ ]명 '기지개'의 방언.

기체 표준 (氣滯)[기체]명 체내의 기(氣) 운행이 순조롭지 못하여 어느 한곳에 정체되어 막히는 병리 현상. 또는 그로 인하여 나타나는 증상. 배가 더부룩하거나 통증이 있다. 〈유〉기통(氣痛)

기침 표준 ( )[기침]명 기도의 점막이 자극을 받아 갑자기 숨소리를 터트려 내는 일. 목감기의 주된 증상 가운데 하나로, 마른기침과 젖은기침의 두 가지가 있다. 〈유〉해수(咳嗽) ¶심한 기침./기침을 삼키다./기침이 멎다.

기침-병 표준 (기침病)[기침뼝]명 기침을 몹시 하는 병. 〈유〉해병(咳病)

기침-약 표준 (기침藥)[기침냑]명 기침을 멎게 하는 데 쓰는 약. 〈유〉진해-제(鎭咳劑)

기침-하다 표준 ( )[기침하다]동 기도의 점막이 자극을 받아 갑자기 숨소리를 터트려 내다. 목감기의 주된 증상 가운데 하나로, 마른기침을 하는 경우와 젖은기침을 하는 경우 두 가지가 있다. ¶다른 사람들이 앞에 있어서 입을 가리고 기침했다.

기키다 전남 ( )[ ]동 '긁히다'의 방언.

기통 표준 (氣痛)[기통-]명 체내의 기(氣) 운행이 순조롭지 못하여 어느 한곳에 정체되어 막히는 병리 현상. 또는 그로 인하여 나타나는 증상. 배가 더부룩하거나 통증이 있다. 〈유〉기체(氣滯) ¶기통이 발생하는 원인으로는 정신적인 스트레스 이외에도 잘못된 생활습관, 기후나 환경적인 문제 등을 들 수 있다.

기트람 전북 ( )[ ]명 '트림'의 방언.

기트래미 충북 ( )[ ]명 '트림'의 방언.

기트름 충남 ( )[ ]명 '트림'의 방언.

기-트림 충남 ( )[ ]명 '트림'의 방언.

기혈 응체 비통 표준 (氣血凝滯臂痛)[ ]명구 기체(氣滯), 혈어(血瘀)로 팔이 아픈 증상. 앉거나 누워 있을 때 풍습(風濕)이 경락을 침습해 혈이 응결(凝結)하고 기가 몰리거나 잘 때 팔이 밖으로 나와 한사(寒邪)의 침습을 받거나 노화(怒火)로 일어난다. 흔히 갱년기의 여성들에게 많아 오십견(五十肩)이라고도 한다.

길레다 경북 ( )[ ]동 '긁히다'의 방언.

김 경북 ( )[ ]명 '기미'의 방언.

깃-벵 경남 ( )[ ]명 '귓병'의 방언.

ᄁ매기 제주 ( )[ ]명 눈을 껌벅껌벅하는 사람.

까그랍다 경남 ( )[ ]형 '깔끄럽다'의 방언.

까까롭다 경남 ( )[까까롭따]형 '깔끄럽다'의 방언.

까까룹다 제주 ( )[까까룹따]형 '깔끄럽다'의 방언.

까깝-수 경남 ( )[ ]명 '갑갑증'의 방언.

까깝-허다 전남 ( )[ ]형 '갑갑하다'의 방언. ¶옛날 할무이덜 고상헌 애기럴 들응게 듣기만 해도 까깝허네요.(옛날 할머니들 고생한 이야기를 들으니까 듣기만 해도 갑갑하네요.)

까꿉-하다 경상 ( )[ ]휑 '갑갑하다'의 방언. ¶빠수에 사램이 많아 가 까꿉하다.(버스에 사람이 많아 가지고 갑갑하다.)

까끄럽다 경남 ( )[까끄럽따]휑 '깔끄럽다'의 방언.

까끄리-하다 경남 ( )[ ]휑 '깔끄럽다'의 방언. ¶몸살이 날라 카는지 오늘따라 쎄가 까끄리하다.(몸살이 나려고 하는지 오늘따라 혀가 깔끄럽다.)

까닥-질 경남 ( )[까닥찔]명 '딸꾹질'의 방언.

까딱-질 경상 ( )[까딱찔]명 '딸꾹질'의 방언.

까랍다 전남 ( )[ ]휑 '깔끄럽다'의 방언.

까렵다 충남 ( )[ ]휑 '가렵다'의 방언.

까리까삼-하다 경남 ( )[ ]휑 '깔깔하다'의 방언.

까무러지다 표준 ( )[까무러지다]동 정신이 가물가물하여지다. '가무러지다'보다 센 느낌을 준다. 〈참〉가무러지다 ¶그녀는 캑캑캑 가래 덩어리를 쏟아 놓으며 가물가물 까무러지고 말았다.

까무러치다 표준 ( )[까무러치다]동 얼마 동안 정신을 잃고 죽은 사람처럼 되다. '가무러치다'보다 센 느낌을 준다. 〈참〉가무러-치다 ¶까무러치게 놀라다./까무러친 사람에게 인공호흡을 하다.

까무술레다 경북 ( )[ ]동 '까무러치다'의 방언.

까무-트리다 강원 ( )[ ]동 '까무러치다'의 방언.

까문-점 경상 ( )[ ]명 '기미'의 방언.

까물-뜨리다 강원 ( )[ ]동 '까무러치다'의 방언. ¶너무 아파서 졸재 까물뜨릴 뻔했다.(너무 아파서 졸지에 까무러칠 뻔했다.)

까물-씨다 경북 ( )[ ]동 '까무러치다'의 방언.

까바-지다 경남 ( )[ ]동 '까부라지다'의 방언.

까부라지다 표준 ( )[까부라지다]동 기운이 빠져 몸이 고부라지거나 생기가 없이 나른해지다. 〈참〉꺼부러-지다 ¶노동에 지친 노동자들은 눕기가 무섭게 까부라져 잔다./환자가 고통으로 인해 까부라져 들었다.

까재비 강원 ( )[ ]**명** '애꾸'의 방언.

까지뱅이 강원 ( )[ ]**명** '애꾸눈이'의 방언.

까지비 강원 ( )[ ]**명** '애꾸'의 방언.

깐지랍다 경남 ( )[ ]**형** '간지럽다'의 방언. ¶등더리가 깐지랍아서 밤새 잠을 몬 잤다.(등이 간지러워서 밤새 잠을 못 잤다.)

깔깔-하다 표준 ( )[깔깔하다]**형** 헛바닥이 깔끄럽고 입맛이 없다.

깔끄럽다 표준 ( )[껄끄럽따]**형** (작은 알갱이가) 살에 닿아서 자꾸 따끔거리는 듯하다. 〈참〉껄끄럽다 ¶벼를 추수하고 왔더니 까끄라기가 붙어서 깔끄럽다.

깔끄리-하다 경남 ( )[ ]**형** '깔끄럽다'의 방언.

깔끔거리다 표준 ( )[깔끔거리다]**동** (신체의 일부가) 매끄럽지 못한 것이 살갗에 닿아 자꾸 따끔거리다. 〈유〉깔끔깔끔하다, 깔끔대다 〈참〉껄끔거리다 ¶눈 안에 먼지가 들어가 깔끔거렸다.

깔끔깔끔하다 표준 ( )[깔끔깔끔하다]**동** (신체의 일부가) 매끄럽지 못한 것이 살갗에 닿아 자꾸 따끔거리다. 〈유〉깔끔거리다, 깔끔대다 〈참〉껄끔껄끔하다 ¶어젯밤 마신 술 때문인지 혀가 깔끔깔끔하여 밥을 제대로 먹을 수 없다.

깔끔대다 표준 ( )[깔끔대다]**동** (신체의 일부가) 매끄럽지 못한 것이 살갗에 닿아 자꾸 따끔거리다. 〈유〉깔끔거리다, 깔끔깔끔하다 〈참〉껄끔대다

깔딱-거리다 강원 ( )[깔딱꺼리다]**동** '딸꾹거리다'의 방언.

깔딱-증 경남 ( )[깔딱쯩]**명** '딸꾹질'의 방언.

깔딱-지 경상 ( )[깔딱찌]**명** '딸꾹질'의 방언. ¶깔딱지 멈출라마 물 마시거래이.(딸꾹질 멈추려면 물 마셔라.)

깔딱-질 강원 경남 ( )[깔딱찔]**명** '딸꾹질'의 방언.

깔때구 경북 ( )[ ]**명** '딸꾹질'의 방언.

깔때기 강원 경북 충북 ( )[ ]**명** '딸꾹질'의 방언.

깔뚝 경남 ( )[ ]부 '딸꾹'의 방언.

깔뚝-거리다 경남 ( )[깔뚝꺼리다]동 '딸꾹거리다'의 방언.

깔뚝-깔뚝 경남 ( )[ ]부 '딸꾹딸꾹'의 방언.

깔뚝-대다 경남 ( )[깔뚝때다]동 '딸꾹대다'의 방언.

깔뚝-이 경북 ( )[깔뚜기]명 '딸꾹질'의 방언.

깔뚝-질 경남 ( )[깔뚝질]명 '딸꾹질'의 방언.

깔띠기 강원 ( )[ ]명 '딸꾹질'의 방언.

깔-버짐 경남 ( )[ ]명 '마른버짐'의 방언.

깝깝-허다 전남 ( )[깝까퍼다]형 '갑갑하다'의 방언.

깡그라-치다 전남 ( )[ ]동 '까무러치다'의 방언.

깨살 경남 ( )[ ]명 짜증을 내고 불평을 하거나 잔소리를 하는 일 ¶형이 돼서 와 동생한테 깨살이나 지기고 그래쌓노?(형이 돼서 왜 동생한테 불평이나 하고 그러니?)

깨악-질 경상 ( )[ ]명 '구역질'의 방언.

깨챔 경남 ( )[ ]명 '기침'의 방언.

꺅 경남 ( )[ ]부 '꽥'의 방언.

깽필-하다 강원 ( )[ ]동 '마르다'의 방언. ¶저 아는 너무 깽필해사 보기에 영 안 좋드라.(저 아이는 너무 말라서 보기에 영 안 좋더라.)

꺼갱이 경상 ( )[ ]명 '회충'의 방언.

꺼꾸 강원 ( )[ ]명 '회충'의 방언.

꺼끌-허다 전남 ( )[ ]형 '깔깔하다'의 방언.

꺼시름 전라 ( )[ ]명 '거스러미'의 방언.

꺼찰-하다 경남 ( )[ ]형 '꺼칠하다'의 방언.

꺼치리-하다 경남 ( )[ ]형 '꺼칠하다'의 방언. ¶메칠 잠을 잘 몬 자서 그런지 얼굴이 꺼치리하다.(며칠 잠을 잘 못 자서 그런지 얼굴이 꺼칠하다.)

꺼칠-하다 표준 ( )[꺼칠하다]형 여위거나 메말라 살갗이나 털이 윤기가 없고 거칠다. '거칠하다'보다 센 느낌을 준다. 〈참〉거칠-하다, 까칠-하다 ¶꺼칠한 얼굴./꺼칠하게 마른버짐이 피다.

껀지럽다 경남 ( )[껀지럽따][형] '가렵다'의 방언.

껀지럽다 경남 ( )[껀지럽따][형] '간지럽다'의 방언.

껄끄럽다 표준 ( )[깔끄럽따][형] (작은 알갱이가) 살에 닿거나 붙어서 신경이 쓰이게 자꾸 뜨끔거리는 듯하다. 〈참〉깔끄럽다

껄끔거리다 표준 ( )[껄끔거리다][동] (신체의 일부가) 거칠거나 날카로운 것이 살갗에 닿아 자꾸 뜨끔거리다. 〈유〉껄끔껄끔하다, 껄끔대다 〈참〉깔끔거리다

껄끔껄끔하다 표준 ( )[껄끔껄끔하다][동] (신체의 일부가) 거칠거나 날카로운 것이 살갗에 닿아 자꾸 뜨끔거리다. 〈유〉껄끔거리다, 껄끔대다 〈참〉깔끔깔끔하다

껄끔대다 표준 ( )[껄끔대다][동] (신체의 일부가) 거칠거나 날카로운 것이 살갗에 닿아 자꾸 뜨끔거리다. 〈유〉껄끔거리다, 껄끔껄끔하다 〈참〉깔끔대다

껄데기 강원 ( )[ ][명] '딸꾹질'의 방언.

껄디기 강원 ( )[ ][명] '딸꾹질'의 방언.

껄때기 충남 ( )[ ][명] '딸꾹질'의 방언.

껄떠기 강원 ( )[ ][명] '딸꾹질'의 방언.

껄떠래미 경북 ( )[ ][명] '트림'의 방언.

껄떡 경남 전북 충남 ( )[ ][부] '딸꾹'의 방언.

껄떡-거리다 경남 전북 충남 ( )[ ][동] '딸꾹거리다'의 방언.

껄떡-껄떡 경남 전북 충남 ( )[ ][부] '딸꾹딸꾹'의 방언.

껄떡-대다 경남 전북 충남 ( )[ ][동] '딸꾹대다'의 방언.

껄떡-이 충남 ( )[ ][명] '딸꾹질'의 방언.

껄떡-질 경남 ( )[ ][명] '딸꾹질'의 방언.

껄떼기 전라 충청 ( )[ ][명] '딸꾹질'의 방언.

껄뚝-이 충남 ( )[ ]명 '딸꾹질'의 방언.

껄띠기 강원 ( )[ ]명 '딸꾹질'의 방언. ¶갑작시리 껄띠기가 나서 혼났잖소.(갑작스럽게 딸꾹질이 나서 혼났잖소.)

껄테미 강원 ( )[ ]명 '트림'의 방언.

껑껑 경남 ( )[ ]부 '낑낑'의 방언.

껑껑-거리다 경남 ( )[ ]동 '낑낑거리다'의 방언.

께거럽다 경남 ( )[께거럽따]형 '가렵다'의 방언.

께-벵 경남 ( )[ ]명 '꾀병'의 방언.

께벵-재이 경남 ( )[ ]명 '꾀병쟁이'의 방언.

께벵-하다 경남 ( )[ ]동 '꾀병하다'의 방언.

꼬다 경북 ( )[ ]동 '성나다'의 방언.

꼬드락지 충남 ( )[ ]명 '뾰루지'의 방언.

꼬라지-내다 전라 ( )[ ]동 '성내다'의 방언.

꼬마지 충남 ( )[ ]명 '뾰루지'의 방언.

꼬무라지 충남 ( )[ ]명 '부스럼'의 방언. ¶아 얼굴에 꼬무라지가 나서 워쩐대유?(아이 얼굴에 부스럼이 나서 어쩐대요?)

꼬무락지 충남 ( )[꼬무락찌]명 '뾰루지'의 방언.

꼬무레기 충남 ( )[ ]명 '부스럼'의 방언.

꼬뿔 충남 ( )[ ]명 '감기'의 방언. ¶그전이는 병원두 흔하덜 안 혀서 꼬뿔 정도는 병원 갈 생각두 안 했유.(그전에는 병원도 흔하지 않아서 감기 정도는 병원 갈 생각도 안 했어요.)

꼬투리 충남 ( )[ ]명 '다래끼'의 방언.

꼴다 경북 ( )[ ]동 '성나다'의 방언.

꼼발 전남 ( )[ ]명 '부스럼'의 방언.

꼼배팔-이 강원 ( )[꼼배파리]명 '곰배팔이'의 방언.

꼼-보 강원 경상 전라 제주 충북 ( )[ ]명 '곰보'의 방언.

꼼보-딱지 강원 경상 충청 ( )[ ] 명 '곰보딱지'의 방언.

꼽두-이 경북 ( )[꼽뚜이] 명 '곱사등이'의 방언.

꼽사 경남 전남 ( )[꼽싸] 명 '곱사등이'의 방언.

꼽사구 강원 ( )[꼽싸구] 명 '곱사등이'의 방언.

꼽사댕-이 전남 ( )[꼽싸댕이] 명 '곱사등이'의 방언.

꼽사뎅-이 강원 ( )[꼽싸댕이] 명 '곱사등이'의 방언.

꼽사드-이 전북 충청 ( )[꼽싸드이] 명 '곱사등이'의 방언.

꼽사디-이 경북 ( )[꼽싸디이] 명 '곱사등이'의 방언.

꼽새 경남 ( )[꼽쌔] 명 '곱사등이'의 방언.

꼽새-등어리 경남 ( )[꼽쌔등어리] 명 '곱사등'의 방언.

꼽새-디 경북 ( )[꼽쌔디] 명 '곱사등이'의 방언.

꼽새이 전라 ( )[꼽쌔이] 명 '곱사등이'의 방언.

꼽섀 전남 ( )[꼽쌔] 명 '곱사등이'의 방언. ¶옛날에는 마을마동 꼽섀가 한 사람 썩은 있었어라우.(옛날에는 마을마다 곱사등이가 한 사람씩은 있었어요.)

꼽치 전남 ( )[ ] 명 '곱사등이'의 방언.

꼿 경기 전라 제주 충청 ( )[꼳] 명 '열꽃'의 방언.

꽁치다 전남 ( )[ ] 동 '삐다'의 방언. ¶멋허다가 다리럴 그렇게나 꽁쳤다냐?(뭐 하다가 다리를 그렇게나 삐었다니?)

꽃 경남 충북 ( )[ ] 명 '열꽃'의 방언.

꽅 강원 경기 경남 ( )[ ] 명 '열꽃'의 방언.

꽤악-질 경남 ( )[ ] 명 '구역질'의 방언.

꽥 표준 ( )[꽥] 부 (고통이나 통증 따위로 인해) 갑자기 목청을 높여 지르는 소리. 또는 그 모양. 〈참〉꿱 ¶꽥 악을 쓰다./주먹에 얼굴을 맞아서 소리를 꽥 지르고 넘어졌다.

꽥-질 경북 ( )[ ] 명 '구역질'의 방언.

꾀가롭다 경북 ( )[ ] 형 '깔끄럽다'의 방언.

꾀고롭다 경북 ( )[꾀고롭따] 형 '깔끄럽다'의 방언.

꾀-바시다 강원 ( )[ ] 동 '엄살떨다'의 방언.

꾀-벵 전라 ( )[ ] 명 '꾀병'의 방언.

꾀-병 표준 (꾀病)[꾀병/꿰병] 명 거짓으로 병을 앓는 체하는 짓. 〈유〉강-병(강病), 건병(乾病), 사병(詐病), 생병(生病), 양병(佯病), 작병(作病), 허병(虛病) ¶꾀병을 부리다./꾀병을 앓다.

꾀약-질 경북 ( )[꾀약찔/꿰약찔] 명 '구역질'의 방언.

꾁-질 전라 ( )[꾁찔/꿱찔] 명 '구역질'의 방언.

꾸엑-질 전남 ( )[꾸엑찔] 명 '구역질'의 방언.

꾸역-질 전남 ( )[꾸역찔] 명 '구역질'의 방언.

꿉새 충남 ( )[꿉쌔] 명 '곱사등이'의 방언.

꿱-질 강원 ( )[꿱찔] 명 '구역질'의 방언. ¶속이 안 좋은지 자꾸 꿱질이 나와. (속이 안 좋은지 자꾸 구역질이 나와.)

꿳-벵 제주 ( )[꿷뻉] 명 '꾀병'의 방언.

꿳-빙 제주 ( )[꿷삥] 명 '말라리아, 학질'의 방언.

꿳-빙 제주 ( )[꿷삥] 명 '꾀병'의 방언.

뀌역-질 경북 ( )[뀌역찔] 명 '구역질'의 방언. ¶우리 미느리는 묵는 거마 바도 뀌역질이 난다 칸다.(우리 며느리는 먹는 것만 봐도 구역질이 난다고 한다.)

끄끄럽다 전남 ( )[끄끄럽따] 형 '깔끄럽다'의 방언.

끄끕-하다 전남 ( )[*끄끄파다*] 형 '갑갑하다'의 방언.

끄럽-히다 경북 ( )[끄러피다] 동 '긁히다'의 방언.

끄키다 전남 ( )[ ] 동 '긁히다'의 방언. ¶사방 간디 안 끄킨 디가 없어.(사방 군데 안 긁힌 데가 없어.)

꿕꿕 표준 ( )[꿕꿕] 부 트림 따위를 자꾸 거칠게 하는 소리. ¶꿕꿕 딸꾹질을 삼키다.

꿕꿕거리다 표준 ( )[꿕꿕꺼리다] 동 트림 따위를 거칠게 하는 소리가 자꾸 나

다. 〈유〉꼭꼭-대다, 꼭꼭-하다

꼭꼭대다 표준( )[꼭꼭때다]동 트림 따위를 거칠게 하는 소리가 자꾸 나다. ¶
그는 꼭꼭대더니 결국 먹은 것을 모두 토했다.

꼭꼭하다 표준( )[꼭끄카다]동 트림 따위를 자꾸 거칠게 하는 소리가 나
다. 〈유〉꼭꼭-거리다 ¶트림 따위를 자꾸 거칠게 하는 소리가 나다.

끌떠기 충남( )[ ]명 '딸꾹질'의 방언.

끌띠기 충남( )[ ]명 '딸꾹질'의 방언.

끍-헤다 경북( )[끌캐다]동 '긁히다'의 방언.

끍-히다 전라( )[끌키다]동 '긁히다'의 방언. ¶까시덩쿨에 끍혀 갖고 피가 난
다.(가시덩굴에 긁혀 갖고 피가 난다.) 〈전북〉

끼-거품 경남( )[ ]명 '게거품'의 방언.

끼미 경북( )[ ]명 '기미'의 방언.

끼-밥 경남( )[ ]명 '게거품'의 방언.

끼침 경남( )[ ]명 '기침'의 방언.

끼트리미 경북( )[ ]명 '트림'의 방언.

끼트림 경북( )[ ]명 '트림'의 방언.

낄키다 전남( )[ ]동 '긁히다'의 방언.

낅-히다 전라( )[낄키다]동 '긁히다'의 방언.

낑낑 표준( )[낑낑]부 몹시 아프거나 힘에 겨워 괴롭게 자꾸 내는 소리. 〈참〉
깽-깽, 킹-킹 ¶낑낑 앓다./쌀가마니를 낑낑 짊어지고 가다.

낑낑-거리다 표준( )[낑낑거리다]동 몹시 아프거나 힘에 겨워 괴롭게 자꾸 소
리를 내다. 〈유〉낑낑-대다, 낑낑-하다 〈참〉깽깽-거리다, 킹킹-거리다 ¶낑
낑거리며 쌀가마니를 겨우 쌀독에 넣었다./뭐, 그까짓 일 가지고 낑낑거리
고 있나?

한국어 질병 표현 어휘 사전 Ⅴ

ㄴ

ᄂ근ᄒ다 제주 ( )[ ] 형 '노곤하다'의 방언.

ᄂ긋ᄂ긋 제주 ( )[나근나근] 부 '나른히'의 방언.

ᄂ긋ᄂ긋ᄒ다 제주 ( )[나근나그타다] 형 '나른하다'의 방언.

ᄂ랏ᄂ랏 제주 ( )[ ] 부 '나른히'의 방언.

ᄂ랏ᄂ랏ᄒ다 제주 ( )[ ] 형 '나른하다'의 방언. ¶몸이 나랏나랏하연 정신이 엇다.(몸이 나른해서 정신이 없다.)

ᄂ랏ᄒ다 제주 ( )[ ] 형 '나른하다'의 방언. ¶나랏혜연 아무것도 못 허키여.(나른해서 아무것도 못 하겠다.)

ᄂ롯ᄂ롯 제주 ( )[ ] 부 '나른히'의 방언.

ᄂ롯ᄂ롯ᄒ다 제주 ( )[ ] 형 '나른하다'의 방언. ¶일하단 나롯나롯하여 가난, 낭 그늘에 아장 쉬렌 헷주.(일하다가 맥없이 풀려서 나른하게 움직여 가니까, 나무 그늘에 앉아서 쉬라고 했지.)

ᄂ롯ᄒ다 제주 ( )[ ] 형 '나른하다'의 방언.

ᄂ룻ᄂ룻 제주 ( )[ ] 부 '나른히'의 방언.

ᄂ룻ᄂ룻ᄒ다 제주 ( )[ ] 형 '나른하다'의 방언. ¶경 나룻나룻하게 일할 거민 좀 아장 쉬라.(그렇게 맥이 풀려서 나른하게 일할 거면 좀 앉아서 쉬어라.)

ᄂ룻ᄒ다 제주 ( )[ ] 형 '나른하다'의 방언.

ᄂ큰ᄒ다 제주 ( )[ ] 형 '노곤하다'의 방언.

눌싹눌싹ᄒ다 제주 ( )[ ] 형 '나른하다'의 방언. ¶오늘 일 하영 헤 부난 몸이 날싹날싹하다.(오늘 일 많이 하니 몸이 나른하다.)

눌싹이 제주 ( )[ ] 부 '나른히'의 방언. ¶지치거들랑 여기라도 날싹이 안장 잇이라.(지치거든 이곳이라도 나른히 앉아 있어라.)

눌싹ᄒ다 제주 ( )[ ] 형 '나른하다'의 방언.

놋사옴 제주 ( )[ ] 명 '여드름'의 방언.

놋싸움 제주 ( )[ ] 명 '여드름'의 방언.

나렷-하다 경남 ( )[ ] 형 '나른하다'의 방언.

나른-하다 표준 ( )[나른하다]휑 맥이 풀리거나 몸이 고단하여 기운이 없다. 〈유〉날연-하다(苶然하다) 〈참〉느른-하다 ¶나른한 오후./봄이라서 그런지 몸이 나른하다./일을 마쳤더니 온몸이 나른하고 절로 졸음이 왔다.

나른-히 표준 ( )[나른히]튀 맥이 풀리거나 몸이 고단하여 기운이 없이.

나리지근-허다 전남 ( )[ ]휑 '나른하다'의 방언.

나리지급-허다 전남 ( )[ ]휑 '나른하다'의 방언.

나릿-하다 경상 ( )[ ]휑 '나른하다'의 방언.

나목-병 전남 ( )[ ]몡 '나병'의 방언.

나벵 강원 ( )[ ]몡 '나병'의 방언.

나병 표준 ( )[나:병]몡 눈썹이 빠지고 살이 썩어 손발이나 얼굴이 변형되며 눈이 잘 보이지 않게 되는 전염병. 〈유〉나병-환(癩病患), 나병-환(癩病患), 대풍(大風), 대풍-질(大風疾), 대풍-창(大風瘡), 문둥-병(문둥病), 풍병(風病) ¶나병 환자.

나사-지다 경남 ( )[ ]동 '나아지다'의 방언.

나수다 경남 ( )[ ]동 병 따위를 낫게 하다

나슨-하다 표준 ( )[나슨하다]휑 마음이 좀 풀어져 긴장됨이 없다. 〈참〉느슨-하다

나아-지다 표준 ( )[나아지다]동 어떤 일이나 상태가 좋아지다. ¶생활이 나아지다./형편이 나아지다./얼굴이 나아지다.

나작-하다 경남 ( )[ ]휑 '나슨하다'의 방언.

나작-하다 경남 ( )[ ]휑 '나른하다'의 방언.

나환자 표준 ( )[나:환자]몡 나병을 앓고 있는 사람. 〈유〉나병-자(癩病者), 나병^환자(癩病患者), 문둥-이, 풍인(風人) ¶나환자 요양소./그 의사는 평생을 바쳐 나병을 연구하고 나환자를 치료하였다.

낙침 표준 ( )[ ]몡 목이 아파서 잘 놀리지 못하는 증상.

난질난질-하다 충남 ( )[ ]동 '간질간질하다'의 방언.

날-거리 제주 ( )[ ]명 '말라리아, 학질'의 방언.

날-걸리 제주 ( )[ ]명 '말라리아, 학질'의 방언. ¶학질은 날걸리라고 ᄒ연 날걸
르멍 한기들곡 박박 풋터는 털러귀엔 ᄒ 벵인디 학질모기로 전염됩주.(학
질은 날을 걸러서 춥다가 박박 풋터는 털러귀라고 하는 병인데 학질모기로 전
염됩니다.)

날-러리 제주 ( )[ ]명 '말라리아, 학질'의 방언.

날-봉사 전북 ( )[ ]명 '당달봉사'의 방언.

남실 표준 ( )[ ]명 쪽의 씨를 한방에서 이르는 말. 열독으로 인한 발진이나 목
이 아픈 데에 쓴다.

내렵다 전남 ( )[ ]형 '마렵다'의 방언.

내빈열 경남 ( )[ ]명 '뇌빈혈'의 방언.

내빙 경남 ( )[ ]명 '폐병'의 방언.

내짐 경남 ( )[ ]명 '폐병'의 방언.

내-치다 제주 ( )[ ]동 '게우다'의 방언.

냄새 코염 표준 (냄새코炎)[ ]명구 코에서 악취가 나는 위축 코염. 코를 풀어도
콧속에 붙은 점액이 없어지지 않고 부스럼 딱지가 되어, 여기서 여러 가지
부패 세균이 감염하여 악취가 나오게 된다. 머리가 무거운 듯하고 코가 막
히어 냄새를 못 맡으며, 코에서 피가 나기도 한다.

냅다 표준 ( )[냅따]형 연기로 인해 눈이나 목구멍이 쓰라린 느낌이 있다. ¶
"울기는 누가 울어요. 불을 피우느라고 내워서 그랬지." 하며, 눈물을 씻고
빙긋 웃는다.

냉방-벵 경남 ( )[ ]명 '냉방병'의 방언.

냉방-병 표준 (冷房病)[냉:방뼝]명 냉방으로 인하여 일어나는 병. 냉방이 된
실내와 실외의 온도 차가 심하여 인체가 잘 적응하지 못해서 발생하는 것으
로, 가벼운 감기·몸살·권태 따위의 증상을 보인다. 〈참〉난방-병(暖房病) ¶
여름에 냉방병으로 병원을 찾는 회사원이 늘고 있다.

냉심통 표준 (寒心痛)[냉ː심통-] 명 명치 부위가 은은히 아프면서 그 통증이 등에까지 뻗치고 손발이 찬 병. 〈유〉한심통(寒心痛)

너무 경남 ( )[ ] 명 '임신'의 방언. ¶메누리가 너무를 해서 조심해야 된다.(며느리가 임신을 해서 조심해야 된다.)

너벅-지시 제주 ( )[ ] 명 넓적하게 퍼진 부스럼. ¶몸에 난 조금 큰 부스럼을 허물이엔 ᄒ곡 넓적하게 퍼지민 너벅지시엔 ᄀ라마씀.(몸에 난 조금 큰 부스럼을 허물이라고 하고 넓적하게 퍼지면 너벅지시라고 말합니다.)

넘기다 전남 ( )[ ] 동 '게우다'의 방언.

넘어오다 표준 ( )[너머오다] 동 (음식물이나 울음 따위가 목구멍으로) 밖으로 나오다. ¶목구멍으로 신물이 넘어왔다./심한 뱃멀미로 인해 먹은 것이 모두 넘어왔다.

네-경색 경남 ( )[ ] 명 '뇌경색'의 방언.

네-내출혈 경남 ( )[ ] 명 '뇌내출혈'의 방언.

네종 제주 ( )[ ] 명 늑막이나 내장 등에 생기는 병.

네큰ᄒ다 제주 ( )[ ] 형 '노곤하다'의 방언.

네큰ᄒ다 제주 ( )[ ] 형 '나른하다'의 방언.

넴기다 전남 충북 ( )[ ] 동 '게우다'의 방언.

넹-빙 제주 ( )[ ] 명 '위경련'의 방언.

노건-하다 경남 ( )[ ] 형 '노곤하다'의 방언.

노고네-하다 강원 ( )[ ] 형 '노곤하다'의 방언.

노고니-하다 강원 ( )[ ] 형 '노곤하다'의 방언.

노고라-지다 경남 ( )[ ] 동 지쳐서 쓰러지다 ¶얼마나 피곤했던동 집에 들오자마자 노고라짔습니더.(얼마나 피곤했던지 집에 들어오자마자 지쳐서 쓰러졌습니다.)

노곤-하다 표준 (勞困하다)[노곤하다] 형 나른하고 피로하다. 〈유〉고단-하다, 곤-하다(困하다), 곤로-하다(困勞하다), 피곤-하다(疲困하다) ¶목욕을 했더니 몸이 노곤하다./온몸이 노곤하여 금세 잠이 들었다.

노골-노골 경남 ( )[ ]부 '노글노글'의 방언.

노골노골-하다 강원 경남 ( )[ ]형 '노글노글하다'의 방언.

노골노골-허다 전남 ( )[ ]형 '노글노글하다'의 방언.

노글-노글 표준 ( )[노글로글]부 좀 무르고 보드라운 모양. 〈유〉노글노글-히 〈참〉누글-누글

노글노글-하다 표준 ( )[노글로글하다]형 성질이나 태도가 좀 무르고 보드랍다. ¶성격이 그렇게 노글노글해서 이 험난한 세상을 어떻게 살아가겠니?

노긋-노긋 제주 ( )[ ]부 '나른히'의 방언.

노라-지다 경남 ( )[ ]동 '노래지다'의 방언.

노래-지다 표준 ( )[노:래지다]동 노랗게 되다. 〈참〉누레-지다

노망-나다 표준 ( )[노:망나다]동 늙어서 정신이 흐려지고 말이나 행동이 정상이 아닌 상태가 되다. ¶노망난 늙은이가 허튼소리를 늘어놓았다.

노무데기 전남 ( )[ ]명 '임신'의 방언.

노병 표준 (老病)[노:병]명 늙고 쇠약해지면서 생기는 병. 〈유〉노질(老疾)

노실 제주 ( )[ ]명 '노망, 치매'의 방언. ¶ᄒ끔 쉽게 골으민 뇌수가 상허연 노실이 왐수다.(조금 쉽게 말하면 뇌가 상해서 치매가 왔습니다.)

노실ᄒ다 제주 ( )[ ]동 치매에 걸리다. 노망이 나다. 〈유〉노망나다 ¶나 번쩍ᄒ게 살곡 ᄂᆞᆸ 노실ᄒ는 걸 보민 축 나무리 듯 헤나신디 이거 무신 숭시라?(나 번쩍하게 살고 남 노망난 걸 보면 비웃듯 했었는데 이게 무슨 흉이냐?)

노환 표준 (老患)[ ]명 노병의 높임말.

녹두-손님 경북 ( )[ ]명 '홍역'의 방언.

놋-사움 제주 ( )[ ]명 '여드름'의 방언.

농태 표준 (弄胎)[농:태]명 해산달에 이르러 며칠 동안 진통하는 일. 또는 이미 양수가 터져 나와서 배가 아프지만 해산은 진행되지 않는 일. 〈유〉농통(弄痛)

농통 표준 (弄痛)[농ː통]명 해산달에 이르러 며칠 동안 진통하는 일. 또는 이미 양수가 터져 나와서 배가 아프지만 해산은 진행되지 않는 일. 〈유〉농태(弄胎)

뇌-경색 표준 (腦梗塞)[뇌경색/눼경색]명 뇌에 혈액을 보내는 동맥이 막혀 혈액이 흐르지 못하거나 방해를 받아 그 앞쪽의 뇌 조직이 괴사(壞死)하는 병. 뇌혈전과 뇌색전이 있다. 〈유〉뇌-연화증(腦軟化症) ¶뇌경색으로 쓰러지다./뇌경색을 일으키다.

뇌곤-허다 전남 ( )[ ]형 '노곤하다'의 방언.

뇌-내출혈 표준 (腦內出血)[뇌내출혈/눼내출혈]명 뇌의 동맥이 터져서 뇌 속에 피가 새어 나와서 몸이 마비되거나 심하면 죽게 되는 병. 〈유〉뇌-속출혈(腦속出血), 뇌-일혈(腦溢血), 뇌-출혈(腦出血)

뇌두통 표준 (雷頭痛)[뇌두통/눼두통]명 눈병의 하나. 눈에 열독(熱毒)이 들어가 눈이 아프고 부시며 눈물이 나고 눈동자가 커졌다 작아졌다 하여 잘 보이지 않으며 두통이 심하다.

뇌막염 표준 (腦膜炎)[뇌망념/눼망념]명 수막의 염증. 열이 나며, 뇌척수액의 압력이 올라가기 때문에, 심한 두통·구역질·목이 뻣뻣해지는 증상이 나타난다. 〈유〉뇌척수막-염(腦脊髓膜炎), 수막-염(髓膜炎)

뇌막 자극 증상 표준 ( )[ ]명구 수막을 자극하여 생긴 증상. 두통, 구역질, 구토를 일으키거나 목이 뻣뻣해지기도 하며, 흔히 수막염·거미막밑 출혈 때에 나타난다.

뇌-빈혈 표준 (腦貧血)[뇌빈혈/눼빈혈]명 뇌의 혈액 순환이 일시적으로 나빠져서 뇌에 산소와 영양분이 충분히 공급되지 못하는 상태. 기분이 나빠지고 얼굴이 창백해지며, 식은땀을 흘리고 실신하기도 한다. ¶뇌빈혈을 일으키다.

뇌수막염 표준 ( )[ ]명 뇌와 수막에 나타나는 염증.

뇌졸중 표준 (腦卒中)[뇌졸쭝/눼졸쭝]명 뇌에 혈액 공급이 제대로 되지 않아

손발의 마비, 언어 장애, 호흡 곤란 따위를 일으키는 증상. 뇌동맥이 막히거
나, 갑자기 터져 출혈한 혈액이 굳어져 혈관을 막고 주위 신경을 압박하여
여러 가지 신경 증상이 나타나게 된다. 〈유〉뇌졸중(腦卒症), 뇌중풍(腦中
風), 중풍(中風) ¶이번에는 아내에 이어서 자신이 뇌졸중으로 쓰러져 버렸
다./뇌졸중이나 간질의 전조(前兆)가 이런 게 아닐까 싶다.

뇌졸증 표준 (腦卒症)[뇌졸쯩/눼졸쯩] 명 뇌에 혈액 공급이 제대로 되지 않아
손발의 마비, 언어 장애, 호흡 곤란 따위를 일으키는 증상. 뇌동맥이 막히거
나, 갑자기 터져 출혈한 혈액이 굳어져 혈관을 막고 주위 신경을 압박하여
여러 가지 신경 증상이 나타나게 된다. 〈유〉뇌졸중(腦卒中), 뇌중풍(腦中
風), 중풍(中風)

뇌중풍 표준 (腦中風)[뇌중풍/눼중풍] 명 뇌에 혈액 공급이 제대로 되지 않아
손발의 마비, 언어 장애, 호흡 곤란 따위를 일으키는 증상. 뇌동맥이 막히거
나, 갑자기 터져 출혈한 혈액이 굳어져 혈관을 막고 주위 신경을 압박하여
여러 가지 신경 증상이 나타나게 된다. 〈유〉뇌졸중(腦卒中), 뇌졸증(腦卒
症), 중풍(中風)

뇌척수막염 표준 (腦脊髓膜炎)[뇌척쑤망념/눼척쑤망념] 명 수막의 염증. 열이
나며, 뇌척수액의 압력이 올라가기 때문에, 심한 두통·구역질·목이 뻣뻣해
지는 증상이 나타난다. 〈유〉뇌막-염(腦膜炎), 수막-염(髓膜炎)

뇌척수액 표준 (腦脊髓液)[뇌척쑤액/눼척쑤액] 명 거미막밑 공간, 뇌실 및 척추
의 중심관을 채우고 있는 액체. 뇌실 맥락총(腦室脈絡叢)에서 생성되며, 외
부 충격으로부터 뇌척수를 보호하는 역할을 한다.

누꼽 경기 경상 충북 ( )[ ] 명 '눈곱'의 방언.

누꼽-쟁이 경북 ( )[ ] 명 '눈곱'의 방언.

누꿉 경기 ( )[ ] 명 '눈곱'의 방언.

누네피 전남 ( )[ ] 명 '눈병'의 방언.

누랍다 전남 ( )[ ] 형 '마렵다'의 방언.

누룹다 경남 ( )[ ][형] '마렵다'의 방언.

누풍증 표준 ( )[ ][명] 술을 지나치게 많이 마셔서 온몸에 늘 열과 땀이 나며, 목이 마르고 느른하여지는 병.

눅-이다 제주 ( )[ ][동] 아픈 것이 풀리다.

눈-갑지기 전남 ( )[ ][명] '눈곱'의 방언.

눈-거저리 강원 ( )[ ][명] '애꾸눈이'의 방언.

눈-겁지 강원 ( )[ ][명] '눈곱'의 방언.

눈-겁지기 전남 ( )[ ][명] '눈곱'의 방언.

눈-고바리 경남 ( )[ ][명] '눈곱'의 방언.

눈-고비 강원 ( )[ ][명] '눈곱'의 방언.

눈곱 표준 ( )[눈꼽][명] 눈에서 나오는 진득진득한 액. 또는 그것이 말라붙은 것. 〈유〉곱, 안지(眼脂) ¶눈곱이 끼다./눈곱을 떼다./세수하면서 눈곱을 닦다.

눈-곱데기 전남 ( )[ ][명] '눈곱'의 방언.

눈-곱자구 전라 ( )[ ][명] '눈곱자기'의 방언.

눈곱자기 표준 ( )[눈꼽짜기][명] '눈곱'을 속되게 이르는 말.

눈-곱자꾸 전남 ( )[ ][명] '눈곱자기'의 방언.

눈-곱작 전남 ( )[ ][명] '눈곱'의 방언.

눈-곱재가리 전라 ( )[ ][명] '눈곱'의 방언.

눈-곱재기 경상 전라 제주 충청 ( )[ ][명] '눈곱자기'의 방언.

눈-곱재이 경남 ( )[ ][명] '눈곱자기'의 방언.

눈-곱쟁이 전라 ( )[ ][명] '눈곱자기'의 방언.

눈-곱지 강원 ( )[ ][명] '눈곱'의 방언.

눈-괴비 강원 ( )[ ][명] '눈곱'의 방언.

눈-구재비 경북 ( )[ ][명] '눈곱자기'의 방언.

눈-굽쟁이 경남 ( )[ ][명] '눈곱자기'의 방언.

눈-깁 경남 ( ) [ ] 명 '눈곱'의 방언.

눈-까재비 강원 ( ) [ ] 명 '애꾸눈이'의 방언.

눈-까지비 강원 ( ) [ ] 명 '애꾸눈이'의 방언.

눈-깜작이 표준 ( ) [ ] 명 눈을 자주 깜작거리는 사람. 〈유〉깜작-이 〈참〉눈-깜짝이, 눈-끔적이

눈-깜쟁이 경남 ( ) [ ] 명 '눈깜작이'의 방언.

눈-깜짹이 경남 ( ) [ ] 명 '눈깜작이'의 방언.

눈-껍 경남 충남 ( ) [ ] 명 '눈곱'의 방언.

눈꼬락-쟁이 전남 ( ) [ ] 명 '애꾸눈이'의 방언.

눈-꼬롭재기 경남 ( ) [ ] 명 '눈곱'의 방언.

눈-꼬지바리 경북 ( ) [ ] 명 '눈곱'의 방언.

눈-꼬징이 경북 ( ) [ ] 명 '눈곱'의 방언.

눈꼴-태기 전남 ( ) [ ] 명 '애꾸눈이'의 방언.

눈-꼽이 강원 ( ) [ ] 명 '눈곱'의 방언.

눈-꼽자구 경남 전남 ( ) [ ] 명 '눈곱'의 방언.

눈-꼽재기 경남 ( ) [ ] 명 '눈곱'의 방언.

눈-꼽재이 경남 ( ) [ ] 명 '눈곱자기'의 방언.

눈-꼽쟁이 경상 전남 ( ) [ ] 명 '눈곱'의 방언.

눈-꾀비 강원 ( ) [ ] 명 '눈곱'의 방언.

눈-꾸부리 경남 ( ) [ ] 명 '눈곱'의 방언.

눈-꾸재비 강원 ( ) [ ] 명 '눈곱'의 방언.

눈-꿰비 강원 ( ) [ ] 명 '눈곱'의 방언.

눈-끄부리 경남 ( ) [ ] 명 '눈곱'의 방언.

눈-끄부지기 경남 ( ) [ ] 명 '눈곱'의 방언.

눈-끕 경남 충남 ( ) [ ] 명 '눈곱'의 방언.

눈-끼비 강원 경남 ( ) [ ] 명 '눈곱'의 방언.

눈-끼빙이 경남 ( )[ ]명 '눈곱'의 방언.

눈-낍 경남 ( )[ ]명 '눈곱'의 방언.

눈-ㄲ매기 제주 ( )[ ]명 눈을 껌벅껌벅하는 사람.

눈-다라시 전북 ( )[ ]명 '다래끼'의 방언.

눈-다락지 경기 전남 충남 ( )[ ]명 '다래끼'의 방언.

눈-다랏 충남 ( )[ ]명 '다래끼'의 방언.

눈-다래끼 강원 경남 충남 ( )[ ]명 '다래끼'의 방언.

눈-다리께 전남 ( )[ ]명 '다래끼'의 방언.

눈-다리끼 강원 경남 ( )[ ]명 '다래끼'의 방언.

눈-대래끼 경북 전북 ( )[ ]명 '다래끼'의 방언.

눈-대래키 강원 경북 ( )[ ]명 '다래끼'의 방언. ¶오새는 잇날마이 눈대래키가 마이 안 나는 겉다.(요새는 옛날만큼 다래끼가 많이 안 나는 거 같다.)〈경북〉

눈-대지비 경북 ( )[ ]명 '다래끼'의 방언.

눈-따깨 전남 ( )[ ]명 '안경'의 방언.

눈 따께 전난 ( )[ ]명 '안경'의 방언.

눈-딱지 경상 ( )[ ]명 '눈곱'의 방언.

눈-벌레기 제주 ( )[ ]명 눈이 벌어진 사람을 얕잡아 이르는 말.

눈-벵 경북 제주 ( )[ ]명 '눈병'의 방언.

눈-병 표준 (눈病)[눈뼝]명 눈에 생기는 병.〈유〉눈^병증(눈病症), 안-질환(眼疾患), 안구^질환(眼球疾患), 안병(眼病) ¶눈병에 걸리다./눈병이 나서 눈이 빨갛게 충혈되었다.

눈-봉사 경북 ( )[ ]명 '봉사'의 방언.

눈-비주구 경남 ( )[ ]명 '눈곱'의 방언.

눈-빙 경북 제주 ( )[ ]명 '눈병'의 방언. ¶눈빙 오르니까네 아인테 가까이 오지 말거래이.(눈병 옮으니까 아이한테 가까이 오지 마라.)〈경북〉

눈-사바리 경북 ( )[ ]명 '다래끼'의 방언.

눈-애피 전북 ( )[ ]몡 '눈병'의 방언. ¶아그들이 눈애피가 생겼다.(아이들이 눈병이 생겼다.)

눈에-피 전남 ( )[ ]몡 '눈병'의 방언.

눈-종멩이 강원 ( )[ ]몡 '다래끼'의 방언.

눈-짜그레이 경남 ( )[ ]몡 '애꾸'의 방언.

눈-째그레이 경남 ( )[ ]몡 '애꾸'의 방언.

눈-쪽대기 경상 ( )[ ]몡 '애꾸눈이'의 방언.

눈-쪽데이 경남 ( )[ ]몡 '애꾸'의 방언.

눈-찌그뎅이 경남 ( )[ ]몡 '애꾸'의 방언.

눈-찌그딩이 경북 ( )[ ]몡 '애꾸'의 방언.

눈-찐재 경남 ( )[ ]몡 '눈곱'의 방언.

눈-초 경북 ( )[ ]몡 '눈곱'의 방언.

눈-초재 경남 ( )[ ]몡 '눈곱'의 방언.

눈-초제기 경북 ( )[ ]몡 '눈곱'의 방언.

눈-초제이 경북 ( )[ ]몡 '눈곱'의 방언.

눈-초지기 경북 ( )[ ]몡 '눈곱'의 방언.

눈-코재기 제주 ( )[ ]몡 '눈곱'의 방언.

눈-콥 제주 ( )[ ]몡 '눈곱'의 방언.

눈-콥재기 제주 ( )[ ]몡 '눈곱'의 방언.

눈-투래기 제주 ( )[ ]몡 눈이 비뚤어진 사람.

눌리다 표준 ( )[ ]동 표면 전체나 부분에 힘이나 무게가 가해지다

눼곤ㅎ다 제주 ( )[ ]혱 '노곤하다'의 방언.

뉘엿거리다 표준 ( )[뉘엳꺼리다]동 (속이) 메스꺼워 자꾸 토할 듯하다.〈유〉뉘엿대다 ¶재운은 가슴이 답답하고 뉘엿거린다며 두 손으로 가슴을 쥐어뜯었다.

뉘엿뉘엿하다 표준 ( )[뉘연뉘여타다]혱 (속이) 자꾸 토할 듯 메스껍다. ¶속이

몹시 뉘엿뉘엿하다.

뉘엿대다 표준( )[뉘엳때다]동 (속이) 메스꺼워 자꾸 토할 듯하다. 〈유〉뉘엿
거리다

느근거리다 표준( )[ ]동 (사람이나 그 속이) 먹은 것이 잘 내려가지 않아 자꾸
느끼해지다. 〈유〉느근느근하다, 느근대다 ¶나는 속이 느근거려서 버스에
서 내렸다./어제 과식을 했더니 기름기 있는 음식은 이제 쳐다보기만 해도
속이 느근거린다.

느근느근하다 표준( )[ ]동 (사람이나 그 속이) 먹은 것이 잘 내려가지 않아 자
꾸 느끼해지다. ¶저녁 먹은 것이 체했는지 속이 계속 느근느근하다.

느근대다 표준( )[ ]동 (사람이나 그 속이) 먹은 것이 잘 내려가지 않아 자꾸 느
끼해지다. 〈유〉느근거리다, 느근느근하다

느근하다 표준( )[ ]형 먹은 것이 내려가지 아니하여 속이 느끼하다. 〈유〉느근
거리다, 느근대다

느글거리다 표준( )[ ]동 (사람의 속이) 자꾸 메스꺼워 곧 토할 듯하다. 〈유〉느
글느글하다, 느글대다 ¶뚫린 구멍에다 수류탄을 까 넣어 기분 나쁜 금속성
폭음이 바위 밑을 흔들었고 들큼한 화약 냄새에 배 속이 느글거렸다.

느글느글하다 표준( )[ ]동 /형(사람의 속이) 자꾸 메스꺼워 곧 토할 듯하다./
(사람의 속이나 기분 또는 어떤 냄새나 맛이) 먹은 것이 잘 내려가지 않아서
곧 토할 듯이 아주 메스껍다. 〈유〉느글거리다, 느글대다 ¶빈속에 기름기
있는 음식을 먹었더니 뱃속이 느글느글했다./한동안 느글느글한 양식만 먹
다 보니 김치 생각이 간절하였다.

느글대다 표준( )[ ]동 (사람의 속이) 자꾸 메스꺼워 곧 토할 듯하다. 〈유〉느글
거리다, 느글느글하다 ¶속이 비계 덩어리를 삼킨 것처럼 느글대서 견디기
힘들었다.

느굿거리다 표준( )[느귿꺼리다]동 (사람이) 먹은 것이 내려가지 않아 속이 자
꾸 느끼하게 되다. 〈유〉느굿느굿하다, 느굿대다

느긋느긋하다 표준 ( )[느근느그타다]동 /형 (사람이) 먹은 것이 내려가지 않아 속이 자꾸 느끼하게 되다./(사람의 속이) 먹은 것이 내려가지 않아 매우 느끼하다. 〈유〉느긋거리다, 느긋대다

느긋대다 표준 ( )[느귿때다]동 (사람이) 먹은 것이 내려가지 않아 속이 자꾸 느끼하게 되다. 〈유〉느긋거리다, 느긋느긋하다

느긋하다 표준 ( )[느그타다]형 (사람의 속이) 먹은 것이 내려가지 않아 느끼하다. 〈준〉늑하다

느끼하다 표준 ( )[ ]형 (속이) 기름기 많은 음식을 많이 먹어서 메스껍다. ¶튀김을 많이 먹었더니 속이 느끼하다.

느랏-느랏 제주 ( )[ ]부 '나른히'의 방언.

느른하다 표준 ( )[느른하다]형 (사람이나 그 몸이) 피곤하여 맥이 풀리고 몹시 기운이 없다. 〈유〉따분하다, 맥없다(脈없다) ¶삭신이 느른하다.

느진돌 제주 ( )[ ]명 '가래톳'의 방언. 〈유〉느진돗 ¶다리에 종기가 생기민 강알 트멍에 느진돗·느진돌·가렛톳이 바짝 사곡, 폴 닷이나 앞ᄀ슴에 종기가 생기민 ᄌ깡이에 멍얼이 삽주.(다리에 종기가 생기면 사타구니에 느진돗·느진돌·가렛톳이 바짝 생기고, 팔이나 앞가슴에 종기가 생기면 겨드랑이에 멍이 생깁니다.)

느진돗 제주 ( )[ ]명 '가래톳'의 방언. 〈유〉느진돌 ¶다리에 종기가 생기민 강알 트멍에 느진돗·느진돌·가렛톳이 바짝 사곡, 폴 닷이나 앞ᄀ슴에 종기가 생기민 ᄌ깡이에 멍얼이 삽주.(다리에 종기가 생기면 사타구니에 느진돗·느진돌·가렛톳이 바짝 생기고, 팔이나 앞가슴에 종기가 생기면 겨드랑이에 멍이 생깁니다.)

늑하다 표준 ( )[느카다]형 (사람의 속이) 먹은 것이 내려가지 않아 느끼하다. 〈본〉느긋하다

는-곱 경기 ( )[ ]명 '눈곱'의 방언.

늘치 경남 ( )[ ]명 '몸부림'의 방언.

니글거리다 표준 ( )〔 〕동 (사람의 속이) 먹은 것이 내려가지 않고 자꾸 메스꺼워 곧 토할 듯하다. 〈유〉니글니글하다, 니글대다 ¶어제 과음을 해서 아직도 속이 니글거린다./기름 냄새를 계속 맡았더니 속이 니글거린다.

니글니글하다 표준 ( )〔 〕동 /형 (사람의 속이) 먹은 것이 내려가지 않고 자꾸 메스꺼워 곧 토할 듯하다./(사람의 속이나 기분 또는 어떤 냄새나 맛이) 먹은 것이 잘 내려가지 않아서 곧 토할 듯이 아주 메스껍다. 〈유〉니글거리다, 니글대다 ¶입덧이 심한 지애는 상대방이 먹는 모습을 보니 금세 속이 니글니글했다./아버지는 버터 냄새가 니글니글하다며 고개를 저으셨다.

니글대다 표준 ( )〔 〕동 (사람의 속이) 먹은 것이 내려가지 않고 자꾸 메스꺼워 곧 토할 듯하다. 〈유〉니글거리다, 니글니글하다 ¶밥을 허둥지둥 급하게 먹었더니 속이 니글대서 참을 수가 없었다.

니께미 제주 ( )〔 〕명 '여드름'의 방언.

니께비 제주 ( )〔 〕명 '여드름'의 방언.

니끼미 제주 ( )〔 〕명 '여드름'의 방언.

니끼비 제주 ( )〔 〕명 '여드름'의 방언.

니욱니욱-허다 전남 ( )〔 〕형 '메스껍다'의 방언.

니울니울-하다 전남 ( )〔 〕형 '메스껍다'의 방언.

니치름-쟁이 제주 ( )〔 〕명 '침흘리개'의 방언.

니치름 흘치다 제주 ( )〔 〕동구 침을 흘리다.

니 꿀다 제주 ( )〔 〕동구 이를 갈다.

한국어 질병 표현 어휘 사전 Ⅴ

ㄷ

둑레 경상 제주 충청 ( )[ ] 몡 '다래끼'의 방언.

둑솔 사다 제주 ( )[ ] 동구 소름(이) 돋다.

둑진 제주 ( )[ ] 몡 '기계총'의 방언.

돌렝이 제주 ( )[ ] 몡 '다래끼'의 방언.

둥기어 아프다 제주 ( )[ ] 형구 이질로 아프다.

다도악이 제주 ( )[ ] 몡 '말더듬이'의 방언.

다두아리 제주 ( )[ ] 몡 '말더듬이'의 방언.

다떠버리 경북 ( )[ ] 몡 '말더듬이'의 방언.

다라 전남 충청 ( )[ ] 몡 '다래끼'의 방언.

다라뀌 전북 ( )[ ] 몡 '다래끼'의 방언.

다라끼 경기 전라 충남 ( )[ ] 몡 '다래끼'의 방언.

다라시 충남 ( )[ ] 몡 '다래끼'의 방언.

다라지 경남 충남 ( )[ ] 몡 '다래끼'의 방언.

다라찌 충남 ( )[ ] 몡 '다래끼'의 방언.

다라키 경기 전북 ( )[ ] 몡 '다래끼'의 방언.

다락 전남 충남 ( )[ ] 몡 '다래끼'의 방언.

다락지 강원 경기 충남 ( )[ ] 몡 '다래끼'의 방언.

다란 전남 ( )[ ] 몡 '다래끼'의 방언.

다람 전남 ( )[ ] 몡 '다래끼'의 방언.

다랍 전남 ( )[ ] 몡 '다래끼'의 방언.

다랏 전라 ( )[ ] 몡 '다래끼'의 방언.

다랒 전남 ( )[ ] 몡 '다래끼'의 방언. ¶자고 일어낭께 눈에 다랒이 났어라.(자고 일어나니까 눈에 다래끼가 났어요.)

다래 강원 경기 경상 전라 충청 ( )[ ] 몡 '다래끼'의 방언.

다래기 전남 ( )[ ] 몡 '다래끼'의 방언.

다래께 전북 ( )[ ] 몡 '다래끼'의 방언.

다래끼 표준 ( )[다래끼]명 속눈썹의 뿌리에 균이 들어가 눈시울이 발갛게 붓고 곪아서 생기는 작은 부스럼. 불결한 생활 환경, 만성 결막염, 편식으로 인한 영양 장애, 당뇨병 따위가 원인이다. 〈유〉맥립-종(麥粒腫), 투침(偸鍼) ¶다래끼가 나다.

다래미 충남 ( )[ ]명 '다래끼'의 방언.

다래비 경북 ( )[ ]명 '다래끼'의 방언.

다래키 강원 전남 ( )[ ]명 '다래끼'의 방언.

다랭이 강원 ( )[ ]명 '다래끼'의 방언.

다레끼 강원 경상 전남 ( )[ ]명 '다래끼'의 방언.

다루께 경남 전남 ( )[ ]명 '다래끼'의 방언.

다루끼 경남 전남 ( )[ ]명 '다래끼'의 방언.

다리께 경남 전남 ( )[ ]명 '다래끼'의 방언.

다리끼 경남 충북 ( )[ ]명 '다래끼'의 방언.

다리-병신 표준 (다리病身)[다리병신]명 다리가 잘못되어 절거나 걷지 못하는 사람을 낮잡아 이르는 말.

다리붕대법 표준 (다리繃帶法)[다리붕대뻡]명 다리에 부목이나 거즈를 대고 상처에 균이 들어가지 아니하도록 붕대로 싸거나 감는 방법.

다리케 전남 ( )[ ]명 '다래끼'의 방언.

다리키 경기 ( )[ ]명 '다래끼'의 방언.

다릿-벵 경남 ( )[ ]명 '다릿병'의 방언.

다릿병 표준 (다릿病)[다릳뼝/다리뼝]명 다리가 아픈 병. 〈유〉각질02 ¶어멈은 본래 어린애가 딸려서 일을 잘 못하는 데다가, 다릿병이 있어 다리를 잘 못 쓰고….

다릿-병 표준 (다릿病)[다리뼝/다릳뼝]명 다리가 아픈 병. 〈유〉각질(脚疾)

다부랭이 경북 ( )[ ]명 '투레질'의 방언.

다시-빙시이 경남 ( )[ ]명 '다리병신'의 방언.

닥-보 경남 ( )[ ]**명** '곰보'의 방언.

단 강원 ( )[ ]**명** '볼거리'의 방언.

단게 경기 ( )[ ]**명** '부스럼'의 방언.

단달-봉사 경북 ( )[ ]**명** '당달봉사'의 방언.

달달-봉사 전라 충청 ( )[ ]**명** '당달봉사'의 방언.

달래 강원 경남 ( )[ ]**명** '다래끼'의 방언.

달래끼 충남 ( )[ ]**명** '다래끼'의 방언. ¶달래끼가 날라구 허는지 눈이 간질간질 혀.(다래끼가 나려고 하는지 눈이 간질간질해.)

달조 표준 (獺爪)[달쪼]**명** 수달의 발톱. 객혈, 목이 쉬는 증상에 약으로 쓴다.

담 경북 ( )[ ]**명** '몸부림'의 방언.

담 걸리다 표준 ( )[ ]**동구** 일시적으로 근육이 경직되거나 기혈순환이 막혀 생기 는 병증 ¶목에서는 담이나 걸린 듯이 가랑가랑하는 소리가 모기소리만큼 났다.

담궐 두통 표준 (痰厥頭痛)[ ]**명구** 담(痰)으로 인하여 생기는 두통. 기운이 없고 어질어질하며 속이 메스껍다. ¶위장 운동성이 저하되면서 발생하는 위장 담적병 증상 중 하나로 담궐 두통이 나타날 수 있다.

담-버버리 전남 ( )[ ]**명** '말더듬이'의 방언.

담-벙어리 전남 ( )[ ]**명** '말더듬이'의 방언.

담수 표준 (膽水)[담:수]**명** 담(膽)에 병이 있어 생기는 부종. 입이 쓰고 목이 마르면서 얼굴이 붓는다.

담수 표준 (痰祟)[담:수]**명** 담병(痰病)의 하나. 원기가 부족하여 보고 듣는 감 각, 말, 동작 따위가 비정상적이다.

담수 표준 (膽腧)[담:수]**명** 방광경에 속하는 혈. 제10등뼈 극상 돌기의 아래에 서 양옆으로 각각 두 치 떨어진 곳에 있다.

담수 표준 (痰嗽)[담:수]**명** 위 속에 있는 습담(濕痰)이 폐로 올라올 때는 기침 이 나고, 가래가 나올 때는 기침이 그치는 병.

담수 표준 (痰水)[담ː수]명 체내의 수액(水液)이 잘 돌지 못하여 만들어진 병
리적인 물질. 혹은 그 물질이 일정 부위에 몰려서 나타나는 병증. 〈유〉담음
(痰飮)

담음 요통 표준 (痰飮腰痛)[ ]명구 담음(痰飮)이 원인이 되어 허리나 등 쪽에 체
액이 저류함으로써 생기는 요통. ¶뚱뚱한 사람들이 여기저기가 쑤시면서
허리가 아프다면 담음요통일 가능성이 높다.

답다부리-하다 경북 ( )[ ]형 '답답하다'의 방언. ¶가심이 이리 답다부리한 게 참
사람 죽겄네.(가슴이 이리 답답한 게 참 사람 죽겠네.)

답답다 경남 ( )[ ]형 '답답하다'의 방언.

답답-증 표준 (답답症)[답땁쯩]명 가슴속이 갑갑하거나 안타깝거나 하여 죄어
드는 듯한 느낌. ¶답답증이 생기다./답답증이 풀리다./답답증이 나다.

답답-하다 표준 ( )[답따파다]형 숨이 막힐 듯이 갑갑하다. 〈유〉도울-하다(陶
鬱하다), 울연-하다(鬱然하다) ¶가슴이 답답하다./소화가 되지 않아 속이
답답하게 느껴졌다.

답답하다 표준 ( )[답따파다]형 숨이 막힐 듯이 갑갑하다. ¶소화가 되지 않아
속이 답답하게 느껴졌다.

당갈-봉사 전남 ( )[ ]명 '당달봉사'의 방언.

당뇨-벵 경남 ( )[ ]명 '당뇨병'의 방언.

당뇨-병 표준 (糖尿病)[당뇨뼝]명 소변에 당분이 많이 섞여 나오는 병. 탄수화
물 대사를 조절하는 호르몬 단백질인 인슐린이 부족하여 생기는 것으로 소
변량과 소변보는 횟수가 늘어나고, 갈증이 나서 물을 많이 마시게 되며, 전
신 권태가 따르는 한편 식욕이 좋아진다. 〈유〉당뇨(糖尿) ¶당뇨병에 걸리
다./그는 당뇨병에 합병증까지 겹쳐 목숨을 잃었다.

당다리-봉사 경북 ( )[ ]명 '당달봉사'의 방언.

당달-보사 강원 ( )[ ]명 '당달봉사'의 방언.

당달-보살 충남 ( )[ ]명 '당달봉사'의 방언.

당달-봉사 표준 (당달奉事)[당달봉사] 명 겉으로 보기에는 눈이 멀쩡하나 앞을 보지 못하는 눈. 또는 그런 사람. 〈유〉눈뜬-장님, 청맹(青盲), 청맹-과니(青盲과니)

당알-봉사 전북 ( )[ ] 명 '당달봉사'의 방언.

대갈 충남 ( )[ ] 명 '대머리'의 방언.

대기 경기 경상 ( )[ ] 부 '되게'의 방언. ¶오랜만에 자잉거 탔디만 대기 디다.(오랜만에 자전거를 탔더니만 되게 되다.)〈경북〉

대끼다 표준 ( )[대끼다] 동 두렵고 마음이 불안하다.

대다 경남 ( )[ ] 형 '되다'의 방언. ¶한참을 쫓아 갔디마는 숨질이 대다.(한참을 쫓아 갔더니 숨이 되다.)

대래끼 강원 경기 경상 전북 충청 ( )[ ] 명 '다래끼'의 방언. ¶우예다가 눈에 대래끼라도 나마 불편하기도 하고 억수로 개럽지예.(어쩌다가 눈에 다래끼라도 나면 불편하기도 하고 매우 가렵지요.)〈경북〉

대래키 강원 경기 충북 ( )[ ] 명 '다래끼'의 방언. ¶눈에 대래키가 나믄 퉁퉁 붓구 눈알두 빨개지잖여.(눈에 다래끼가 나면 퉁퉁 붓고 눈알도 빨개지잖아.)〈충북〉

대레끼 강원 ( )[ ] 명 '다래끼'의 방언.

대릅다 강원 ( )[ ] 형 '메스껍다'의 방언. ¶어제 음석을 잘못 먹었더니 속이 대루와서 혼났아.(어제 음식을 잘못 먹었더니 속이 메스꺼워서 혼났어.)

대리끼 경기 ( )[ ] 명 '다래끼'의 방언.

대머거리 전남 ( )[ ] 명 '대머리'의 방언.

대머리 표준 ( )[대:머리] 명 머리털이 많이 빠져서 벗어진 머리. 또는 그런 사람. 〈유〉공산-명월(空山明月), 독두(禿頭), 독로(禿顱), 독발(禿髮), 독정(禿頂), 돌독(突禿), 맨-머리, 문어-대가리(文魚대가리), 민-머리, 알-머리, 올두(兀頭), 요강-대가리 ¶그는 나이 서른에 대머리가 되었다.

대시 제주 ( )[ ] 명 '임종'의 방언.

대접 강원 경기 경북 충북 ( )[ ]명 '다래끼'의 방언.

대지비 경북 ( )[ ]명 '다래끼'의 방언.

대집 경북 ( )[ ]명 '다래끼'의 방언.

댐-머리 경남 ( )[ ]명 '대머리'의 방언. ¶집안 어른들이 다 댐머리라가 내도 나이 들모 댐머리가 안 되겠십니꺼?(집안 어른들이 다 대머리라서 나도 나이 들면 대머리가 되지 않겠습니까?)

더금버리 전남 ( )[ ]명 '말더듬이'의 방언.

더더-부리 경북 ( )[ ]명 '말더듬이'의 방언.

더덤-바리 경상 ( )[ ]명 '말더듬이'의 방언.

더덤-배이 경상 ( )[ ]명 '말더듬이'의 방언.

더둠-뱅이 전남 ( )[ ]명 '말더듬이'의 방언.

더듬-바리 전북 ( )[ ]명 '말더듬이'의 방언. ¶열여덜 살 묵은 것이 아즉도 더듬바리여.(열여덟 살 먹은 것이 아직도 말더듬이야.)

더듬-배이 전남 ( )[ ]명 '말더듬이'의 방언.

더듬-뱅이 경남 충남 ( )[ ]명 '말더듬이'의 방언.

더듬-쟁이 전남 ( )[ ]명 '말더듬이'의 방언.

더딤-이 경상 전북 ( )[ ]명 '말더듬이'의 방언.

더부룩하다 표준 ( )[더부루카다]형 소화가 잘 안 되어 배 속이 거북하다. ¶이것저것 너무 많이 먹었더니 배가 더부룩하다.

더부리 경남 ( )[ ]명 '투레'의 방언.

더부리-하다 경남 ( )[ ]동 '투레하다'의 방언.

더투아리 강원 ( )[ ]명 '말더듬이'의 방언.

덖다 경북 ( )[ ]동 '대끼다'의 방언.

덩치 경북 ( )[ ]명 '언청이'의 방언.

데다 경남 ( )[ ]형 '되다'의 방언.

데베이 전남 ( )[ ]명 '대머리'의 방언.

데지다 전남 ( )[ ]형 '되다'의 방언.

덴-그르 제주 ( )[ ]명 '화상'의 방언. ¶덴그르에 페적 나주게.(화상에 표적 나지.)

뎁-게 전남 ( )[ ]부 '되게'의 방언.

도 전북 ( )[ ]명 '기계총'의 방언.

도끈도끈-허다 전남 ( )[ ]동 '두근두근하다'의 방언.

도닥-놈 경북 ( )[ ]명 '말라리아, 학질'의 방언.

도독-놈 경상 충청 ( )[ ]명 '말라리아, 학질'의 방언.

도독놈-병 경남 ( )[ ]명 '말라리아, 학질'의 방언.

도독눔-빙 경북 ( )[ ]명 '말라리아, 학질'의 방언.

도독-병 경남 ( )[ ]명 '말라리아, 학질'의 방언.

도둑놈-병 경북 ( )[ ]명 '말라리아, 학질'의 방언.

도레-버짐 경남 전남 ( )[ ]명 '기계총'의 방언.

도려-버즘 제주 ( )[ ]명 '진버짐'의 방언.

도리-비쯤 제주 ( )[ ]명 '진버짐'의 방언.

도분-내다 경북 ( )[ ]동 '화내다'의 방언.

도심 표준 (悼心)[ ]명 비통한 마음. 또는 아픈 마음.

도장-밥 전북 ( )[ ]명 '기계총'의 방언.

도장-버듬 전북 ( )[ ]명 '기계총'의 방언.

도장-버딤 전북 ( )[ ]명 '기계총'의 방언.

도장-병 충남 ( )[ ]명 '버짐'의 방언.

독담통 표준 (毒痰痛)[독땀통]명 치통의 하나. 열이 나고 잇몸이 몹시 아프면서 가래와 기침이 나온다.

독통 표준 (毒痛)[독통]명 독으로 인하여 생긴 아픔. ¶이른 새벽 병원에서 전갈이 왔다. 종일 독통(毒痛)에 시달리다 자정쯤에야 그가 먼 잠에 들었다고.

독ᄆ릅 제주 ( )[ ]명 '관절염'의 방언. ¶독ᄆ릅엔 지펭이 탁 하게 짚엉댕기민 체중이 덜 가 마씀.(관절염에는 지팡이를 탁 하고 짚고 다니면 체중이 덜 쏠립니다.)

돈-독 전북 ( )[ ]명 '기계총'의 방언.

돈-버짐 경남 ( )[ ]명 '마른버짐'의 방언.

돈-비접 전남 ( )[ ]명 '진버짐'의 방언.

돌갯-병 전남 ( )[ ]명 '돌림병'의 방언.

돌게 전남 ( )[ ]명 '감기'의 방언.

돌금 전남 ( )[ ]명 '돌림병'의 방언.

돌금 전라 ( )[ ]명 '돌림'의 방언.

돌량 충남 ( )[ ]명 '돌림병'의 방언.

돌림 표준 ( )[돌림]명 어떤 지역에 널리 퍼져 여러 사람이 잇따라 돌아가며 옮아 앓는 병. 또는 같은 원인으로 보통 병보다 많이 발생하는 병. 〈유〉돌림-병(돌림病), 시역(時疫), 시체-병(時體病), 염병(染病), 요려(夭厲), 운기(運氣), 유행-병(流行病), 윤증(輪症), 윤질(輪疾), 전염-병(傳染病), 행역(行疫)

돌림-마누라 제주 ( )[ ]명 '작은마마'의 방언.

돌림-벵 경남 제주 ( )[ ]명 '돌림병'의 방언.

돌림벵 제주 ( )[ ]명 '전염병'의 방언. ¶엿날 어린아의덜이 마누라나 호열자나 풋터는벵 닮은 돌림벵이 돌민 하영덜 죽어낫젠마씀.(옛날 어린아이들이 천연두나 콜레라나 학질 같은 전염병이 돌면 많이들 죽어나갔습니다.)

돌림-병 표준 (돌림病)[돌림뼝]명 어떤 지역에 널리 퍼져 여러 사람이 잇따라 돌아가며 옮아 앓는 병. 또는 같은 원인으로 보통 병보다 많이 발생하는 병. 〈유〉돌림, 시역(時疫), 시체-병(時體病), 염병(染病), 요려(夭厲), 운기(運氣), 유행-병(流行病), 윤증(輪症), 윤질(輪疾), 전염-병(傳染病), 행역(行疫) ¶돌림병이 돌다./그는 어렸을 때 돌림병으로 부모 형제를 모두 잃었다./병원에서는 돌림병에 걸린 사람을 격리 수용 하였다.

돌림-뺑이 경남 ( )[ ]명 '돌림'의 방언.

돌-메총이 경북 ( )[ ]명 '미치광이'의 방언.

동결견 표준 (凍結肩)[동:결견]명 어깨에 심한 통증과 경직 증상을 동반한 유착 관절낭염. 〈유〉군은-어깨, 동결 어깨(凍結어깨), 오십견(五十肩)

동통 표준 (疼痛)[동:통]명 신경에 가해지는 어떤 자극으로 인해 몸이 쑤시고 아픔. ¶어깨에 동통이 오고 온몸에 열이 납니다./무서운 아픔이 아버지를 괴롭혔다. 모르핀 주사도 아버지의 동통을 덜어 주지 못했다.

동통기 표준 (疼痛期)[동:통기]명 몸이 몹시 쑤시고 아픈 때. ¶오십견은 크게 동통기-동결기-해동기로 나뉘는데, 동통기는 통증이 심한 시기다.

되-게 표준 ( )[되:게/뒈:게]부 아주 몹시. 〈유〉되-우, 된-통 ¶저 집은 되게 잘 산다./몸살로 며칠간 되게 앓았다./그놈이 이실직고를 할 때까지 되게 쳐라.

되다 표준 ( )[되:다/뒈:다]형 몹시 심하거나 모질다. ¶집안 어른한테 된 꾸중을 들었다./된 사람한테 걸려 혼이 났다.

되여지다 제주 ( )[ ]동 '뒈지다'의 방언.

되지다 전남 ( )[ ]동 '뒈지다'의 방언. ¶말대꾸를 잘못 했다가 되지게 맞어 불었어.(말대꾸를 잘못 했다가 뒈지게 맞아 버렸어.)

된-내기 전남 ( )[ ]명 '감기'의 방언.

두근-두근 표준 ( )[두근두근]부 몹시 놀라거나 불안하여 자꾸 가슴이 뛰는 소리. 또는 그 모양. 〈참〉도근-도근 ¶가슴이 두근두근 뛰다./가슴이 두근두근 떨리다.

두근두근-하다 표준 ( )[두근두근하다]동 몹시 놀라거나 불안하여 자꾸 가슴이 뛰다. 또는 그렇게 하다. 〈유〉두근-거리다, 두근-대다 〈참〉도근도근-하다 ¶일이 들통날까 봐 가슴이 두근두근하며 불안해지기 시작했다./나는 가슴을 두근두근하며 발표를 기다리고 있었다.

두근반-두근반 강원 ( )[ ]부 '두근두근'의 방언.

두근반-세근반 경남 ( )[ ]**부** '두근두근'의 방언.

두근반세근반-하다 경남 ( )[ ]**동** '두근두근하다'의 방언.

두더기 경북 ( )[ ]**명** '두드러기'의 방언.

두덜기 충남 ( )[ ]**명** '두드러기'의 방언.

두데레기 경남 ( )[ ]**명** '두드러기'의 방언.

두데리기 경남 ( )[ ]**명** '두드러기'의 방언.

두두락 전남 ( )[ ]**명** '두드러기'의 방언.

두두래이 경북 ( )[ ]**명** '두드러기'의 방언.

두두러기 전남 ( )[ ]**명** '두드러기'의 방언.

두두럭 전라 ( )[ ]**명** '두드러기'의 방언.

두두레 전남 ( )[ ]**명** '두드러기'의 방언.

두두레기 강원 경기 경북 전라 제주 충청 ( )[ ]**명** '두드러기'의 방언.

두두레이 경북 ( )[ ]**명** '두드러기'의 방언.

두두렝이 강원 ( )[ ]**명** '두드러기'의 방언.

두두룩 전남 ( )[ ]**명** '두드러기'의 방언.

두두리 경남 ( )[ ]**명** '두드러기'의 방언.

두둘기 충남 ( )[ ]**명** '두드러기'의 방언.

두뒤기 경남 ( )[ ]**명** '두드러기'의 방언.

두드라기 강원 ( )[ ]**명** '두드러기'의 방언.

두드러기 표준 ( )[두드러기]**명** 약이나 음식을 잘못 먹거나 또는 환경의 변화로 인해 생기는 피부병의 하나. 피부가 붉게 부르트며 몹시 가렵다.〈유〉심마-진(蕁麻疹), 은진(癮疹)〈참〉담마-진(蕁麻疹) ¶두드러기가 나다./두드러기가 돋다.

두드레기 강원 경기 경상 전북 충청 제주 ( )[ ]**명** '두드러기'의 방언. ¶게난 ᄀ치덜 음식을 먹어놓고 어떤 사름은 두드레기가 나곡 어떤 사름은 펜지롱 ᄒ는 것광 ᄀᆮ은 이치 닮수다양.(그러니 같이들 음식을 먹어놓고 어떤 사람은 두드러

기가 나고 어떤 사람은 아무렇지도 않은 것과 같은 이치 같습니다.) 〈제주〉

두드레기 피다 제주 ( )[ ] 동구 두드러기가 심하다.

두드리 경남 ( )[ ] 명 ‘두드러기’의 방언.

두드리기 경남 충북 ( )[ ] 명 ‘두드러기’의 방언.

두듬-발이 충청 ( )[ ] 명 ‘뒤뚱발이’의 방언.

두디기 충남 ( )[ ] 명 ‘두드러기’의 방언.

두디러기 경상 ( )[ ] 명 ‘두드러기’의 방언.

두디레기 강원 경기 경상 전북 충북 ( )[ ] 명 ‘두드러기’의 방언.

두디리 경남 ( )[ ] 명 ‘두드러기’의 방언.

두디리기 경기 경상 전북 충청 ( )[ ] 명 ‘두드러기’의 방언.

두딜기 충남 ( )[ ] 명 ‘두드러기’의 방언.

두렵다 강원 경상 전남 충북 ( )[ ] 형 ‘두렵다’의 방언. ¶어릴 적에는 밤에 혼자 벤소 가는 기 제일 두렵더라.(어릴 적에는 밤에 혼자 변소 가는 게 제일 두렵더라.) 〈경남〉

두레워-하다 강원 ( )[ ] 동 ‘두려워하다’의 방언.

두렙다 강원 ( )[두렙따] 형 ‘두렵다’의 방언.

두려워-하다 표준 ( )[두려워하다] 동 꺼려 하거나 무서워하는 마음을 갖다. 〈유〉광구-하다(恇懼하다), 위구-하다(危懼하다) ¶어둠을 두려워하다./그는 나를 두려워하고 있다./외부의 적만 두려워해서는 안 되고 내부를 잘 정비해야 한다.

두렵다 표준 ( )[두렵따] 형 어떤 대상을 무서워하여 마음이 불안하다. ¶나는 그 여자가 두렵다./나는 아무것도 두려울 것이 없었다./사람들은 모두 그 어른이 두려워서 고개를 들지 못한다.

두령청 제주 ( )[ ] 명 ‘어리둥절’의 방언. ¶히어뜩흔 사름은 벵벵 어지럽기만 한지, 두령청이 셍긴 건지, 오레 뒈어신지, 데멩이 위치광 몸자세광 관계가 잇인지, 구역징이 나는지, 재열소리가 나는지, 평소 무신 약을 먹고 있는지,

본벵이 잇인지 이것저것을 굽 갈랑 의사선셍흔티 잘 굴아사 합니다.(히어
뜩한 사람은 뱅뱅 어지럽기만 한지, 멍해진 건지, 오래 됐는지, 머리 위치가
몸 자세와 관계가 있는지, 구역질이 나는지, 이명이 나는지, 평소 무슨 약을
먹고 있는지, 지병이 있는지 이것저것을 잘 갈라서 합니다.

두루워-하다 강원 ( )[ ]동 '두려워하다'의 방언.

두룹다 강원 경북 ( )[ ]형 '두렵다'의 방언.

두릅다 강원 ( )[두릅따]형 '두렵다'의 방언.

두리다 제주 ( )[ ]동 '미치다'의 방언.

두리췌 제주 ( )[ ]명 '미치광이'의 방언.

두린-년 제주 ( )[ ]명 '미친년'의 방언.

두벌-죽음 표준 ( )[두:벌주금]명 두 번 죽임을 당함. ¶유족들은 사망 원인을
밝히기 위한 검시를 두벌죽음으로 생각하였다.

두벌죽음-하다 표준 ( )[두:벌주금하다]동 두 번 죽임을 당하다.

두부-백선 표준 (頭部白癬)[두부백썬]명 머리 밑에 피부 사상균이 침입하여 일
어나는 피부병. 일상에서는 흔히 '기계-총' 혹은 '기계-독'이라고도 한다. 머
리털이 나 있는 부분에 둥그런 붉은 빛깔의 얼룩점이 생기고 피부가 벗어지
며 그 부분의 머리털이 윤기를 잃고 부스러지는 형태와, 경계가 뚜렷하지
않고 모양이 일정하지 않게 피부가 벗어지며 머리털이 끊어져 검게 변하는
형태가 있다.

두분-죽음 경남 ( )[ ]명 '두벌죽음'의 방언.

두분죽음-하다 경남 ( )[ ]동 '두벌죽음하다'의 방언.

두-직 전북 ( )[ ]명 '이틀거리'의 방언.

두탈 전남 ( )[ ]명 '대머리'의 방언.

두통 표준 (頭痛)[ ]명 머리가 아픈 증세. 〈유〉머리앓이 ¶혜린이는 심한 두통
에 얼굴을 찡그렸다./동영이는 온종일 두통으로 힘들어했다.

두통고 표준 (頭痛膏)[ ]명 두통이 날 때 붙이는 고약.

두통약 표준 (頭痛藥)[두통냑] 명 머리가 아픈 증세에 먹는 약. ¶사무직 근로자들의 책상 서랍 속에도 위장약과 두통약이 항상 비치되어 있어 자주 복용된다.

두트레기 강원 경기 ( )[ ] 명 '두드러기'의 방언.

두항강통 표준 (頭項強痛)[ ] 명 목덜미가 뻣뻣하고 아픈 증상.

두항경 표준 (頭項硬)[두항경] 명 선천적으로 원기(元氣)가 허하거나 풍사(風邪)를 받아서 어린아이의 목이 뻣뻣하여 잘 움직이지 못하는 증상. 〈유〉항경(項硬), 항경-증(項硬症)

둔통 표준 (鈍痛)[둔:통] 명 둔하고 무지근하게 느끼는 아픔. ¶심장을 멎게 하는 둔통이 가슴에서부터 전신으로 전이되었다./방송국 원고지 메우기에 피로했던 어깨와 팔꿈치의 둔통이 일시에 가시는 듯했다.

둘럿 제주 ( )[ ] 명 '다래끼'의 방언.

둘뤄리 제주 ( )[ ] 명 '다래끼'의 방언.

둘륏 제주 ( )[ ] 명 '다래끼'의 방언.

뒈-동그라지다 제주 ( )[ ] 동 '뒤둥그러지다'의 방언.

뒈-둥그러지다 제주 ( )[ ] 동 '뒤둥그러지다'의 방언.

뒈싸-지다 제주 ( )[ ] 동 '뒈지다'의 방언. ¶그 사름은 심술궂이난 일찍 뒈싸주.(그 사람은 심술궂으니까 일찍 뒈졌지.)

뒈여-지다 제주 ( )[ ] 동 '뒈지다'의 방언. ¶그 사름은 경 심보가 나쁘난 일찍 뒈여졋주.(그 사람은 그리 심보가 나쁘니까 일찍 죽었지.)〈제주〉

뒈-종그라지다 제주 ( )[ ] 동 '뒤둥그러지다'의 방언.

뒈지다 표준 ( )[뒈:지다] 동 '죽다'를 속되게 이르는 말.

뒤-게 강원 ( )[ ] 부 '되게'의 방언.

뒤다 경남 ( )[ ] 형 '되다'의 방언.

뒤-둥그러지다 표준 ( )[뒤둥그러지다] 동 뒤틀려서 마구 우그러지다. ¶솜을 두니 앞섶이 뒤둥그러졌다.

뒤듬-발이 충청 ( )[ ][명] '뒤뚱발이'의 방언.

뒤뚝발-이 충남 ( )[ ][명] '절름발이'의 방언.

뒤뚱 표준 ( )[뒤뚱][부] 크고 묵직한 물체나 몸이 중심을 잃고 한쪽으로 기울어 지는 모양. 〈참〉되뚱

뒤뚱-거리다 표준 ( )[뒤뚱거리다][동] 크고 묵직한 물체나 몸이 중심을 잃고 이 리저리 가볍게 기울어지며 자꾸 흔들리다. 또는 그것을 자꾸 흔들다.〈유〉 뒤뚱-대다, 뒤뚱뒤뚱-하다 〈참〉되뚱-거리다 ¶뒤뚱거리는 걸음걸이./걸상 이 뒤뚱거리다./살찐 오리 떼가 엉덩이를 뒤뚱거리며 걸어갔다.

뒤뚱-대다 표준 ( )[뒤뚱대다][동] 크고 묵직한 물체나 몸이 중심을 잃고 이리저 리 가볍게 기울어지며 자꾸 흔들리다. 또는 그것을 자꾸 흔들다. 〈유〉뒤뚱- 거리다, 뒤뚱-이다, 뒤뚱뒤뚱-하다 〈참〉되뚱-대다 ¶엉덩이를 뒤뚱대는 폼 이 꼴사납다.

뒤뚱-뒤뚱 표준 ( )[뒤뚱뒤뚱][부] 크고 묵직한 물체나 몸이 중심을 잃고 가볍게 이리저리 기울어지며 자꾸 흔들리는 모양. 〈참〉되뚱-되뚱 ¶협궤 열차가 뒤 뚱뒤뚱 철길을 가고 있다./강풍으로 배가 뒤뚱뒤뚱 흔들린다.

뒤뚱뒤뚱-하다 표준 ( )[뒤뚱뒤뚱하다][동] 크고 묵직한 물체나 몸이 중심을 잃 고 가볍게 이리저리 기울어지며 자꾸 흔들리다. 또는 그것을 자꾸 흔들 다. 〈유〉뒤뚱-거리다, 뒤뚱-대다 ¶스케이트를 처음 타 보는 아이가 얼음판 위에서 뒤뚱뒤뚱하다가 넘어지고 말았다./언니는 옷을 많이 껴입어서 몸을 뒤뚱뒤뚱하며 걷는다.

뒤뚱-발이 표준 ( )[뒤뚱바리][명] 걸음을 뒤뚱거리며 걷는 사람을 낮잡아 이르 는 말.

뒤배-지다 강원 ( )[ ][동] '뒈지다'의 방언. ¶저놈은 나쁜 짓으 마이 해사 뒤배져 도 불쌍타 할 사람이 없을 기다.(저놈은 나쁜 짓을 많이 해서 뒈져도 불쌍하 다 할 사람이 없을 거다.)

뒤-쎄다 전라 ( )[ ][동] '화내다'의 방언.

뒤여-지다 제주 ( )[ ]**동** '뒈지다'의 방언. ¶그 사름은 살아생전에 몽니가 하나신디 일쩍 뒤여졋어.(그 사람은 살아생전에 몽니가 많았는데 일찍 뒈졌어.)

뒤-중그라지다 제주 ( )[ ]**동** '뒤둥그러지다'의 방언.

뒤지다 경기 경남 ( )[ ]**동** '뒈지다'의 방언.

뒤틀리다 표준 ( )[뒤틀리다]**동** (몸이나 물건이) 이리저리 꼬여서 비틀어지다. ¶무엇을 잘못 먹었는지 창자가 뒤틀리는 듯이 아프다.

뒷-수발 표준 ( )[뒤:쑤발/뒫:쑤발]**명** 뒤에서 표 나지 않게 보살펴 돕는 일. 〈유〉뒷-시중 ¶생색도 못 낼 뒷수발만 많이 하면 뭐 하겠나?

뒷수발-하다 표준 ( )[뒤:쑤발하다/뒫:쑤발하다]**동** 뒤에서 표 나지 않게 보살펴 돕다. 〈유〉뒷시중-하다

뒷-시중 표준 ( )[뒤:씨중/뒫:씨중]**명** 뒤를 보살피며 옆에서 잔심부름을 하는 일. 〈유〉뒷-수발 ¶환자의 뒷시중을 들다./할아버지의 뒷시중에 정성을 다한다.

드름 경기 ( )[ ]**명** '트림'의 방언.

드리 경남 ( )[ ]**명** '다래끼'의 방언.

들것 제주 ( )[ ]**명** '다래끼'의 방언.

들럿 제주 ( )[ ]**명** '다래끼'의 방언.

들롯 제주 ( )[ ]**명** '다래끼'의 방언.

들륏 제주 ( )[ ]**명** '다래끼'의 방언.

들먹거리다 표준 ( )[들먹꺼리다]**동** 다친 데나 헌데가 곪느라고 자꾸 쑤시다. 〈유〉들먹대다

들먹대다 표준 ( )[들먹때다]**동** 다친 데나 헌데가 곪느라고 자꾸 쑤시다. 〈유〉들먹거리다

들이쑤시다 표준 ( )[드리쑤시다]**동** (몸의 일부 혹은 전체가) 쿡쿡 찌르듯이 몹시 아픈 느낌이 들다. ¶감기가 들었는지 골이 들이쑤신다.

등고새 제주 ( )[ ]**명** '곱사등이'의 방언.

등-곱새 제주 ( )[ ]명 '곱사둥이'의 방언.

등-곱생이 제주 ( )[ ]명 '곱사둥이'의 방언.

등곱쟁이 제주 ( )[ ]명 '곱사둥이'의 방언.

등-굽새 제주 ( )[ ]명 '곱사둥이'의 방언.

등-굽쟁이 제주 ( )[ ]명 '곱사둥이'의 방언.

등-꼽새 강원 ( )[ ]명 '곱사둥이'의 방언.

된-그르 제주 ( )[ ]명 '화상'의 방언. ¶허벅지에 된그르 큰 거 잇어.(허벅지에 화상 큰 거 있어.)

디-게 전남 ( )[ ]부 '되게'의 방언.

디끼다 전남 ( )[ ]동 '대끼다'의 방언.

디다 경북 ( )[ ]형 '되다'의 방언.

디딤-발이 충청 ( )[ ]명 '뒤뚱발이'의 방언.

디뚱 경남 ( )[ ]부 '뒤뚱'의 방언.

디뚱-거리다 경남 ( )[ ]동 '뒤뚱거리다'의 방언.

디뚱-대다 경남 ( )[ ]동 '뒤뚱대다'의 방언.

디뚱-디뚱 경남 ( )[ ]부 '뒤뚱뒤뚱'의 방언.

디뚱디뚱-하다 경남 ( )[ ]동 '뒤뚱뒤뚱하다'의 방언.

디뚱-발이 경남 ( )[ ]명 '뒤뚱발이'의 방언.

디뚱-하다 경남 ( )[ ]동 '뒤뚱하다'의 방언.

디지다 경남 ( )[ ]동 '뒈지다'의 방언.

딧-수발 경남 ( )[ ]명 '뒷수발'의 방언.

딧수발-하다 경남 ( )[ ]동 '뒷수발하다'의 방언.

딧-시중 경북 ( )[ ]명 '뒷시중'의 방언.

똠나는 벵 제주 ( )[ ]명 발한증, '땀 과다증'의 방언.

똠두드레기 제주 ( )[ ]명 '땀띠'의 방언. ¶똠두드레기 낭 근질근질ᄒ영 ᄀ릅당 버치민 막 긁어젼 긁은 손콥그믓에 균이 들어가민 부스럼도 생기곡 열독도 잘 생기는 거우다.(땀띠가 나서 간질간질해서 가렵다가 심해지면 막 긁어서 긁은 손톱 끝에 균이 들어가면 부스럼도 생기고 열독도 잘 생기는 겁니다.)

똠떼기 제주 ( )[ ]똉 '땀띠'의 방언.

똠뚜기 제주 ( )[ ]똉 '땀띠'의 방언.

똠띠기 경기 경상 제주 ( )[ ]똉 '땀띠'의 방언.

따갑다 표준 ( )[따갑따]혱 살을 찌르는 듯이 아픈 느낌이 있다. ¶가시에 찔린 손가락이 따갑다./매연으로 눈이 아프고 목이 따갑다.

따국-질 충남 ( )[ ]똉 '딸꾹질'의 방언.

따깍-질 경남 ( )[ ]똉 '딸꾹질'의 방언.

따꼭 경기 ( )[ ]틘 '딸꾹'의 방언.

따꼭-대다 경기 ( )[ ]똥 '딸꾹대다'의 방언.

따꼭-따꼭 경기 ( )[ ]틘 '딸꾹딸꾹'의 방언.

따꼭-질 경기 ( )[ ]똉 '딸꾹질'의 방언.

따꾹 경기 ( )[ ]틘 '딸꾹'의 방언.

따꾹-거리다 경기 ( )[ ]똥 '딸꾹거리다'의 방언.

따꾹-대다 강원 ( )[ ]똥 '딸꾹대다'의 방언.

따꾹-따꾹 경기 ( )[ ]틘 '딸꾹딸꾹'의 방언.

따꾹-질 경기 ( )[ ]똉 '딸꾹질'의 방언.

따끅-질 경기 ( )[ ]똉 '딸꾹질'의 방언.

따끔 표준 ( )[ ]틘 찔리거나 꼬집히는 것처럼 아픈 느낌. 〈유〉따끔히 ¶자, 주사 놓을게요, 따끔!/모기가 따끔 무는 통에 잠을 깨고 말았다.

따끔거리다 표준 ( )[따끔거리다]똥 (신체 일부가) 뾰족한 것에 찔리거나 살짝 꼬집히는 것처럼 자꾸 아픈 느낌이 들다. 〈유〉따끔대다, 따끔따끔하다 ¶눈이 따끔거리다./어제부터 자꾸 피부가 따끔거려./왼쪽 아랫배가 벌레가 깨무는 것처럼 따끔거린다.

따끔대다 표준 ( )[따끔대다]똥 (신체 일부가) 뾰족한 것에 찔리거나 살짝 꼬집히는 것처럼 자꾸 아픈 느낌이 들다. 〈유〉따끔거리다, 따끔따끔하다 〈참〉 뜨끔대다(1) ¶손끝이 따끔대는 걸 보니 가시에 찔린 것 같다.

따끔따끔 [표준] ( )[ ][부] 찔리거나 꼬집히는 것처럼 자꾸 아픈 느낌. 〈유〉따끔따 끔히 ¶벌레 물린 곳이 따끔따끔 아프다./그는 숨을 내쉴 때마다 가슴에 따 끔따끔 통증이 왔다.

따끔따끔하다 [표준] ( )[따끔따끔하다][동] /[형] (신체 일부가) 뾰족한 것에 찔리거 나 살짝 꼬집히는 것처럼 자꾸 아픈 느낌이 들다./(신체 일부가) 뾰족한 것 에 찔리거나 살짝 꼬집힌 것처럼 자꾸 아프다. 〈유〉따끔거리다, 따끔대 다 〈참〉뜨끔뜨끔하다 ¶해변가에 갔다 온 이후 햇볕에 익은 피부가 따끔따 끔한다./가시나무에 긁힌 자리가 따끔따끔하게 아프다.

따끔따끔히 [표준] ( )[ ][부] 찔리거나 꼬집히는 것처럼 자꾸 아픈 느낌. 〈유〉따끔 따끔 ¶벌레 물린 곳이 따끔따끔 아프다./그는 숨을 내쉴 때마다 가슴에 따 끔따끔 통증이 왔다.

따끔하다 [표준] ( )[따끔하다][형] (신체 일부가) 데거나 뾰족한 것에 찔리거나 꼬 집힌 것처럼 아프다. 〈참〉뜨끔뜨끔하다 ¶주사 놓을 때 약간 따끔해요./준 하는 바늘에 찔려 손가락이 따끔했다.

따끔히 [표준] ( )[ ][부] 찔리거나 꼬집히는 것처럼 아픈 느낌. 〈유〉따끔 ¶모기가 따끔 무는 통에 잠을 깨고 말았다.

따또 [전남] ( )[ ][명] '땅딸이'의 방언.

따미-뜨레이 [경남] ( )[ ][명] '땀띠'의 방언.

따부리 [경남] ( )[ ][명] '투레질'의 방언.

따분하다 [표준] ( )[따분하다][형] (사람이) 착 까부라져서 맥이 없다. 〈유〉느른 하다, 맥없다(脈없다)

딱국-질 [경기] ( )[ ][명] '딸꾹질'의 방언.

딱지 [경상] ( )[ ][명] '곰보'의 방언.

딱퍼꺽-질 [충남] ( )[ ][명] '딸꾹질'의 방언.

딴또 전남 ( )[ ] 명 '땅딸이'의 방언.

딸각 경남 ( )[ ] 부 '딸꾹'의 방언.

딸각-거리다 경남 ( )[ ] 동 '딸꾹거리다'의 방언.

딸각-대다 경남 ( )[ ] 동 '딸꾹대다'의 방언.

딸각-딸각 경남 ( )[ ] 부 '딸꾹딸꾹'의 방언.

딸각-질 경남 ( )[ ] 명 '딸꾹질'의 방언.

딸국 충남 ( )[ ] 부 '딸꾹'의 방언.

딸국-거리다 충남 ( )[ ] 동 '딸꾹거리다'의 방언.

딸국-대다 충남 ( )[ ] 동 '딸꾹대다'의 방언.

딸국-딸국 충남 ( )[ ] 부 '딸꾹딸꾹'의 방언.

딸국-질 충남 ( )[ ] 명 '딸꾹질'의 방언.

딸깍 강원 경기 충청 ( )[ ] 부 '딸꾹'의 방언.

딸깍-거리다 강원 경기 충청 ( )[ ] 동 '딸꾹거리다'의 방언.

딸깍-대다 강원 경기 충청 ( )[ ] 동 '딸꾹대다'의 방언.

딸깍-딸깍 강원 경기 충청 ( )[ ] 부 '딸꾹딸꾹'의 방언.

딸깍-질 경기 충청 ( )[ ] 명 '딸꾹질'의 방언.

딸깨기 강원 ( )[ ] 명 '딸꾹질'의 방언.

딸꼭 경기 충청 ( )[ ] 부 '딸꾹'의 방언.

딸꼭-거리다 경기 충청 ( )[ ] 동 '딸꾹거리다'의 방언.

딸꼭-대다 경기 충청 ( )[ ] 동 '딸꾹대다'의 방언.

딸꼭-딸꼭 경기 충청 ( )[ ] 부 '딸꾹딸꾹'의 방언.

딸꼭-질 경기 충청 ( )[ ] 명 '딸꾹질'의 방언.

딸꾸기 강원 경기 ( )[ ] 명 '딸꾹질'의 방언.

딸꾹 표준 ( )[딸꾹] 부 딸꾹질하는 소리.

딸꾹거리다 표준 ( )[딸꾹꺼리다] 동 딸꾹질하는 소리가 자꾸 나다. 〈유〉딸꾹-
대다, 딸꾹딸꾹-하다

딸꾹-대다 표준 ( )[딸꾹때다] 동 딸꾹질하는 소리가 자꾸 나다. 〈유〉딸꾹-거리
다

딸꾹-딸꾹 표준 ( )[딸꾹딸꾹] 부 잇따라 딸꾹질하는 소리.

딸꾹-질 표준 ( )[딸꾹찔] 명 가로막의 경련으로 들이쉬는 숨이 방해를 받아 목
구멍에서 이상한 소리가 나는 증세. 〈유〉애역(呃逆), 흘역(吃逆) ¶뭘 훔쳐
먹었기에 딸꾹질을 그렇게 하니?/목에 걸린 울음소리가 딸꾹질로 이어졌
다.

딸꾁-이 강원 충북 ( )[ ] 명 '딸꾹질'의 방언.

딸리다 충북 ( )[ ] 형 '저리다'의 방언.

땀 과다증 표준 (땀過多症)[ ] 명구 땀이 지나치게 많이 나는 증상. 당뇨병·임신·
갱년기 장애 따위로 인하여 온몸에 땀이 많이 나는 전신성과, 일시적인 흥
분·긴장·공포 따위로 손·발·겨드랑이·이마·콧등 따위에 땀이 나는 국한
성이 있다. 〈유〉발한증

땀-따구 경북 ( )[ ] 명 '땀띠'의 방언.

땀-따기 경북 ( )[ ] 명 '땀띠'의 방언.

땀-따레기 경남 ( )[ ] 명 '땀띠'의 방언.

땀-따레이 경남 ( )[ ] 명 '땀띠'의 방언.

땀-때 강원 경기 경남 ( )[ ] 명 '땀띠'의 방언.

땀-때기 경남 ( )[ ] 명 '땀띠'의 방언.

땀-때이 경북 ( )[ ] 명 '땀띠'의 방언.

땀-떼 경북 ( )[ ] 명 '땀띠'의 방언.

땀떼기-약 경남 ( )[ ] 명 '땀띠약'의 방언.

땀떼-약 강원 ( )[ ] 명 '땀띠약'의 방언.

땀-뚜대기 전라 ( )[ ] 명 '땀띠'의 방언.

땀-뚜덕 전남 ( )[ ] 명 '땀띠'의 방언.

땀-뚜덩 전남 ( )[ ] 명 '땀띠'의 방언.

땀-뚜덩이 전남 ( )[ ]명 '땀띠'의 방언.

땀-뚜데기 전남 ( )[ ]명 '땀띠'의 방언.

땀-뚜드러기 전남 ( )[ ]명 '땀띠'의 방언.

땀-뚜드레이 경남 ( )[ ]명 '땀띠'의 방언.

땀-뚜러기 전남 ( )[ ]명 '땀띠'의 방언.

땀-뚜럭 전남 ( )[ ]명 '땀띠'의 방언.

땀-뚜룩 전라 ( )[ ]명 '땀띠'의 방언.

땀뚜-약 강원 ( )[ ]명 '땀띠약'의 방언.

땀-뛰 강원 ( )[ ]명 '땀띠'의 방언.

땀-뛰기 충남 ( )[ ]명 '땀띠'의 방언.

땀-뜨래기 전남 ( )[ ]명 '땀띠'의 방언.

땀-뜨래이 경남 ( )[ ]명 '땀띠'의 방언.

땀-뜨러기 전남 ( )[ ]명 '땀띠'의 방언.

땀-뜨럭 전남 ( )[ ]명 '땀띠'의 방언.

땀-뜨레기 전남 ( )[ ]명 '땀띠'의 방언.

땀-뜨레이 경남 ( )[ ]명 '땀띠'의 방언.

땀-뜨리기 경남 ( )[ ]명 '땀띠'의 방언.

땀-띠 표준 ( )[땀띠]명 땀으로 피부가 자극되어 생기는 발진. 좁쌀 크기의 붉은색 또는 무색 발진이 오밀조밀하게 돋아 가렵고 따가운데, 특히 살과 살이 맞닿는 부위에 땀이 고여 있을 때 많이 생긴다. 〈유〉한진(汗疹) ¶땀띠가 돋다./나는 겨드랑이에 땀띠가 나서 땀띠약을 발랐다.

땀띠기-약 강원 ( )[ ]명 '땀띠약'의 방언.

땀-띠래기 전남 ( )[ ]명 '땀띠'의 방언.

땀-띠럭 전남 ( )[ ]명 '땀띠'의 방언.

땀-띠레기 경남 ( )[ ]명 '땀띠'의 방언.

땀띠-약 표준 (땀띠藥)[땀띠약]명 땀띠 치료에 쓰이는 약. 탤컴파우더 따위가 있다. ¶짓무른 아기 엉덩이에 땀띠약을 발라 주다.

땀-테기 전남 ( )[ ]명 '땀띠'의 방언.

땅기다 표준 ( )[땅기다]동 (피부나 근육의 힘줄이) 몹시 팽팽해지거나 긴장되어 뭉치다. ¶수술 자리가 움직일 때마다 땅긴다./나는 겨울만 되면 얼굴이 땅기고 튼다.

땅깜-보 제주 ( )[ ]명 '땅딸보'의 방언.

땅딸-귀 제주 ( )[ ]명 '땅딸이'의 방언.

땅딸-보 표준 ( )[땅딸보]명 키가 매우 작은 사람, 또는 키가 작고 옆으로 딱 바라진 사람을 놀림조로 이르는 말. 〈유〉땅딸, 땅딸-이 ¶키가 몽땅한 땅딸보.

땅딸-이 표준 ( )[땅따리]명 키가 매우 작은 사람, 또는 키가 작고 옆으로 딱 바라진 사람을 놀림조로 이르는 말. 〈유〉땅딸, 땅딸-보

때깍 전북 ( )[ ]부 '딸꾹'의 방언.

때깍-거리다 전북 ( )[ ]동 '딸꾹거리다'의 방언.

때깍-대다 전북 ( )[ ]동 '딸꾹대다'의 방언.

때깍-때깍 전북 ( )[ ]부 '딸꾹딸꾹'의 방언.

때깍-질 전북 ( )[ ]명 '딸꾹질'의 방언.

때꾹-질 충남 ( )[ ]명 '딸꾹질'의 방언.

때끼다 경남 ( )[ ]동 '대끼다'의 방언. ¶하루 종일 사람들한테 때끼다 보니 정신이 하나도 없다.(하루 종일 사람들한테 대끼다 보니 정신이 하나도 없다.)

때때 강원 ( )[ ]명 '말더듬이'의 방언.

때때바리 강원 ( )[ ]명 '말더듬이'의 방언.

때뜨바리 강원 ( )[ ]명 '말더듬이'의 방언.

땜-띠 경남 ( )[ ]명 '땀띠'의 방언.

땡기다 표준 ( )[땡기다]동 '땅기다'의 경남 방언.

떠꿕 충남 ( )[ ]부 '딸꾹'의 방언.

떠꿕-거리다 충남 ( )[ ]동 '딸꾹거리다'의 방언.

떠꾹-대다 충남 ( )[ ]동 '딸꾹대다'의 방언.

떠꾹-떠꾹 충남 ( )[ ]부 '딸꾹딸꾹'의 방언.

떠꾹-질 충남 ( )[ ]명 '딸꾹질'의 방언.

떠두바리 강원 ( )[ ]명 '말더듬이'의 방언.

떠듬-이 전북 충청 ( )[ ]명 '말더듬이'의 방언.

떠뜨바리 강원 ( )[ ]명 '말더듬이'의 방언.

떠래 경북 ( )[ ]명 '홍역'의 방언.

떠럽다 전남 ( )[ ]형 '떫다'의 방언.

떠룹다 전남 ( )[ ]형 '떫다'의 방언.

떠릅다 전라 ( )[ ]형 '떫다'의 방언.

떠부리 경남 ( )[ ]명 '투레'의 방언.

떠부리-하다 경남 ( )[ ]동 '투레하다'의 방언. ¶옛날 어른들은 아들이 떠부리하 모 비가 온다 쿠데.(옛날 어른들은 아이들이 투레하면 비가 온다고 하데.)

떨국 강원 ( )[ ]부 '딸꾹'의 방언.

떨국-거리다 강원 ( )[ ]동 '딸꾹거리다'의 방언.

떨국-떨국 강원 ( )[ ]부 '딸꾹딸꾹'의 방언. ¶밤새두루 떨국떨국 아주 힘들었 아.(밤새도록 딸꾹딸꾹 아주 힘들었어.)

떨국-질 강원 ( )[ ]명 '딸꾹질'의 방언.

떨꺽-이 충남 ( )[ ]명 '딸꾹질'의 방언.

떨껙-이 충남 ( )[ ]명 '딸꾹질'의 방언.

떨꾹 강원 충남 ( )[ ]부 '딸꾹'의 방언.

떨꾹-거리다 강원 충남 ( )[ ]동 '딸꾹거리다'의 방언.

떨꾹-대다 강원 ( )[ ]동 '딸꾹대다'의 방언.

떨꾹-떨꾹 강원 충남 ( )[ ]부 '딸꾹딸꾹'의 방언.

떨꾹-질 강원 충남 ( )[ ]명 '딸꾹질'의 방언.

떨룹다 제주 ( )[ ]형 '떫다'의 방언.

떨부다 전남 ( )[ ]형 '떫다'의 방언.

떨붑다 전남 ( )[ ]형 '떫다'의 방언.

떫다 표준 ( )[떨:따]형 설익은 감의 맛처럼 거세고 텁텁한 맛이 있다. ¶감이 덜 익어 떫다.

떱다 경상 ( )[ ]형 '떫다'의 방언.

떼떼-바리 경기 ( )[ ]명 '말더듬이'의 방언.

또가-또가 제주 ( )[ ]부 '두근두근'의 방언.

또가또가ㅎ다 제주 ( )[ ]동 '두근두근하다'의 방언.

또까-또까 제주 ( )[ ]부 '두근두근'의 방언.

또까또까ㅎ다 제주 ( )[ ]동 '두근두근하다'의 방언.

또깝다 경남 ( )[ ]형 '두렵다'의 방언.

뚜두러기 전남 ( )[ ]명 '두드러기'의 방언.

뚜두럭 전라 ( )[ ]명 '두드러기'의 방언.

뚜두레기 전라 ( )[ ]명 '두드러기'의 방언.

뚜두룩 전남 ( )[ ]명 '두드러기'의 방언.

뚜두륵 전남 ( )[ ]명 '두드러기'의 방언.

뚜드러기 경상 전남 ( )[ ]명 '두드러기'의 방언.

뚜드럭 전남 ( )[ ]명 '두드러기'의 방언.

뚜드레기 경남 전남 ( )[ ]명 '두드러기'의 방언.

뚜드륵 전라 ( )[ ]명 '두드러기'의 방언.

뚧다 강원 충북 ( )[ ]형 '떫다'의 방언.

뛰뚱발-이 충남 ( )[ ]명 '절름발이'의 방언.

뜨끔 표준 ( )[ ]부 찔리거나 얻어맞은 것처럼 아픈 느낌. 〈유〉뜨끔히 ¶복부와 앙버틴 다리에 한 줄기 불끈 힘이 뻗자, 또 오른쪽 갈비뼈 아래가 뜨끔 쑤셨다.

뜨끔거리다 표준 ( )[ ]동 (신체 부위가) 뾰족한 것에 찔리거나 꼬집힌 것처럼 아

픈 느낌이 자꾸 들다. 〈유〉뜨끔대다, 뜨끔뜨끔하다 〈참〉따끔거리다 ¶현우
는 깡패에게 맞은 허리가 뜨끔거려서 도저히 일어날 수가 없었다.

뜨끔대다 표준 ( )[ ]동 (신체 부위가) 뾰족한 것에 찔리거나 꼬집힌 것처럼 아
픈 느낌이 자꾸 들다. 〈유〉뜨끔거리다, 뜨끔뜨끔하다 〈참〉따끔대다 ¶명수
는 그날의 사고를 떠올리자 아물었던 상처가 다시금 뜨끔댔다.

뜨끔뜨끔 표준 ( )[ ]부 찔리거나 얻어맞은 것처럼 자꾸 아픈 느낌. 〈유〉뜨끔뜨
끔히 ¶허리 삔 데가 뜨끔뜨끔 결려 왔다./뜨끔뜨끔 통증이 심해지기 시작
했다./감기에 걸렸는지 저녁나절 내내 목이 뜨끔뜨끔 아팠다.

뜨끔뜨끔하다 표준 ( )[ ]동 (신체 부위가) 뾰족한 것에 찔리거나 꼬집힌 것처럼
아픈 느낌이 자꾸 들다. 〈유〉뜨끔거리다, 뜨끔대다 〈참〉따끔따끔하다 ¶화
상은 그 정도에 따라 1도, 2도, 3도로 나누며 제1도 화상은 피부가 붉어지면
서 붓고, 아프면서 뜨끔뜨끔한 감이 있다.

뜨끔뜨끔히 표준 ( )[ ]부 찔리거나 얻어맞은 것처럼 자꾸 아픈 느낌. 〈유〉뜨끔
뜨끔

뜨끔하다 표준 ( )[ ]형 (신체 부위가) 불에 데거나 뾰족한 것에 찔리는 것처럼
아프다. 〈참〉따끔하다 ¶주사 맞을 때 살짝 뜨끔할 거예요.

뜨끔히 표준 ( )[ ]부 찔리거나 얻어맞은 것처럼 아픈 느낌. 〈유〉뜨끔 ¶날카로
운 송곳이 찌르는 듯 머리 속이 뜨끔히 쑤셨다.

뜨다 충북 ( )[ ]동 '시들다'의 방언.

뜨럽다 전라 ( )[ ]형 '떫다'의 방언.

뜨레 경북 ( )[ ]명 '수두'의 방언.

뜬-봉사 경남 ( )[ ]명 '당달봉사'의 방언.

뜰항-굿 경북 ( )[ ]명 '홍역'의 방언. ㄱ、ㄹ〃ㅂ

뜰-항굿 제주 ( )[ ]명 '작은마마'의 방언.

뜳다 강원 충청 ( )[ ]형 '떫다'의 방언. ¶땡감언 뜳어서 못 먹어.(땡감은 떫어서
못 먹어.)〈충남〉

띠끼다 경북 ( )[ ]동 '대끼다'의 방언.

띠뚝발-이 충남 ( )[ ]명 '절름발이'의 방언.

띠럽다 전남 ( )[ ]형 '떫다'의 방언.

띠룹다 전남 ( )[ ]형 '떫다'의 방언.

띠-무슬 제주 ( )[ ]명 '대상포진'의 방언.

띵하다 표준 ( )[ ]형 (머리가) 울리듯 아프면서 정신이 맑지 못하고 멍하다. ¶ 김 대리는 아침이 되자 머리가 띵하게 아파 왔다./덕기는 그녀의 끝없는 수 다를 듣다 보니 머릿속이 띵한 것 같았다.

한국어 질병 표현 어휘 사전 V

ᄆ랍다 경기 제주 ( )[ ]형 '마렵다'의 방언.

ᄆ롭다 전남 제주 ( )[ ]형 '마렵다'의 방언.

ᄆ룹다 제주 ( )[ ]형 '마렵다'의 방언.

ᄆ륩다 제주 ( )[ ]형 '마렵다'의 방언.

ᄆ른버줌 강원 제주 ( )[ ]명 '마른버짐'의 방언.

ᄆ른베락 강원 경남 제주 ( )[ ]명 '마른벼락'의 방언.

ᄆ릅다 전남 제주 ( )[ ]형 '마렵다'의 방언.

ᄆ축 제주 ( )[ ]명 '무사마귀, 물사마귀'의 방언.

ᄆ름다 제주 ( )[ ]동 '말리다'의 방언.

ᄆ르다 전북 제주 충청 ( )[ ]동 '마르다'의 방언.

ᄆ리우다 제주 ( )[ ]동 '말리다'의 방언.

ᄆ축 제주 ( )[ ]명 '무사마귀, 물사마귀'의 방언.

마ᄂ라 제주 ( )[ ]명 '천연두, 마마'의 방언. ¶옛날 어린아의덜이 마누라나 호열자나 풋터는벵 닮은 돌림벵이 돌민 하영덜 죽어낫젠마씀.(옛날 어린아이들이 천연두나 콜레라나 학질 같은 전염병이 돌면 많이들 죽어나갔습니다.)

마누라 제주 ( )[ ]명 '마마'의 방언.

마도라 표준 (馬刀癩)[마ː도라]명 나력의 하나. 목이나 귀 뒷부분에 콩알만 한 크기의 멍울이 생긴다.

마들가리 경남 ( )[ ]명 '멍울'의 방언.

마렵다 표준 ( )[마렵따]형 대소변을 누고 싶은 느낌이 있다. ¶뒤가 마렵다./아이가 오줌이 마려운지 다리를 꼬기 시작했다.

마릅다 전남 ( )[ ]형 '마렵다'의 방언.

마르다 표준 ( )[ ]동 (입이나 목구멍에) 물기가 적어져 갈증이 나다. ¶목이 마르다/입이 바짝 마르다.

마른-기침 표준 ( )[마른기침]명 가래가 나오지 아니하는 기침. 〈유〉건성^기침(乾性기침) 〈참〉담해(痰咳), 밭은-기침, 습성^기침(濕性기침), 젖은-기침 ¶할아버지는 집 안에 아무도 없느냐는 물음 대신 으흠으흠 마른기침을 몇 번 내셨다.

마른-매짐 경남 ( )[ ][명] '마른버짐'의 방언.

마른-버듬 전북 충청 ( )[ ][명] '마른버짐'의 방언.

마른-버슴 경남 ( )[ ][명] '마른버짐'의 방언.

마른-버짐 표준 ( )[마른버짐][명] 얼굴 같은 데에 까슬까슬하게 흰 버짐이 번지는 피부병. 대개 영양 결핍으로 생긴다. 〈유〉건선(乾癬), 색각^장애(色覺障礙), 색각^장애증(色覺障礙症), 풍선(風癬) 〈참〉습선(濕癬), 진-버짐

마른버짐-이 강원 충북 ( )[ ][명] '마른버짐'의 방언.

마른-보짐 경기 충북 ( )[ ][명] '마른버짐'의 방언.

마리다 경북 ( )[ ][동] '마르다'의 방언.

마린-버심 경남 ( )[ ][명] '마른버짐'의 방언. ¶그랬더니 온몸에 마린버심이 막 피는 기라.(그랬더니 온몸에 마른버짐이 막 피는 거야.)

마린-버짐 전북 충청 ( )[ ][명] '마른버짐'의 방언.

마마 표준 (媽媽)[마ː마][명] '천연두'를 일상적으로 이르는 말. 〈유〉두창(痘瘡), 손-님, 천연-두(天然痘)

마맛자국 표준 (媽媽자국)[마ː마짜국/마ː맏짜국][명] 천연두를 앓고 난 후 딱지가 떨어진 자리에 생긴 얽은 자국. 〈유〉두흔(痘痕)

마음-벵 경남 ( )[ ][명] '심병'의 방언.

막-보 경북 ( )[ ][명] '귀머거리'의 방언.

막-쟁이 경북 ( )[ ][명] '귀머거리'의 방언.

막히다 표준 ( )[마키다][동] (목이) 막히다.

만성-벵 경남 ( )[ ][명] '만성병'의 방언.

만성-병 표준 (慢性病)[만성뼝][명] 증상이 그다지 심하지는 아니하면서 오래 끌고 잘 낫지 아니하는 병을 통틀어 이르는 말. 〈유〉만성^질병(慢性疾病), 만성^질환(慢性疾患) 〈참〉급성-병(急性病), 만성^질환자(慢性疾患者)

말 경북 ( )[ ][명] '멍울'의 방언.

말 경북 ( )[ ][명] '가래톳'의 방언. ¶다리에 말이 벌겋게 서서 엄청시리 아픈 기라.(다리에 가래톳이 벌겋게 서서 엄청스레 아픈 거야.)

말-거리 제주 ( )[ ][명] '말라리아, 학질'의 방언.

말거미 제주 ( )[ ][명] '말라리아, 학질'의 방언.

말기 경북 ( )[ ][명] '가래톳'의 방언.

말-더뎀이 경북 ( )[ ][명] '말더듬이'의 방언.

말더듬이 표준 ( )[말:더드미][명] 말을 더듬는 사람. 〈유〉더더리, 더듬-이, 떼떼

말더딤-이 전라 ( )[ ][명] '말더듬이'의 방언.

말-떠듬이 충남 ( )[ ][명] '말더듬이'의 방언.

말떠딤-이 충남 ( )[ ][명] '말더듬이'의 방언.

말라깽이 표준 ( )[말라깽이][명] 몸이 몹시 여윈 사람을 속되게 이르는 말.

말라다 경기 ( )[ ][동] '마르다'의 방언.

말라리아 표준 ( )[ ][명] 말라리아 병원충을 가진 학질모기에게 물려서 감염되는 법정 감염병. 갑자기 고열이 나며 설사와 구토·발작을 일으키고 비장이 부으면서 빈혈 증상을 보인다. 〈유〉말라리아-열(malaria熱), 학(瘧), 학질(瘧疾)

말라-비틀어지다 표준 ( )[말라비트러지다][동] 사람이나 사물이 쭈글쭈글하게 말라서 뒤틀리다.

말라-삐뜰어지다 경남 ( )[ ][동] '말라비틀어지다'의 방언.

말러-껭이 강원 ( )[ ][명] '말라깽이'의 방언.

말러-비틀어지다 강원 ( )[ ][동] '말라비틀어지다'의 방언.

말료다 전북 ( )[ ][동] '말리다'의 방언.

말루다 경남 ( )[ ][동] '말리다'의 방언.

말리다 표준 ( )[ ][동] 입이나 목구멍에 물기를 적게 하여 갈증이 나게 하다. '마르다'의 사동사. ¶땀을 많이 흘리는 운동을 하는 도중에 탄산음료를 마시면

오히려 목을 바짝 말려 버리는 수가 있으니 주의해야 한다.

말-모레기 제주 ( )[ ]몡 '벙어리'의 방언. ¶자인 말모레기 뒈어신디사 아무 말도 안 헴쩌.(저 애는 벙어리가 되었는지 아무 말도 안 한다.)

말-모로기 제주 ( )[ ]몡 '벙어리'의 방언.

말-몰레기 제주 ( )[ ]몡 '벙어리'의 방언.

말-서스미 강원 경북 ( )[ ]몡 '말더듬이'의 방언.

망을 제주 ( )[ ]몡 '멍울'의 방언.

매가리-없이 전남 ( )[ ]부 '맥없이'의 방언.

매랍다 경북 전라 ( )[ ]혱 '마렵다'의 방언.

매럽다 경기 경북 전라 충청 ( )[ ]혱 '마렵다'의 방언.

매렙다 경기 ( )[ ]혱 '마렵다'의 방언.

매렙다 경기 ( )[ ]혱 '마렵다'의 방언.

매롭다 전남 충북 ( )[ ]혱 '마렵다'의 방언.

매룹다 강원 전남 충북 ( )[ ]혱 '마렵다'의 방언.

매릅다 강원 경남 전남 ( )[ ]혱 '마렵다'의 방언.

매리다 전북 ( )[ ]혱 '마렵다'의 방언.

매립다 전북 ( )[ ]혱 '마렵다'의 방언.

매맛 표준 ( )[매만]몡 매를 맞아 아픈 느낌. ¶너 이놈, 어디 매맛 좀 볼래?/매맛이 어떠냐?

매스껍다 표준 ( )[매스껍따]혱 (속이) 역겨운 냄새나 흔들림 따위로 먹은 것이 되넘어올 듯이 거북하거나 울렁거리는 느낌이 있다. 〈참〉메스껍다 ¶뱃멀미가 나서 속이 매스껍다.

매슥거리다 표준 ( )[매슥꺼리다]동 (속이) 먹은 것을 토할 것처럼 자꾸 울렁거리다. 〈유〉매슥대다, 매슥매슥하다 〈참〉메슥거리다

매슥대다 표준 ( )[매슥때다]동 (속이) 먹은 것을 토할 것처럼 자꾸 울렁거리다. 〈유〉매슥거리다, 매슥매슥하다 〈참〉메슥대다 ¶아직도 속이 매슥대는

걸 보니 숙취가 덜 풀린 모양이다.

매슥매슥하다 표준 ( )[매승매스카다] 동 (속이) 먹은 것을 토할 것처럼 자꾸 울렁거리다. 〈유〉매슥거리다, 매슥대다 〈참〉메슥메슥하다 ¶속이 매슥매슥하고 몸이 차가워진 것을 보니 체한 모양이로구나.

매시근하다 표준 ( )[매시근하다] 형 (사람이) 몸에 기운이 없고 나른하다. ¶몸살이 나서 온몸이 매시근했다.

매일-거리 전남 ( )[ ] 명 '말라리아, 학질'의 방언.

맥맥하다 표준 ( )[맹매카다] 형 (코가) 막혀서 숨쉬기가 힘들고 갑갑하다. ¶감기에 걸려서 코가 맥맥하고 머리가 띵하다.

맥살-없다 전라 ( )[ ] 형 '맥없다'의 방언.

맥살없-이 전라 ( )[ ] 부 '맥없이'의 방언.

맥없다 표준 (脈없다)[매겁따] 형 (사람이나 사물이) 기운이 없다. 〈유〉따분하다, 느른하다 ¶아침 일찍 나갔다가 저녁 늦게야 돌아오곤 하는 그녀는 피곤한 탓인지 항상 맥없는 모습이었다.

맥없-이 표준 (脈없이)[매겁씨] 부 기운이 없이. ¶맥없이 주저앉았다./맥없이 쓰러지다.

맨-지침 경남 ( )[ ] 명 '헛기침'의 방언.

맹당구 경북 ( )[ ] 명 '멍'의 방언. ¶띠다가 넘어져서 온몸에 맹당구가 들었다.(뛰다가 넘어져서 온몸에 멍이 들었다.)

머리-버즘 강원 ( )[ ] 명 '기계총'의 방언.

머리-비눌 강원 경북 제주 충청 ( )[ ] 명 '비듬'의 방언.

머리앓이 표준 ( )[머리아리] 명 머리가 아픈 증세. 〈유〉두통

머릿-메 전남 ( )[ ] 명 '멀미'의 방언.

먹 경기 전라 충남 ( )[ ] 명 '멍'의 방언.

먹-구 경남 ( )[ ] 명 '귀머거리'의 방언.

먹-기 경남 ( )[ ] 명 '귀머거리'의 방언.

먹는-버짐 제주 ( )[ ] 명 '진버짐'의 방언.

먹-릉 강원 ( )[ ] 명 '귀머거리'의 방언.

먹먹하다 표준 ( )[멍머카다] 형 (귀가) 막힌 듯이 소리가 잘 들리지 않다. ¶시 끄럽던 기계음이 일시에 멈추자 귀가 먹먹했다.

먹-바 전남 ( )[ ] 명 '귀머거리'의 방언.

먹-보 경상 충남 ( )[ ] 명 '귀머거리'의 방언.

먹장 경기 전북 ( )[ ] 명 '멍'의 방언.

먹지다 충남 ( )[ ] 동 '멍들다'의 방언.

먹초 강원 ( )[ ] 명 '귀머거리'의 방언.

먹추 강원 ( )[ ] 명 '귀머거리'의 방언.

먹-텡이 전남 ( )[ ] 명 '귀머거리'의 방언.

먹-통 경남 충남 ( )[ ] 명 '귀머거리'의 방언.

먹통 전북 ( )[ ] 명 '멍'의 방언.

먹튕이 전남 ( )[ ] 명 '귀머거리'의 방언.

먼둥데이 전남 ( )[ ] 명 '대머리'의 방언.

멀 강원 ( )[ ] 명 '멀미'의 방언.

멀기 강원 ( )[ ] 명 '멀미'의 방언.

멀미 표준 ( )[멀미] 명 차, 배, 비행기 따위의 흔들림을 받아 메스껍고 어지러 워짐. 또는 그런 중세. ¶멀미가 나다./멀미가 가시다./그는 멀미가 심해서 장거리 여행을 할 수 없다.

멀미-하다 표준 ( )[멀미하다] 동 차, 배, 비행기 따위의 흔들림을 받아 메스껍 고 어지러워지다.

멍 표준 ( )[멍] 명 심하게 맞거나 부딪쳐서 살갗 속에 퍼렇게 맺힌 피. ¶멍 자 국./무릎에 멍이 지다./뛰놀다가 넘어져서 무릎에 시퍼렇게 멍이 들었다.

멍구젱이 제주 ( )[ ] 명 '못'의 방언.

멍당구 강원 ( )[ ] 명 '멍'의 방언.

멍-들다 표준 ( )[멍들다]동 일이 속으로 탈이 생기다.

멍어리 강원 ( )[ ]명 '멍울'의 방언.

멍울 표준 ( )[멍울]명 림프샘이나 몸 안의 조직에 병적으로 생기는 둥글둥글한 덩이. 〈참〉망울 ¶멍울이 서다.

멍을 제주 ( )[ ]명 '멍울'의 방언.

멍장구 경북 ( )[ ]명 '멍'의 방언.

멍하다 표준 ( )[멍하다]형 (귀가) 잘 들리지 않는 느낌이 있다. ¶나는 대포 소리를 듣고 귀가 멍했다.

메누리-고곰 충청 ( )[ ]명 '며느리고금'의 방언.

메누리-고굼 강원 충북 ( )[ ]명 '며느리고금'의 방언.

메누리-고금 충남 ( )[ ]명 '며느리고금'의 방언.

메누리-고봄 충청 ( )[ ]명 '며느리고금'의 방언.

메누리-보곰 충북 ( )[ ]명 '며느리고금'의 방언.

메누리-보굼 충북 ( )[ ]명 '며느리고금'의 방언.

메누리-보금 충남 ( )[ ]명 '며느리고금'의 방언.

메누리-시엄 전북 ( )[ ]명 '며느리고금'의 방언.

메누리-심 경남 충북 ( )[ ]명 '며느리고금'의 방언.

메누리-심니 전북 ( )[ ]명 '며느리고금'의 방언.

메누릿-심 전북 ( )[ ]명 '며느리고금'의 방언.

메느리-보굼 경기 ( )[ ]명 '며느리고금'의 방언.

메느리-보금 경기 ( )[ ]명 '며느리고금'의 방언.

메느리-심 경남 ( )[ ]명 '며느리고금'의 방언.

메느릿-심 강원 경북 전북 ( )[ ]명 '며느리고금'의 방언.

메늘-심 경남 전남 ( )[ ]명 '며느리고금'의 방언.

메롭다 전남 ( )[ ]형 '마렵다'의 방언.

메르-시림 경남 ( )[ ]명 '며느리고금'의 방언.

메릿-심 경남 ( )[ ]명 '며느리고금'의 방언.

메숙-메숙 제주 ( )[ ]부 '메슥메슥'의 방언.

메숙메숙ᄒ다 제주 ( )[ ]동 '메슥메슥하다'의 방언.

메스껍다 표준 ( )[메스껍따]형 (사람의 속이) 구역질이 날 것처럼 울렁이는 느낌이 있다. 〈유〉구역나다(嘔逆나다), 욕지기나다, 구역질나다(嘔逆질나다) 〈참〉매스껍다 ¶나는 밀가루 음식만 보면 속이 메스껍다./어머니는 버스를 오래 타고 오셔서 속이 메스껍다고 말씀하셨다.

메슥거리다 표준 ( )[메슥꺼리다]형 (속이) 토할 것처럼 자꾸 심하게 울렁거리다. 〈유〉메슥대다, 메슥메슥하다 ¶오랫동안 차를 탔더니 속이 메슥거리고 머리가 아팠다.

메슥대다 표준 ( )[메슥때다]동 (속이) 토할 것처럼 자꾸 심하게 울렁거리다. 〈유〉메슥거리다, 메슥메슥하다 〈참〉매스대다 ¶오랫동안 배를 타고 있었더니 속이 메슥대어서 견딜 수가 없었다.

메슥-대다 표준 ( )[메슥때다]동 먹은 것이 되넘어 올 것같이 속이 자꾸 심하게 울렁거리다. 〈유〉메슥-거리다, 메슥메슥-하디

메슥-메슥 표준 ( )[메승메슥]부 먹은 것이 되넘어 올 것같이 자꾸 속이 심하게 울렁거리는 모양. 〈참〉매슥-매슥 ¶술에 취했다가 깨고 보니 머리가 지끈거리고 속이 메슥메슥 뒤집혀 견딜 수가 없다.

메슥메슥하다 표준 ( )[메승메스카다]동 (속이) 토할 것처럼 자꾸 심하게 울렁거리다. 〈유〉메슥거리다, 메슥대다 〈참〉매슥매슥하다 ¶점심 먹은 게 안 좋았는지 아까부터 속이 메슥메슥하다.

메슬겁다 충청 ( )[ ]형 '메스껍다'의 방언.

메시껍다 경남 전남 충북 ( )[ ]형 '메스껍다'의 방언.

메시꿉다 강원 ( )[메시꿉따]형 '메스껍다'의 방언.

메쓰껍다 경상 ( )[ ]형 '메스껍다'의 방언.

메총이 경북 ( )[ ]명 '미치광이'의 방언.

메치다 경북 ( )[ ]동 '미치다'의 방언.

멕-웃다 제주 ( )[ ]형 '맥없다'의 방언.

멕ㄴ림 제주 ( )[ ]명 '혈전성정맥염(血栓性靜脈炎)'의 방언.

멜라-지다 제주 ( )[ ]동 '찌그러지다'의 방언.

멜르다 제주 ( )[ ]동 '찌그러뜨리다'의 방언.

멜미 충남 ( )[ ]명 '멀미'의 방언.

멜싸-지다 제주 ( )[ ]동 '찌그러지다'의 방언.

멜쓰다 제주 ( )[ ]동 '찌그러뜨리다'의 방언.

멩 경남 전남 ( )[ ]명 '멍'의 방언.

며가리 경기 ( )[ ]명 '볼거리'의 방언.

며누리-고굼 경기 ( )[ ]명 '며느리고금'의 방언.

며누리-심 전남 ( )[ ]명 '며느리고금'의 방언.

며느리고금 표준 ( )[ ]명 '말라리아, 학질'을 한방에서 이르는 말.

며느리-심 전남 ( )[ ]명 '며느리고금'의 방언. ¶모구한테 물리먼 잘못허먼 며느리심이라는 빙에 걸리제라우.(모기한테 물리면 잘못하면 며느리고금이라는 병에 걸리지요.)

명 경기 경북 전북 ( )[ ]명 '멍'의 방언.

명당구 경북 ( )[ ]명 '멍'의 방언.

모드래기 경남 ( )[ ]명 '멍울'의 방언.

모레기 제주 ( )[ ]명 '벙어리'의 방언. ¶말을 ㅎ지 못 ㅎ는 사름ㄱ라 모레기렌 ㅎ메.(말을 하지 못하는 사람보고 벙어리라고 해.)

모로기 제주 ( )[ ]명 '벙어리'의 방언.

모루다 경남 ( )[ ]동 '마르다'의 방언.

모룬-버짐 경남 전북 ( )[ ]명 '마른버짐'의 방언.

모르기 제주 ( )[ ]명 '벙어리'의 방언. ¶모르기도 아닌디 말 ㄷ는 걸 보질 못ㅎ여.(벙어리도 아닌데 말 하는 것을 보지 못해.)

모르다 전북 ( )[ ]동 '마르다'의 방언.

모른-버숨 전남 ( )[ ]명 '마른버짐'의 방언.

모른-버짐 경남 전남 ( )[ ]명 '마른버짐'의 방언.

모른-비점 전남 ( )[ ]명 '마른버짐'의 방언.

모른-비접 전남 ( )[ ]명 '마른버짐'의 방언.

모른-지침 전남 ( )[ ]명 '마른기침'의 방언.

모리 경남 ( )[ ]명 '멀미'의 방언.

모리다 전남 ( )[ ]동 '마르다'의 방언.

모린-버즘 경남 ( )[ ]명 '마른버짐'의 방언.

모린-버짐 경남 전남 ( )[ ]명 '마른버짐'의 방언.

모린-지침 경남 ( )[ ]명 '마른기침'의 방언.

모아-시다 경남 ( )[ ]동 '몰아쉬다'의 방언. ¶오데로 띠갔다 오니라꼬 숨을 그리 모아시노?(어디를 뛰어갔다 오느라고 숨을 그리 몰아쉬니?)

모오리 경남 ( )[ ]명 '멍울'의 방언. ¶풀에 모오리가 안 생기고로 주개로 잘 젓어라.(풀에 멍울이 안 생기도록 주걱으로 잘 서어리.)

모-젖 경북 ( )[ ]명 '목젖'의 방언.

목거리 표준 ( )[목꺼리]명 목이 붓고 아픈 병.

목-걸다 제주 ( )[ ]동 '목메다'의 방언.

목-고대 제주 ( )[ ]명 '목젖'의 방언.

목-고디 제주 ( )[ ]명 '목젖'의 방언.

목-고레 제주 ( )[ ]명 '목젖'의 방언.

목-구레 제주 ( )[ ]명 '목젖'의 방언.

목다내 전남 ( )[ ]명 '볼거리'의 방언.

목돌개 전남 ( )[ ]명 '볼거리'의 방언.

목-마름 표준 ( )[몽마름]명 물 따위를 몹시 먹고 싶어 하는 상태. ¶목마름과 배고픔을 참고 견디다./그는 물 한 통을 가져와 그들의 목마름을 해소해 주었다.

목마름증 표준 ( )[몽마름쯩]명 목이 마른 증세.

목-맥히다 경남 ( )[ ]동 '목메다'의 방언.

목-메다 표준 ( )[몽메다]동 기쁨이나 설움 따위의 감정이 북받쳐 솟아올라 그
기운이 목에 엉기어 막히다. ¶그는 목메어 울었다./30년 만에 어머니를 만
난 아들은 목멘 소리로 어머니를 불렀다.

목-몽치다 전남 ( )[ ]동 '목메다'의 방언.

목-벵 경남 ( )[ ]명 목에 생기는 병 ¶아레 각중에 목벵이 나서 목이 마이 붓어
가 지금은 춤 생키기도 에럽다.(그저께 갑자기 목병이 나서 목이 많이 부어
가지고 지금은 침 삼키기도 어렵다.)

목-섬 경남 ( )[ ]명 '목숨'의 방언.

목-솜 제주 ( )[ ]명 '목숨'의 방언.

목솜 타지다 제주 ( )[ ]동구 숨이 넘어가다.

목-숨 표준 ( )[목쑴]명 사람이나 동물이 숨을 쉬며 살아 있는 힘. 〈유〉명
(命) ¶목숨이 길다./목숨이 다하다./목숨을 건지다.

목쉬다 표준 ( )[목쒸다]동 목이 잠겨 소리가 제대로 나지 아니하다. ¶목쉰 소
리./감기가 들었는지 그는 잔뜩 목쉰 소리로 전화를 받았다.

목-시다 경남 ( )[ ]동 '목쉬다'의 방언.

목시미 충북 ( )[ ]명 '목숨'의 방언.

목-심 전남 ( )[ ]명 '목숨'의 방언.

목앓이 표준 ( )[모가리]명 후두에 생기는 염증. 목이 쉬고 아프며 가래가 나온
다. 〈유〉후두염

목-영치다 전라 ( )[ ]동 '목메다'의 방언.

목-적 경북 ( )[ ]명 '목젖'의 방언. ¶목적이 붓었는지 춤만 생키도 목이 아파가
밥을 못 묵겠다.(목젖이 부었는지 침만 삼켜도 목이 아파서 밥을 못 먹겠다.)

목-전 전남 ( )[ ]명 '목젖'의 방언. ¶울 몯이가 열이 심하드이 목전이 겁나 붓었

더라고.(우리 맏이가 열이 심하더니만 목젖이 매우 부었더라고.)

목접이 표준 ( )[목쩌비][명] 목이 접질리어 부러짐.

목접이질 표준 ( )[목쩌비질][명] 목이 접질리도록 굽히는 짓. 〈유〉목접-질

목접이질하다 표준 ( )[목쩌비질하다][동] 목이 접질리도록 굽히는 짓을 하
다. 〈유〉목접질-하다

목접이하다 표준 ( )[목쩌비하다]동목이 접질리어 부러지다.

목접질 표준 ( )[목쩝찔][명] 목이 접질리도록 굽히는 짓. 〈유〉목접이-질

목접질하다 표준 ( )[목쩝찔하다][동] 목이 접질리도록 굽히는 짓을 하다. 〈유〉
목접이질-하다

목-젓 강원 경상 전라 충청 ( )[ ][명]'목젖'의 방언. ¶목젓이 부었는가 춤만 생키도
따갑아 죽겠다.(목젖이 부었는지 침만 삼켜도 따가워 죽겠다.)〈경남〉

목-정 경남 ( )[ ][명]'목청'의 방언.

목-젖 표준 ( )[목쩐][명] 목구멍의 안쪽 뒤 끝에 위에서부터 아래로 내민 둥그
스름한 살. 〈유〉현옹(懸壅), 현옹-수(懸壅垂)

목조름 표준 ( )[목쪼름][명] 목이 졸려 기도가 믹혀 숨을 쉴 수 없는 상태. 〈유〉
교액(絞扼)

목-좃 경남 전남 ( )[ ][명]'목젖'의 방언. ¶목좃이 부었는가 춤만 생키도 목이 아
파서 밥을 먹딜 못하겄어.(목젖이 부었는지 침만 삼켜도 목이 아파서 밥을 먹
지를 못하겠어.)〈경남〉

목-좆 전남 ( )[ ][명]'목젖'의 방언.

목-줄 경북 ( )[ ][명]'목젖'의 방언.

목-지 경북 ( )[ ][명]'목젖'의 방언.

목징 경남 ( )[ ][명]'목청'의 방언.

목-창 전남 ( )[ ][명]'목청'의 방언.

목-청 표준 ( )[목청][명] 후두(喉頭)의 중앙부에 있는 소리를 내는 기관. 앞 끝
은 방패 연골의 내면에, 뒤 끝은 피열(披列) 연골에 부착한 탄력 있는 두 개

의 인대로, 자유롭게 늘어나고 줄어들어 공기의 통로 폭을 조절하며 허파에
서 나오는 공기에 의하여 진동되어 소리가 난다. 〈유〉성대(聲帶), 성대^주
름(聲帶주름), 울-대, 진-성대(眞聲帶) ¶목청을 가다듬다./목청을 높이다./
목청이 좋은 걸 보니 노래를 잘 부르겠다.

목-총 경북 ( )[ ]명 '목청'의 방언.

목-축 경북 ( )[ ]명 '목젖'의 방언.

목-충 경남 ( )[ ]명 '목청'의 방언.

목-투레기 제주 ( )[ ]명 목이 비뚤어진 사람.

몰라다 경남 ( )[ ]동 '말리다'의 방언.

몰랴다 경남 ( )[ ]동 '말리다'의 방언. ¶빨래를 바짝 몰랴야 데는데 와 이리 해
가 안 나노.(빨래를 바짝 말려야 되는데 왜 이리 해가 안 나오냐.)

몰롸다 전남 ( )[ ]동 '말리다'의 방언.

몰료다 전북 ( )[ ]동 '말리다'의 방언. ¶고추를 빼싹 몰료야 되는디 이 비란 놈
이 계속 온다니께.(고추를 바싹 말려야 되는데 이 비란 놈이 계속 온다니까.)

몰류다 전라 ( )[ ]동 '말리다'의 방언.

몰리다 경남 전남 ( )[ ]동 '말리다'의 방언.

몰리-우다 경남 전라 ( )[ ]동 '말리다'의 방언.

몰미 강원 경상 전남 ( )[ ]명 '멀미'의 방언.

몰미-하다 경남 ( )[ ]동 '멀미하다'의 방언.

몰살 강원 경상 전라 제주 충청 ( )[ ]명 '몸살'의 방언.

몰아-쉬다 표준 ( )[모라쉬다]동 숨 따위를 한꺼번에 모아 쉬다. ¶긴 한숨을 몰
아쉬다.

몸-부림 경북 ( )[ ]명 '몸부림'의 방언.

몸부림 표준 ( )[몸부림]명 있는 힘을 다하거나 감정이 격할 때에, 온몸을 흔들
고 부딪는 일.

몸-살 표준 ( )[몸살]명 몸이 몹시 피로하여 일어나는 병. 팔다리가 쑤시고 느

른하며 기운이 없고 오한이 난다. ¶몸살이 걸리다./몸살로 온몸이 쑤신다.

몸-서리 표준 ( )[몸서리]명 몹시 싫거나 무서워서 몸이 떨리는 일. ¶그는 몸
　　서리를 치며 고개를 저었다.

몸서리-나다 표준 ( )[몸서리나다]동 몹시 싫거나 무서워서 몸이 떨리다.〈유〉
　　몸서리-치다 ¶예리한 칼날이 자신의 심장을 겨누고 있었다는 생각이 들자
　　몸서리났다.

몸서리-치다 표준 ( )[몸서리치다]동 몹시 싫거나 무서워서 몸이 떨리다.〈유〉
　　몸서리-나다 ¶그녀는 아들이 자신을 부르면서 죽어 가던 모습을 떠올리며
　　몸서리쳤다.

몸쌀 강원 경상 전라 충청 ( )[ ]명 '몸살'의 방언.

몸-써리 전남 ( )[ ]명 '몸서리'의 방언.

몸써리-나다 전라 ( )[ ]동 '몸서리나다'의 방언.

몸써리-무서리 전라 ( )[ ]명 '몸서리'의 방언.

몸써리-치다 전라 ( )[ ]동 '몸서리치다'의 방언.

몸-썰 전남 ( )[ ]명 '몸서리'의 방언.

몸-썰머리 강원 ( )[ ]명 '몸서리'의 방언.

몸썰머리-나다 강원 ( )[ ]동 '몸서리나다'의 방언.

몸씨-질 제주 ( )[ ]명 '몸부림'의 방언.

몸-씰 제주 ( )[ ]명 '몸부림'의 방언.

몸이 무겁다 표준 ( )[ ]형구 힘이 빠져서 몸을 움직이기 힘들다. ¶쌓인 피로로
　　몸이 무겁다./무거운 몸이 더욱 무거워 쓰고 눕는 일이 많았다. 이게 시어
　　머니는 못마땅했다.

몸져-눅다 제주 ( )[ ]동 '몸져눕다'의 방언.

몸져-눕다 표준 ( )[몸저눕따]동 병이나 고통이 심하여 몸을 가누지 못하고 누
　　워 있다. ¶그는 화병으로 몸져누웠다.

몸조리-하다 표준 (몸調理하다)[몸조리하다]동 허약해진 몸의 기력을 회복하

도록 보살피다. 〈유〉몸조섭-하다(몸調攝하다) ¶몸조리하러 친정에 가다./
한 달간 쉬면서 몸조리하다.

몸질 경남 ( )[ ][명] '몸살'의 방언.

몸체 경상 ( )[ ][명] '몸살'의 방언. ¶어제부텀 몸체가 심해 갖고 아무것도 몬하
고 저라고 있다 아입니꺼?(어제부터 몸살이 심해 가지고 아무것도 못하고 저
러고 있지 않겠습니까?) 〈경남〉

몸치 경상 전남 ( )[ ][명] '몸살'의 방언.

못 표준 ( )[ ][명] 주로 손바닥이나 발바닥에 생기는 단단하게 굳은 살. 물건과
접촉할 때 받는 압력으로 살갗이 단단하게 된다. ¶손에 못이 박이다./공부
할 때 나는 엉덩이에 못이 박일 정도로 오래 앉아 있는다

몽글거리다 표준 ( )[ ][동] (사람의 속이) 먹은 것이 약간 잘 삭지 않아 가슴에 뭉
치어 있는 듯한 느낌이 자꾸 들다. 〈유〉몽글대다 〈참〉몽클거리다, 뭉글거
리다

몽글대다 표준 ( )[ ][동] (사람의 속이) 먹은 것이 약간 잘 삭지 않아 가슴에 뭉치
어 있는 듯한 느낌이 자꾸 들다. 〈유〉몽글거리다 〈참〉몽클대다, 뭉글대다

몽글하다 표준 ( )[ ][형] (사람의 속이) 먹은 것이 약간 잘 삭지 않아 뭉치어 있는
듯한 느낌이 있다. 〈참〉몽클하다, 뭉글하다 ¶점심을 급하게 먹었더니 소화
가 안 되어 속이 몽글하다.

몽니-내다 전남 ( )[ ][동] '성내다'의 방언.

몽우리 경남 충북 ( )[ ][명] '멍울'의 방언.

몽울 경기 ( )[ ][명] '멍울'의 방언.

몽클거리다 표준 ( )[ ][동] (사람의 속이) 먹은 것이 약간 잘 삭지 않아 가슴에 몹
시 뭉치어 있는 듯한 느낌이 자꾸 들다. 〈유〉몽클대다 〈참〉몽글거리다, 뭉
클거리다 ¶나는 저녁을 너무 과하게 먹었는지 속이 몽클거려서 쉽게 잠이
들 수가 없었다.

몽클대다 표준 ( )[ ][동] (사람의 속이) 먹은 것이 약간 잘 삭지 않아 가슴에 몹시

뭉치어 있는 듯한 느낌이 자꾸 들다. 〈유〉몽클거리다 〈참〉몽글대다, 뭉클대다 ¶점심을 급하게 먹었더니 가슴이 몽클대고 배에 가스가 찬다.

몽클하다 표준 ( )[ ]형 (사람의 속이) 먹은 것이 약간 잘 삭지 않아 몹시 뭉치어 있는 듯한 느낌이 있다. 〈유〉몽글하다, 뭉클하다 ¶점심으로 먹은 삼계탕이 체했는지 가슴이 몽클해 죽겠어.

뫽-심 전남 ( )[ ]명 '목숨'의 방언.

무두질하다 표준 ( )[무ː두질]명 몹시 배가 고프거나 속병이 나서 속이 쓰리고 아픈 경우를 비유적으로 이르는 말. ¶속은 때 없이 무두질을 해 쌓고. 어느새 또 밤눈까지 어두워 갖고….

무두질하다 표준 ( )[무ː두질하다]동 (무엇이 뱃속을) 쓰리고 아프게 하다. ¶좌절과 절망은 그의 몸을 계속 무두질해 결국 폐인의 몸이 되어 갔다.

무럽다 표준 ( )[무럽따]형 (사람이나 신체 일부가) 벼룩, 모기 따위의 물것에 물려서 가렵다. ¶모기한테 물려 무러워 죽겠다.

무로리 경기 ( )[ ]명 '멀미'의 방언.

무릎 관절통 표준 (무릎關節痛)[ ]명구 무릎의 뼈마디가 쑤시면서 몹시 아픈 증세 ¶중년 이후 무릎 관절통을 일으키는 가장 흔한 원인은 퇴행성 관절염(일명 골관절염)이며, 그다음은 반월상 연골 손상, 류머티스 관절염, 감염성 관절염, 통풍 등이다.

무사귀 표준 ( )[ ]명 살가죽에 밥알만 하게 돋은 군살. 주로 어린아이에게 많으며 전염된다. 〈유〉물사마귀 ¶어린 시절 그의 엄지손가락 위에는 하얀 무사귀가 보송하게 솟아올라 있었다.

무사막 충남 ( )[ ]명 '사마귀'의 방언.

무술 제주 ( )[ ]명 '포진(泡疹)'의 방언.

무-젖 경남 ( )[ ]명 '물젖'의 방언.

무지근하다 표준 ( )[ ]형 머리가 띵하고 무겁거나 가슴, 팔다리 따위가 무엇에 눌리는 듯이 무겁다. 〈준〉무직하다 ¶어제 온종일 혼자 큰물이 휩쓸어 버린

둑에서 돌을 들어 올렸더니 팔다리가 무지근하고 허리가 뻑적지근하여 아무 일도 하고 싶지가 않았다.

무직하다 표준 ( )[무지카다] 형 (몸의 일부가) 떵하고 무엇에 눌린 것처럼 몸이 무겁다. 〈본〉무지근하다 ¶진희는 아이를 안은 한쪽 팔이 무직하니 아파 왔으나 내색하지 않았다.

무통 표준 (無痛)[무통] 명 아픔이 없음. ¶그는 치과에서 무통 치료를 해 준다는 말에 두려움을 없앨 수 있었다.

무통법 표준 (無痛法)[무통뻡] 명 수술이나 기타 치료를 할 때 아프지 아니하게 처치하는 방법.

무통약 표준 (無痛藥)[무통냑] 명 수술이나 기타 치료를 할 때 환자가 통증을 느끼지 아니하도록 쓰는 약. 마취 약 따위가 있다.

묵지근하다 표준 ( )[묵찌근하다] 형 '무지근하다'의 경남 방언.

문더이 전북 ( )[ ] 명 '문둥이'의 방언.

문데이 강원 경북 전북 충청 ( )[ ] 명 '문둥이'의 방언.

문데이-벵 강원 ( )[ ] 명 '문둥병'의 방언.

문뎅이 강원 전남 ( )[ ] 명 '문둥이'의 방언.

문두이 강원 경상 전북 충청 ( )[ ] 명 '문둥이'의 방언.

문둥-벵 경남 ( )[ ] 명 '문둥병'의 방언.

문둥-병 표준 (문둥病)[문둥뼝] 명 '나병'을 낮잡아 이르는 말. 〈유〉나병(癩病) ¶문둥병 환자.

문둥-이 표준 ( )[문둥이] 명 '나환자'를 낮잡아 이르는 말. 〈유〉나-환자(癩患者), 나병-자(癩病者), 나병^환자(癩病患者), 나병^환자(癩病患者), 풍인(風人)

문뒤-이 강원 ( )[ ] 명 '문둥이'의 방언.

문뒤이-벵 강원 ( )[ ] 명 '문둥병'의 방언.

문디 경상 ( )[ ] 명 '문둥이'의 방언.

문디-떡다리 경북 ( )[ ]몡 '문둥이'의 방언.

문디이 경남 ( )[ ]몡 '문둥이'의 방언.

문딩이 강원 경남 전라 충청 ( )[ ]몡 '문둥이'의 방언.

문딩이 제주 ( )[ ]몡 '문둥이'의 방언.

문떨 충북 ( )[ ]몡 '문둥이'의 방언.

문-상 경남 ( )[ ]몡 '문둥이'의 방언.

문애-대가리 강원 ( )[ ]몡 '대머리'의 방언.

물-마누라 제주 ( )[ ]몡 '수두'의 방언. ¶띠무술의 원인은 물마누라 원인ㅎ곡
   같아마씀.(대상포진의 원인은 수두의 원인과 같습니다.)

물먹는-빙 제주 ( )[ ]몡 '말라리아, 학질'의 방언.

물미 경상 ( )[ ]몡 '멀미'의 방언.

물미-약 경남 ( )[ ]몡 '멀미약'의 방언.

물미-하다 경남 ( )[ ]동 '멀미하다'의 방언.

물-버듬 전북 충남 ( )[ ]몡 '진버짐'의 방언.

물버즘 제주 ( )[ ]몡 '진버짐'의 방언.

물-버짐 ( )[ ]몡 '진버짐'의 방언.

물버짐 경기 전라 제주 ( )[ ]몡 '진버짐'의 방언. ¶물버짐 걸린 발을 박ㅎ게 굴민
   고셍이라.(진버짐 걸린 발을 박하게 굴면 고생이다.) 〈제주〉

물사마귀 표준 ( )[ ]몡 살가죽에 밥알만 하게 돋은 군살. 주로 어린아이에게 많
   으며 전염된다. 〈유〉무사마귀 ¶손가락에 물사마귀가 생기다/눈 주변에 물
   사마귀가 났다./입술 한쪽에 커다란 물사마귀가 있고, 불그레한 얼굴에는
   땀이 흐르고 있었다.

물-써다 경남 ( )[ ]동 '물켜다'의 방언.

물-쓰다 전남 ( )[ ]동 '물켜다'의 방언.

물-씨다 경남 ( )[ ]동 '물켜다'의 방언.

물-오리 경기 ( )[ ]몡 '멀미'의 방언.

물-젖 표준 ( )[물젇]명 농도가 묽어서 영양이 적은 젖. 〈참〉찰-젖

물켜다 표준 ( )[물켜다]동 물을 한꺼번에 많이 마시다. ¶벌컥벌컥 물켜는 소리.

뭉갈-뭉갈 제주 ( )[ ]부 '뒤뚱뒤뚱'의 방언.

뭉갈뭉갈ᄒ다 제주 ( )[ ]동 '뒤뚱뒤뚱하다'의 방언.

뭉글거리다 표준 ( )[ ]동 (사람의 속이) 먹은 것이 잘 삭지 않아 가슴에 뭉치어 있는 듯한 느낌이 자꾸 들다. 〈유〉뭉글대다 〈참〉뭉클거리다, 몽글거리다 ¶밥을 급하게 먹었더니 속이 뭉글거린다.

뭉글하다 표준 ( )[ ]형 (사람의 속이) 먹은 것이 잘 삭지 않아 가슴에 뭉치어 있는 듯한 느낌이 있다. ¶밥을 먹자마자 버스를 탔더니 속이 뭉글하다.

뭉디이 경북 ( )[ ]명 '문둥이'의 방언.

뭉딩-이 경상 ( )[ ]명 '문둥이'의 방언.

뭉알-뭉알 제주 ( )[ ]부 '뒤뚱뒤뚱'의 방언.

뭉알뭉알ᄒ다 제주 ( )[ ]동 '뒤뚱뒤뚱하다'의 방언.

뭉치다 표준 ( )[뭉치다]동 고민, 울화, 슬픔 따위가 마음속에 맺히다. 〈참〉몽치다 ¶내 마음에 뭉친 한을 풀어야 편히 눈감을 수 있겠다.

뭉클거리다 표준 ( )[ ]동 (사람의 속이) 먹은 것이 잘 삭지 않아 가슴에 몹시 뭉치어 있는 듯한 느낌이 자꾸 들다. 〈유〉뭉클대다 〈참〉뭉글거리다, 몽클거리다 ¶오랜만에 과식을 해서 속이 놀랐는지 뭉클거리고 영 입맛이 없네.

뭉클대다 표준 ( )[ ]동 (사람의 속이) 먹은 것이 잘 삭지 않아 가슴에 몹시 뭉치어 있는 듯한 느낌이 자꾸 들다. 〈유〉뭉클거리다 〈참〉뭉글대다, 몽클대다

뭉클하다 표준 ( )[ ]형 (사람의 속이) 먹은 것이 잘 삭지 않아 가슴이 몹시 뭉치어 있는 듯한 느낌이 있다. 〈참〉뭉글하다, 몽클하다 ¶저녁 먹은 것이 아직 뭉클한 채 남아 있다.

미나리-새미 경북 ( )[ ]명 '며느리고금'의 방언.

미나리-심 경남 ( )[ ]명 '며느리고금'의 방언.

미느리-심 경상 ( )[ ]명 '며느리고금'의 방언.

미릉골통 표준 (眉稜骨痛)[ ]명 두통의 하나. 눈 위의 눈썹이 난 부위가 아픈 증상이다. ¶스트레스로 인한 어지럼증은 화병처럼 가슴이 답답하고 눈썹 주변이 지끈지끈 아픈 미릉골통을 수반하게 된다.

미서껍다 경남 ( )[ ]형 '메스껍다'의 방언.

미서끄럽다 전라 ( )[ ]형 '메스껍다'의 방언.

미숙-미숙 제주 ( )[ ]부 '메슥메슥'의 방언.

미숙미숙ᄒ다 제주 ( )[ ]동 '메슥메슥하다'의 방언.

미스껍다 경상 전라 충청 ( )[ ]형 '메스껍다'의 방언.

미슥-거리다 충청 ( )[ ]동 '메슥거리다'의 방언.

미승-거리다 경남 ( )[ ]동 '메슥거리다'의 방언.

미승-대다 경남 ( )[ ]동 '메슥대다'의 방언.

미승-미승 경남 ( )[ ]부 '메슥메슥'의 방언.

미승미승-하다 경남 ( )[ ]동 '메슥메슥하다'의 방언.

미시껍다 경상 ( )[ ]형 '메스껍다'의 방언.

미식거리다 표준 ( )[미식꺼리다]동 '메슥거리다'의 비표준어

미식-기리다 전남 ( )[ ]동 '메슥거리다'의 방언.

미식대다 표준 ( )[미식때다]동 '메슥대다'의 비표준어

미식-대다 경남 ( )[ ]동 '메슥대다'의 방언.

미식-미식 전남 ( )[ ]부 '메슥메슥'의 방언.

미식미식하다 표준 ( )[미싱미시카다]형 '메슥메슥하다'의 비표준어

미식미식-허다 전남 ( )[ ]동 '메슥메슥하다'의 방언. ¶속이 미식미식헝께 거시춤이 나오구먼.(속이 메슥메슥하니까 거위침이 나오는구먼.)

미싱-거리다 경남 ( )[ ]동 '메슥거리다'의 방언. ¶속이 미싱거리서 손으로 입을 막고 밖으로 띠나갔다.(속이 메슥거려서 손으로 입을 막고 밖으로 뛰어나갔다.)

미싱-기리다 경남 ( )[ ] 동 '메슥거리다'의 방언.

미싱-대다 경남 ( )[ ] 동 '메슥대다'의 방언.

미싱-미싱 경남 ( )[ ] 부 '메슥메슥'의 방언.

미싱미싱-하다 경남 ( )[ ] 동 '메슥메슥하다'의 방언.

미싱-하다 경남 ( )[ ] 형 '메스껍다'의 방언.

미추갱-이 전라 ( )[ ] 명 '미치광이'의 방언.

미추과-이 경상 ( )[ ] 명 '미치광이'의 방언.

미추다 제주 ( )[ ] 동 '미치다'의 방언.

미춘강-이 전라 ( )[ ] 명 '미치광이'의 방언.

미춘광-이 경상 ( )[ ] 명 '미치광이'의 방언.

미취개-이 전라 ( )[ ] 명 '미치광이'의 방언.

미치개-이 강원 ( )[ ] 명 '미치광이'의 방언.

미치갱-이 강원 경북 전남 ( )[ ] 명 '미치광이'의 방언.

미치과-이 강원 ( )[ ] 명 '미치광이'의 방언.

미치광이 표준 ( )[미치광이] 명 정신에 이상이 생겨 말과 행동이 보통 사람과
　　다른 사람을 낮잡아 이르는 말. 〈유〉광인(狂人), 광자(狂者), 난인(亂人), 미
　　친-놈 〈참〉매치-광이

미치갱-이 제주 ( )[ ] 명 '미치광이'의 방언.

미치굉-이 강원 ( )[ ] 명 '미치광이'의 방언.

미치다 표준 ( )[미치다] 동 정신에 이상이 생겨 말과 행동이 보통 사람과 다르
　　게 되다. 〈참〉매치다 ¶그녀는 전쟁 통에 어린 자식을 잃고는 끝내 미치고
　　말았다.

미친-개이 경남 ( )[ ] 명 '미치광이'의 방언.

미친-갱이 경상 ( )[ ] 명 '미치광이'의 방언.

미친굉-이 경북 ( )[ ] 명 '미치광이'의 방언.

미친-년 표준 ( )[미친년] 명 정신에 이상이 생긴 여자를 욕하여 이르는 말.

미친-배기 전남 ( )[ ]**명** '미치광이'의 방언.

민-다리깨 전남 ( )[ ]**명** '다래끼'의 방언.

민둥-바구 전남 ( )[ ]**명** '대머리'의 방언.

민들-바구 전남 ( )[ ]**명** '내려리'의 방인.

민들-바우 전남 ( )[ ]**명** '대머리'의 방언.

밀어-먹다 제주 ( )[ ]**동** '긁히다'의 방언

밍 경남 ( )[ ]**명** '명'의 방언.

한국어 질병 표현 어휘 사전 Ⅴ

ㅂ

ㅂ뜬지침 제주 ( )[ ]명 '밭은기침'의 방언. ¶그 집이서 딴 소린 안 나곡 할망 바뜬지침 소리만 들립디다.(그 집에서 다른 소리는 안 나고 할머니 밭은기침 소리만 들리더군요.)

봉봉이 제주 ( )[ ]명 불평이나 잔소리를 잘하는 사람을 낮잡아 이르는 말. ¶상봉인 방방이라부난 가치 잇이믄 짜증나마씨.(상봉이는 불평이나 잔소리를 잘하는 사람이라서 같이 있으면 짜증나요.)

바누리 경남 ( )[ ]명 '애꾸'의 방언.

바람 경남 ( )[ ]명 '열꽃'의 방언.

바람머리 표준 ( )[ ]명 바람만 불면 머리가 아픈 증세.

바른-버짐 충남 ( )[ ]명 '버짐'의 방언.

박조 경북 ( )[ ]명 '곰보'의 방언.

반-다레끼 강원 ( )[ ]명 '다래끼'의 방언.

반-버머리 전남 ( )[ ]명 '반벙어리'의 방언.

반-버버리 강원 경상 전라 충북 ( )[ ]명 '반벙어리'의 방언. ¶시집가면 그때부텀 반버버리인 기라.(시집가면 그때부터 반벙어리인 것이야.)〈경남〉

반-버부리 경남 ( )[ ]명 '반벙어리'의 방언.

반-벙어리 표준 (半벙어리)[반ː벙어리]명 발음 기관에 이상이 있어 남이 잘 알아듣지 못하게 말을 하는 사람.〈유〉얼-벙어리 ¶너는 왜 분명하게 소리 내지 않고 반벙어리처럼 말을 하니?

반-벙치 강원 ( )[ ]명 '반벙어리'의 방언.

반-벵신 제주 ( )[ ]명 '반병신'의 방언.

반-병신 표준 (半病身)[반ː병신]명 몸이 완전하지 못하여 제대로 움직일 수 없는 사람. ¶그는 교통사고로 반병신이 됐다.

반-봉새 강원 ( )[ ]명 '애꾸'의 방언.

반-봉어리 전북 ( )[ ]명 '반벙어리'의 방언.

반-부칭이 충북 ( )[ ]명 '반벙어리'의 방언.

반-빙시이 경남 ( )[ ] 몡 '반병신'의 방언.

반-빙신 제주 ( )[ ] 몡 '반병신'의 방언. ¶경찰서에 끌려갓당 반빙신이 뒈영 나왓덴 ᄒ 여라.(경찰서에 끌려갔다가 반빙신이 되어서 나왔다고 하더라.)

반-의사 표준 (半醫士)[바늬사/바니사] 몡 의학 상식이 넓어 어느 정도의 의사 구실을 하는 사람을 이르는 말.

반-이사 경남 ( )[ ] 몡 '반의사'의 방언.

반-죽음 표준 (半죽음)[반주금] 몡 거의 죽게 됨. 또는 그런 상태. 〈유〉반사(半死), 빈사(瀕死), 초벌-죽음(初벌죽음) ¶반죽음을 당하다.

반표반리증 표준 (半表半裏症)[반:표발리쯩] 몡 병이 생긴 부위가 겉과 속의 중간에 있는 증상. 한열왕래가 일어나고 가슴과 옆구리가 아프며 마음이 초조하고 메스꺼우며 식욕이 부진하고 목이 마른다.

발촐레기 제주 ( )[ ] 몡 '절뚝발이'의 방언.

발-촐레기 제주 ( )[ ] 몡 '절뚝발이'의 방언.

발한증 표준 (發汗症)[발한쯩] 몡 땀이 지나치게 많이 나는 증상. 당뇨병·임신·갱년기 장애 따위로 인하여 온몸에 땀이 많이 나는 전신성과, 일시적인 흥분·긴장·공포 따위로 손·발·겨드랑이·이마·콧등 따위에 땀이 나는 국한성이 있다. 〈유〉땀 과다증 ¶갱년기의 대표적 증상이 바로 상열감에 의한 안면 홍조이고 특징은 안면 홍조와 발한증이 같이 발생한다는 점이다.

밥지리 전남 ( )[ ] 몡 '벙어리'의 방언.

밭다 표준 ( )[받따] 동 몸에 살이 빠져서 여위다. ¶환자는 살이 밭고 힘이 없어 보였다.

밭은-기침 표준 ( )[바튼기침] 몡 병이나 버릇으로 소리도 크지 아니하고 힘도 그다지 들이지 않으며 자주 하는 기침. 〈참〉마른-기침, 젖은-기침

밭은-지침 강원 ( )[바튼지침] 몡 '밭은기침'의 방언.

밭장-다리 표준 ( )[받짱다리] 몡 두 발끝이 바깥쪽으로 벌어진 다리. 또는 바깥쪽으로 벌어지게 걷는 사람.

배 경남 ( )[ ]명 '부아'의 방언.

배기다 전라 ( )[ ]동 (얼음이나 근육이) 뭉쳐서 묵직한 느낌이 나다.

배냇-병신 표준 (배냇病身)[배낻뼁신/배내뼁신]명 '선천 기형'을 낮잡아 이르는 말.

배냇-빙신 강원 ( )[배낻뼁신]명 '배냇병신'의 방언.

배냇-웃음 강원 ( )[배내두슴]명 '배냇짓'의 방언.

배냇-짓 표준 ( )[배낻찓/배내찓]명 갓난아이가 자면서 웃거나 눈, 코, 입 따위를 쫑긋거리는 짓. ¶아이는 이따금 배냇짓을 하면서 천사같이 자고 있었다.

배-몰미 경남 전남 ( )[ ]명 '뱃멀미'의 방언.

배-물미 경남 ( )[ ]명 '뱃멀미'의 방언. ¶배물미가 심해서 섬 배껕에 나가 본 적이 한 분도 없대이.(뱃멀미가 심해서 섬 바깥에 나가 본 적이 한 번도 없다.)

배실 경북 ( )[ ]명 '홍역'의 방언.

배쏙-짓 경남 ( )[ ]명 '배냇짓'의 방언.

배안잇-숭물 제주 ( )[ ]명 '배냇병신'의 방언. ¶요샌 벵원에서 검사덜 허영 나곡 헨쭈마는 옛날사 배인잇숭물이라도 알아섯어게?(요새는 병원에서 검사들 해서 낳고 하지마는 옛날이야 배냇병신이라도 알 수 있었겠니?)

배앓이 표준 ( )[배아리]명 배를 앓는 병. 또는 배에 탈이 나서 아픔을 느끼는 일. 〈유〉복통 ¶배앓이는 음식물이 상하기 쉬운 여름철에 흔하다./사기그릇을 깨듯 난장질을 치며 쑤셔 대는 배앓이로 금세 눈앞이 캄캄했다./잠자던 아이가 배앓이를 하고 구역질을 하면서 쉴 새 없이 설사를 했다.

배접 제주 ( )[ ]명 '생인손'의 방언.

배접 경기 ( )[ ]명 '다래끼'의 방언.

배접 제주 ( )[ ]명 '생인손'의 방언.

배즈 강원 ( )[ ]명 '다래끼'의 방언.

배쩍 강원 ( )[ ]부 '버쩍'의 방언. ¶옆집 츠녀는 몸이 너머 배쩍 말랐드라.(옆집

처녀는 몸이 너무 버쩍 말랐더라.)

배창시 전라 ( )[ ]명 '배창자'의 방언.

배치 경북 ( )[ ]명 '다래끼'의 방언.

배통 표준 (背痛)[배:통-]명 가슴막염, 폐결핵 따위로 등이 심하게 아픈 증상. 폐에 병이 생기면 숨이 차고 기침이 나며 기(氣)가 치밀어 오르고 어깨와 등이 아프며 땀이 난다. 또 사기(邪氣, 병이 나게 하는 나쁜 기)가 신(腎, 신장)에 있으면 어깨와 등과 목이 아프다.

백-버짐 전남 ( )[ ]명 '마른버짐'의 방언.

백해구통 표준 (百骸俱痛)[배캐구통-]명 온몸이 아프지 않은 곳이 없이 다 아픔.

백해구통하다 표준 (百骸俱痛하다)[배캐구통하다]형 온몸이 아프지 않은 곳이 없이 다 아프다.

뱃-멀미 표준 ( )[밴멀미]명 배를 탔을 때 어지럽고 메스꺼워 구역질이 나는 일. 또는 그런 증세. 〈유〉선취(船醉), 선훈(船暈), 수질(水疾) 〈참〉땅 멀미 ¶뱃멀미가 나다.

버검 강원 ( )[ ]명 '버짐'의 방언.

버꺼지 경남 전남 ( )[ ]명 '대머리'의 방언.

버꾸 경북 ( )[ ]명 '벙어리'의 방언.

버덤 충남 ( )[ ]명 '버짐'의 방언.

버드름 충남 ( )[ ]명 '버짐'의 방언.

버듬 경기 전북 충청 ( )[ ]명 '버짐'의 방언.

버딤 전북 ( )[ ]명 '버짐'의 방언.

버리 전남 ( )[ ]명 '벙어리'의 방언.

버리 제주 ( )[ ]명 '옴'의 방언.

버머리 전남 ( )[ ]명 '벙어리'의 방언.

버바리 강원 ( )[ ]명 '벙어리'의 방언.

버버리 강원 경상 전라 제주 충북 ( )[ ]명 '벙어리'의 방언.

버벙치 전남 ( )[ ]명 '벙어리'의 방언.

버부레이 경상 ( )[ ]명 '벙어리'의 방언.

버부렝이 경상 ( )[ ]명 '벙어리'의 방언.

버부리 경남 ( )[ ]명 '벙어리'의 방언.

버부어리 제주 ( )[ ]명 '벙어리'의 방언.

버섯 제주 ( )[ ]명 주로 노인의 살갗에 생기는 거무스름한 얼룩.

버심 경남 ( )[ ]명 '버짐'의 방언.

버어리 경북 ( )[ ]명 '벙어리'의 방언.

버점 강원 경상 전남 ( )[ ]명 '버짐'의 방언. ¶버점은 허옇기 일어나는 것도 있고 자꾸 번지 나가는 것도 있어여.(버짐은 허옇게 일어나는 것도 있고 자꾸 번져 나가는 것도 있어요.)

버점-약 경남 ( )[ ]명 '버짐약'의 방언.

버좀 제주 ( )[ ]명 '버짐'의 방언.

버즘 강원 경남 제주 ( )[ ]명 '버짐'의 방언.

버지미 강원 ( )[ ]명 '버심'의 방언.

버짐 표준 ( )[버짐]명 백선균에 의하여 일어나는 피부병. 마른버짐, 진버짐 따위가 있는데 주로 얼굴에 생긴다. 〈유〉선창(癬瘡) ¶버짐이 피다.

버짐-약 표준 (버짐藥)[ ]명 버짐이나 무좀 따위의 피부병을 치료하는 물약. 살리실산, 글리세린, 알코올 따위가 들어 있다.

버짐-약 표준 (버짐藥)[버짐냑]명 버짐이나 무좀 따위의 피부병을 치료하는 물약. 살리실산, 글리세린, 알코올 따위가 들어 있다.

버짜 전북 ( )[ ]명 '벙어리'의 방언.

버짝 제주 ( )[ ]부 '버쩍'의 방언. ¶돈 일러부난 그때사 정신이 버짝 들언.(돈 잃어버려서 그때야 정신이 버쩍 들었어.)

버쩍 표준 ( )[버쩍]부 몸이 몹시 마른 모양. ¶제아무리 살이 쪘어도 좋지 않은 소가 있고 버쩍 여위었어도 훌륭한 소가 있다.

버찌르다 제주 ( ) [ ] 동 '어지럽히다'의 방언.

버찔르다 제주 ( ) [ ] 동 '어지럽히다'의 방언.

벅적지근하다 표준 ( ) [벅쩍찌근하다] 형 몸이 뻐근하게 아픈 느낌이 있다. ¶어제 체육 시간에 오래달리기를 해서 다리가 벅적지근하다.

번갈 표준 ( ) [ ] 명 가슴이 답답하고 열이 나며 목이 마르는 증상.

번들-개 강원 ( ) [ ] 명 '대머리'의 방언.

벌-거리 강원 경기 충북 ( ) [ ] 명 '볼거리'의 방언.

벌보 경북 ( ) [ ] 명 '벙어리'의 방언.

벌-앓이 충북 ( ) [ ] 명 '볼거리'의 방언.

범버리 전남 충북 ( ) [ ] 명 '벙어리'의 방언.

범-버섯 경북 ( ) [ ] 명 '마른버짐'의 방언.

법딩 경상 ( ) [ ] 명 '벙어리'의 방언.

법딩이 경남 ( ) [ ] 명 '벙어리'의 방언.

법버 경남 ( ) [ ] 명 '벙어리'의 방언.

법보 경남 ( ) [ ] 명 '벙어리'의 방언.

법자 경상 ( ) [ ] 명 '벙어리'의 방언.

벗거지 경남 ( ) [ ] 명 '대머리'의 방언.

벗거-지다 경남 ( ) [ ] 동 '벗어지다'의 방언. ¶오래 걸었더만 발이 붓어서 신이 잘 안 벗거진다.(오래 걸었더니만 발이 부어서 신이 잘 안 벗어진다.)

벗거징이 경남 ( ) [ ] 명 '대머리'의 방언.

벗겨-지다 표준 ( ) [벋껴지다] 동 피부나 거죽 따위가 일어나 속이 드러나게 되다. ¶살갗이 벗겨지다./아들아이가 돌부리에 걸려 넘어지면서 무릎이 벗겨졌다.

벗보 경남 ( ) [ ] 명 '벙어리'의 방언.

벗어-배기 전라 ( ) [ ] 명 '대머리'의 방언.

벗어-지다 표준 ( )[버서지다]동 피부나 거죽 따위가 깎이거나 일어나다. ¶넘어져서 무릎이 벗어졌다./책상 모서리에 부딪혀 살갗이 벗어지고 피가 났다.

벙남 경기 ( )[ ]명 '마른버짐'의 방언.

벙납 경기 ( )[ ]명 '마른버짐'의 방언.

벙어리 표준 ( )[벙어리]명 '언어 장애인'을 낮잡아 이르는 말. 〈유〉아자(啞子/啞者), 언어^장애인(言語障礙人)

벙치 강원 충남 ( )[ ]명 '벙어리'의 방언.

베 골르다 제주 ( )[ ]동구 배를 곯다.

베실 경남 ( )[ ]명 '손님마마'의 방언.

베실 전남 ( )[ ]명 '천연두'의 방언.

베안엣-빙신 제주 ( )[ ]명 '배냇병신'의 방언.

베안잇-벵신 제주 ( )[ ]명 '배냇병신'의 방언.

베적 제주 ( )[ ]명 '생인손'의 방언. ¶우리 아덜 손에 베적이 생견 아플키여.(우리 아들 손에 생인손이 생겨서 아프겠네.)

베접 제수 ( )[ ]명 '생인손'의 방언.

베짐 전북 ( )[ ]명 '버짐'의 방언.

베짜 전남 ( )[ ]명 '벙어리'의 방언.

베찜 충남 ( )[ ]명 '버짐'의 방언.

베 훌트다 제주 ( )[ ]동구 배를 앓다.

벡랍 제주 ( )[ ]명

벡-버즘 제주 ( )[ ]명 '마른버짐'의 방언.

벤비 강원 경남 ( )[ ]명 '변비'의 방언.

벤비-약 경남 ( )[ ]명 '변비약'의 방언.

벨세 경남 ( )[ ]명 '별세'의 방언.

벨세-하다 경남 ( )[ ]동 '별세하다'의 방언.

벳기-지다 경남 ( )[ ]동 '벗겨지다'의 방언.

벳-버줌 제주 ( )[ ]명 '마른버짐'의 방언.

벳-버즘 제주 ( )[ ]명 '마른버짐'의 방언.

벵 제주 ( )[ ]명 '병'의 방언. ¶사름 사는디 벵이 흔두 가지우꽈.(사람 사는 데 병이 한두 가지입니까?)/벵을 고치멍 ㅇ든도 살곡 백도 살곡 ㅎ는 거난 양, 살마니 살아시메 이제만이 날 불러줍센 웨 울르지 말곡.(병을 고치면 여든 살도 살고 백 살까지도 살고 하는 거니 살 만큼 살았으니 이제는 날 불러달라고 소리치지 말고.)

벵-걸리다 경남 ( )[ ]동 '병들다'의 방언.

벵-들다 제주 ( )[ ]동 '병들다'의 방언.

벵-문안 경남 ( )[ ]명 '병문안'의 방언.

벵문안-하다 경남 ( )[ ]동 '병문안하다'의 방언.

벵신 경남 ( )[ ]명 '병신'의 방언.

벵언 전남 ( )[ ]명 '병원'의 방언.

벵온 경남 ( )[ ]명 '병원'의 방언.

벵완 제주 ( )[ ]명 '병원'의 방언. ¶요샌 ㅎ꼼 ㅎ민 벵완으로 들암쭈마는 옛날사 벵완이 어디 서?(요새는 조금만 하면 병원으로 달리지마는 옛날이야 병원이 어디 있어?)

벵운 경남 ( )[ ]명 '병원'의 방언.

벵원 강원 경기 경상 전남 ( )[ ]명 '병원'의 방언. ¶벵원에 열씨미 댕기야 병이 쌔기 낫는데이.(병원에 열심히 다녀야 병이 빨리 낫는다.)〈경북〉

벵은 경남 ( )[ ]명 '병원'의 방언.

벵이 경남 ( )[ ]명 '병'의 방언.

벵-잽이 전남 ( )[ ]명 '의사'의 방언.

벵-치리 경남 ( )[ ]명 '병치레'의 방언. ¶아가 몸이 약해가 벵치리도 잦고 지 엄마 애 마이 믹있다.(아이가 몸이 약해서 병치레도 잦고 제 엄마 애 많이 먹였다.)

벵치리-하다 경남 ( )[ ]동'병치레하다'의 방언.

벼락 두통 표준 (벼락頭痛)[ ]명구 질병으로 인해 갑자기 발생하는 매우 심한 두
통. ¶평소와 다른 매우 큰 두통이 갑자기 발생하는 '벼락 두통'이 나타난다
면, 뇌동맥류 때문에 나타나는 증상일 수 있다.

변두통 표준 (邊頭痛)[변두통]명 '편두통'을 한방에서 이르는 말. 〈유〉변두-풍
(邊頭風)

변비 표준 (便秘)[변비]명 대변이 대장 속에 오래 머물러 있고, 잘 누어지지 아
니하는 병. 〈유〉변비-증(便祕症) ¶변비가 심하다./변비가 있다.

변비-약 표준 (便秘藥)[변비약]명 대변이 잘 나오지 않거나 배변이 드물 때 쓰
는 약.

변통 표준 (便痛)[변통]명 대변을 볼 때 통증이 있는 증상. ¶그래서 너나없이
상습 변비증세에 걸리기 쉬운데 변비에 걸린 사람들에게는 특히 섬유질은
단순히 변통을 도울 뿐만 아니라, 장 속의 독소를 흡수하여 배설시키는 신
비한 역할까지 한다고 한다.

별세 표준 (別世)[별쎄]명 윗사람이 세상을 떠남. 〈유〉기세(棄世) 〈참〉서서
(逝去), 운명(殞命) ¶조부모님의 별세를 알리는 전보가 왔다.

별세-하다 표준 (別世하다)[별쎄하다]동 윗사람이 세상을 떠나다. 〈유〉기세-
하다(棄世하다) ¶은사께서 지병으로 별세하셨다.

병 표준 (病)[병ː]명 생물체의 전신이나 일부분에 이상이 생겨 정상적 활동이
이루어지지 않아 괴로움을 느끼게 되는 현상. 〈우〉병귀(病鬼), 병마(病魔),
병막(病瘼), 병증(病症), 이수(二竪) ¶병이 낫다./병이 중하다./병을 고치
다.

병-나다 표준 (病나다)[병ː나다]동 병이 생기다. ¶불규칙한 생활을 하면 병나
기가 쉽다./자네 그렇게 무리하다간 영락없이 병나겠구먼.

병-들다 표준 (病들다)[병ː들다]동 몸에 병이 생기다. ¶병든 몸./병든 나뭇잎.

병-문안 표준 (病問安)[병무난][명] 앓고 있는 사람을 찾아가서 병세를 알아보고 위안하는 일. 〈유〉문병(問病) ¶교통사고로 입원해 있는 친구의 병문안을 다녀왔다.

병문안-하다 표준 (病問安하다)[병무난하다][동] 앓고 있는 사람을 찾아가서 병세를 알아보고 위안하다. 〈유〉문병-하다(問病하다) ¶병원에 있는 친구를 병문안하고 돌아오는 길이다./선생님께서 편찮으시다니 한번 병문안하는 게 도리지만 시간이 나질 않는다.

병신 표준 (病身)[병:신][명] 신체의 어느 부분이 그 기능을 잃어버리거나 기능에 제약이 있는 상태 또는 그런 사람을 낮잡아 이르는 말.

병언 경북 ( )[ ][명] '병원'의 방언.

병원 표준 (病原/病源)[병:원][명] 병이 생겨난 근본적인 원인. 〈유〉병근(病根)

병원 표준 (病院)[병:원][명] 병자(病者)를 진찰, 치료하는 데에 필요한 설비를 갖추어 놓은 곳. ¶병원에 입원하다./교통사고를 당한 환자를 급히 병원으로 옮겼다.

병-잽이 전라 ( )[ ][명] '의사'의 방언. ¶중국서 사신이 나와 가지구서는 고산서 아주 잘 나스는 병잽이가 있다구, 그런 말을 중국서 듣구서는, 그 의사를 좀 불러오라구.(중국서 사신이 나와서 고산에 아주 잘 낫게 하는 의사가 있다고, 그런 말을 중국에서 듣고서는, 그 의사를 불러 오라고.)

병-치레 표준 (病치레)[병:치레][명] 병을 앓아 치러 내는 일. ¶병치레가 잦다./애가 병치레를 자주 하더니 성격이 예민해졌다.

병치레-하다 표준 (病치레하다)[병:치레하다][동] 병을 앓아 치러 내다. ¶병치레하느라 얼굴이 홀쭉해졌다./어린아이는 병치레하면서 크는 법이다.

병통 표준 (病痛)[병:통][명] 병으로 인한 아픔. ¶포교승의 말로가 6신통(六神通) 대신 6병통(六病通)이 된다는 말, 다시 새겨 보며 여섯 가지 병통을 모두 다 지니고 병원에서 아니, 길거리에서 쓰러진다 해도 포교승답게 살다 가리라고 다짐해 본다.

병환 표준 (病患)[ ]똉 병의 높임말. ¶어머님의 병환을 고치다./할머니께서 병
환에 걸리셨다./어머니가 병환으로 누웠으니 오라고 한 편지도 아주 거짓
은 아니었다.

보굴 경남 ( )[ ]똉 '골'의 방언.

보굴-나다 경남 ( )[ ]똥 '골나다'의 방언.

보굴-묵다 경남 ( )[ ]똥 골이 나도록 부아가 돋다 ¶아가 어찌나 깐죽거리는지
보굴무서 죽는 주 알았다.(애가 어찌나 깐죽거리는지 골이 나도록 부아가 돋
아서 죽는 줄 알았다.)

보굴-믹이다 경남 ( )[ ]똥 골이 나도록 부아를 돋우다 ¶니는 아침부터 와 가마
이 있는 사람 보굴믹이고 그라노?(너는 아침부터 왜 가만히 있는 사람 골이
나도록 부아를 돋우고 그러니?)

보깨다 표준 ( )[보깨다]똥 먹은 것이 소화가 잘 안 되어 속이 답답하고 거북하
게 느껴지다. ¶어제저녁 내내 속이 보깨어 혼났다./"괜찮습니다. 아침에 무
어 좀 먹은 것이 보깨는 듯합니다." 하고 얼른 변명을 한다.

보대끼다 표준 ( )[보대끼다]똥 (사람이) 탈이 나서 뱃속이 몹시 쓰리거나 울렁
울렁하다. ¶속이 보대껴 식사를 못 했다./먹은 것이 체했는지 보대껴.

보듬 강원 경기 전남 충청 ( )[ ]똉 '버짐'의 방언.

보름-백이 경기 충청 ( )[ ]똉 '애꾸'의 방언.

보리-문디 경북 ( )[ ]똉 '문둥이'의 방언.

보리-문딩이 경남 ( )[ ]똉 '문둥이'의 방언.

보사 경남 ( )[ ]똉 '봉사'의 방언.

보여다 제주 ( )[ ]톙 '보얗다'의 방언. ¶눈도 보영 잘 듣도 못ㅎ멍 무싱거엔 고
람시카부덴 귀 자울리곡.(눈도 보얗고 잘 듣지도 못하고 무어라고 말시키면
귀를 기울이고.)

보오 경남 ( )[ ]똉 '보호'의 방언.

보오-자 경남 ( )[ ]똉 '보호자'의 방언.

보짐 강원 경기 ( )[ ]명 '버짐'의 방언.

보타-지다 전남 ( )[ ]형 '저리다'의 방언.

보타-지다 전남 ( )[ ]동 '밭다'의 방언.

보탄-지침 경남 ( )[ ]명 '밭은기침'의 방언.

보투다 전남 ( )[ ]동 '밭다'의 방언.

보트다 전남 ( )[ ]동 '밭다'의 방언.

보튼-지침 전남 ( )[ ]명 '밭은기침'의 방언.

보포레미 제주 ( )[ ]명 '뾰루지'의 방언.

보프레미 제주 ( )[ ]명 '부스럼'의 방언.

보호 표준 (保護)[보ː호]명 위험이나 곤란 따위가 미치지 아니하도록 잘 보살
    펴 돌봄. ¶보호를 받다./중소기업의 보호가 시급하다.

보호-자 표준 (保護者)[보ː호자]명 어떤 사람을 보호할 책임을 가지고 있는 사
    람. ¶환자의 보호자.

복통 제주 ( )[ ]명 '화'의 방언.

복통 표준 (腹痛)[복통]명 복부에 일어나는 통증을 통틀어 이르는 말. 〈유〉배
    앓이 ¶복통이 심해서 움직일 수가 없다./무얼 잘못 먹었는지 갑자기 복통
    이 일어났다.

복학 강원 ( )[보칵]명 '말라리아, 학질'의 방언.

본-니 경남 ( )[ ]명 의치가 아닌 본래의 이 ¶마이 썩었어도 본니를 살리서 치
    료하는 기 좋단다.(많이 썩었어도 의치가 아닌 본래의 이를 살려서 치료하는
    게 좋단다.)

본벵 제주 ( )[ ]명 '풍토병'의 방언. ¶60년대 제주사름한티 본벵이 하나씩 잇어
    나신디 그것이 기생충벵이라 낫수다.(60년대 제주사람한테 풍토병이 하나씩
    있었는데 그것이 기생충병이었습니다.)

본사 전북 ( )[ ]명 '봉사'의 방언.

본-숭물 제주 ( )[ ]명 '배냇병신'의 방언.

본-승 제주 ( )[ ]**명** '배냇병신'의 방언.

본치 제주 ( )[ ]**명** '상처'의 방언. ¶경ᄒ댄 ᄒ영 늡의 숭만 틀단 보민 본치 뒈어 마씀.(그렇다고 해서 남의 흉만 보다 보면 상처가 됩니다)

볼거리 표준 ( )[볼거리]**명** '유행성 이하선염'을 한방에서 이르는 말. 〈유〉유행 ^귀밑샘염(流行귀밑샘炎), 유행성^귀밑샘염(流行性귀밑샘炎), 유행성^이하 선염(流行性耳下腺炎), 자시(痄腮), 항아리-손님(缸아리손님)

볼-고리 강원 ( )[ ]**명** '볼거리'의 방언.

볼-땀 강원 ( )[ ]**명** '볼거리'의 방언.

볼-몸살 강원 ( )[ ]**명** '볼거리'의 방언.

볼-부리 경북 ( )[ ]**명** '볼거리'의 방언.

볼-부석 전남 ( )[ ]**명** '볼거리'의 방언.

볼-부스레기 전남 ( )[ ]**명** '볼거리'의 방언.

볼-부시 경남 ( )[ ]**명** '볼거리'의 방언.

볼-부시기 경남 ( )[ ]**명** '볼거리'의 방언.

볼-치 경남 ( )[ ]**명** '볼거리'의 방언.

볼-치기 경남 ( )[ ]**명** '볼거리'의 방언.

볼태기-몸살 전남 ( )[ ]**명** '볼거리'의 방언.

봄부라치 전남 ( )[ ]**명** '뾰루지'의 방언.

봄부락지 전남 ( )[ ]**명** '뾰루지'의 방언.

봄부래기 전남 ( )[ ]**명** '뾰루지'의 방언.

봄부래치 전남 ( )[ ]**명** '뾰루지'의 방언.

봄부랭이 전남 ( )[ ]**명** '뾰루지'의 방언.

봉사 표준 ( )[봉:사]**명** '시각 장애인'을 낮잡아 이르는 말. 〈유〉맹안(盲眼), 맹 인(盲人), 맹자(盲者), 몽고(矇瞽), 소경, 시각^장애인(視覺障礙人), 실명-자 (失明者), 장님, 판수

봉새 강원 경상 전남 ( )[ ]**명** '봉사'의 방언.

봉서 제주 ( )[ ]몡 '봉사'의 방언.

봉소 경남 ( )[ ]몡 '봉사'의 방언.

봉시 제주 ( )[ ]몡 '봉사'의 방언.

봉어리 경기 전라 충북 ( )[ ]몡 '벙어리'의 방언.

봉오리 경기 ( )[ ]몡 '벙어리'의 방언.

뽙다 경남 ( )[ ]동 '밭다'의 방언.

뽙은-기침 전라 ( )[ ]몡 '밭은기침'의 방언.

뽙은-지침 전남 ( )[ ]몡 '밭은기침'의 방언.

뵈짐 충북 ( )[ ]몡 '버짐'의 방언.

부 경남 ( )[ ]몡 '부기'의 방언.

부기 표준 (浮氣)[부기]몡 부종(浮腫)으로 인하여 부은 상태. 부기가 오르다. 〈유〉종창(腫脹) ¶부기가 오르다./부기가 내리다./부기를 빼다.

부다듯하다 표준 ( )[부다드타다]형 (사람이나 그 몸이) 열이 나서 매우 뜨겁다. ¶감기가 들어서 몸이 부다듯하고 여기저기가 쑤신다.

부대끼다 표준 ( )[부대끼다]동 (사람이) 배 속이 크게 불편하여 쓰리거나 울렁울렁하다. ¶낮에 음식을 잘못 먹었는지 속이 부대껴서 하루 종일 혼났다.

부럼 전라 충남 ( )[ ]몡 '부스럼'의 방언.

부레 경북 ( )[ ]몡 '부아'의 방언.

부름 충남 ( )[ ]몡 '부스럼'의 방언.

부상-벵 경남 ( )[ ]몡 '부상병'의 방언.

부상-병 표준 (負傷兵)[부:상병]몡 전투나 임무 수행에서 몸에 상처를 입은 군인. 〈유〉상병(傷兵), 전상-병(戰傷兵) ¶부상병을 후송하다./전투가 치열해지면서 부상병이 늘어났다.

부수럼 강원 경기 경상 전남 제주 ( )[ ]몡 '부스럼'의 방언.

부수럼지 제주 ( )[ ]몡 '부스럼'의 방언.

부수레미 강원 경기 충북 ( )[ ]몡 '부스럼'의 방언.

부수룸 전남 ( )[ ]명 '부스럼'의 방언.

부수룸 전라 ( )[ ]명 '부스럼'의 방언.

부수름 경상 전라 ( )[ ]명 '부스럼'의 방언.

부수목 전북 ( )[ ]명 '부스럼'의 방언.

부순먹 전북 ( )[ ]명 '부스럼'의 방언.

부술먹 충남 ( )[ ]명 '부스럼'의 방언.

부술목 전북 ( )[ ]명 '부스럼'의 방언.

부숭물 충북 ( )[ ]명 '부스럼'의 방언.

부스러기 강원 충남 ( )[ ]명 '부스럼'의 방언.

부스럼 표준 ( )[부스럼]명 피부에 나는 종기를 통틀어 이르는 말. ¶부스럼 딱지./부스럼이 돋다./온몸에 부스럼이 나다.

부스럼지 제주 ( )[ ]명 '부스럼'의 방언.

부스레기 충남 ( )[ ]명 '부스럼'의 방언.

부스레미 제주 ( )[ ]명 '부스럼'의 방언.

부스렘 경북 전북 ( )[ ]명 '부스럼'의 방언.

부스롬 충남 ( )[ ]명 '부스럼'의 방언.

부스룸 경상 전라 충청 ( )[ ]명 '부스럼'의 방언.

부스름 경남 ( )[ ]명 '부스럼'의 방언.

부스름묵 충남 ( )[ ]명 '부스럼'의 방언.

부스리기 충남 ( )[ ]명 '부스럼'의 방언.

부스림 경북 ( )[ ]명 '부스럼'의 방언.

부슬검 충남 ( )[ ]명 '부스럼'의 방언.

부슬막 충남 ( )[ ]명 '부스럼'의 방언.

부슬먹 전북 충남 ( )[ ]명 '부스럼'의 방언.

부슬멕 전북 ( )[ ]명 '부스럼'의 방언.

부슬목 충남 ( )[ ]명 '부스럼'의 방언.

부슬묵 충청 ( )[ ]명'부스럼'의 방언.

부승몰 충남 ( )[ ]명'부스럼'의 방언.

부승무 전북 ( )[ ]명'부스럼'의 방언.

부시럼 경상 ( )[ ]명'부스럼'의 방언.

부시레기 전북 ( )[ ]명'부스럼'의 방언.

부시렘 강원 ( )[ ]명'부스럼'의 방언.

부시룸 경기 전라 충북 ( )[ ]명'부스럼'의 방언.

부시르미 강원 ( )[ ]명'부스럼'의 방언. ¶몸에 부시르미가 나서 개룹다.(몸에
부스럼이 나서 가렵다.)

부시름 강원 ( )[ ]명'부스럼'의 방언. ¶머리에 왜 그라 부시름이 많나?(머리에
왜 그렇게 부스럼이 많니?)

부시림 강원 충남 ( )[ ]명'부스럼'의 방언.

부시먹 전북 ( )[ ]명'부스럼'의 방언.

부실막 충남 ( )[ ]명'부스럼'의 방언.

부실먹 전북 충남 ( )[ ]명'부스럼'의 방언.

부실목 전북 충남 ( )[ ]명'부스럼'의 방언.

부실묵 전북 ( )[ ]명'부스럼'의 방언. ¶너 모욕 안 하면 부실목 난다닝께.(너 목
욕 안 하면 부스럼 난다니까.)

부아 표준 ( )[부아]명 가슴안의 양쪽에 있는, 원뿔을 반 자른 것과 비슷한 모
양의 호흡을 하는 기관. 〈유〉폐(肺), 폐부(肺腑), 폐장(肺臟), 허파

부아-통 표준 ( )[부아통]명'부아'를 속되게 이르는 말. ¶부아통이 터지다./부
아통을 삭이다./부아통이 치밀다.

부앙-단지 경남 ( )[ ]명'부항단지'의 방언.

부애 강원 경상 전남 ( )[ ]명'부아'의 방언. ¶니 빈둥거리는 거 보모 부애가 나서
몬 살겄다.(너 빈둥거리는 거 보면 부아가 나서 못 살겠다.)〈경남〉

부애-통 경남 ( )[ ]명'부아통'의 방언.

부야 전남 ( )[ ]명 '부아'의 방언. ¶성님, 부야가 날 일이라도 있으신게라우?(형님, 부아가 날 일이라도 있으신가요?)

부어-오르다 표준 ( )[부어오르다]동 살갗 따위가 부어서 부풀어 오르다. ¶눈이 부어오르다./얼굴이 부어오르다.

부어-터지다 표준 ( )[부어터지다]동 부풀어서 터지다.

부얼-거리다 충청 ( )[ ]동 '부어오르다'의 방언.

부에 제주 ( )[ ]명 '부아'의 방언.

부예 충남 ( )[ ]명 '부아'의 방언.

부-오르다 경남 ( )[ ]동 '부어오르다'의 방언.

부와 강원 ( )[ ]명 '부아'의 방언.

부와-통 강원 ( )[ ]명 '부아통'의 방언.

부왜 제주 ( )[ ]명 '부아'의 방언.

부으럼 제주 ( )[ ]명 '부스럼'의 방언.

부으럼지 제주 ( )[ ]명 '부스럼'의 방언.

부으레기 제주 ( )[ ]명 '부스럼'의 방언.

부으레미 제주 ( )[ ]명 '부스럼'의 방언.

부이 경남 ( )[ ]명 '부기'의 방언.

부인-벵 경남 ( )[ ]명 '부인병'의 방언.

부인-병 표준 (婦人病)[부인뼝]명 여성 생식 기관의 질환이나 여성 호르몬 이상으로 인한 병을 통틀어 이르는 말. 생식 기관의 결여, 발육 불량, 중복 자궁, 중복 질, 반음양과 같은 선천적인 병과 자궁 위치의 이상, 자궁 내막염, 자궁의 종양, 자궁 목관·난소 질환 같은 후천적인 병이 있다.

부저루 표준 ( )[ ]명 곪은 구멍의 언저리가 부어서 허는 병. 주로 목이나 겨드랑이 아래에 생긴다.

부-터지다 경남 ( )[ ]동 '부어터지다'의 방언.

부트다 경남 ( )[ ]형 '저리다'의 방언.

부푸레미 제주 ( )[ ]똉 '부스럼'의 방언.

부학 전남 ( )[ ]똉 '말라리아, 학질'의 방언.

부항-단지 표준 (附缸단지)[부 : 항딴지]똉 부항을 붙이는 데 쓰는 작은 단지. 〈유〉부항(附缸)

부해 강원 경기 경상 ( )[ ]똉 '부아'의 방언.

부화-버짐 경북 ( )[ ]똉 '기계총'의 방언.

부홰 강원 ( )[ ]똉 '부아'의 방언.

북도매기 제주 ( )[ ]똉 '부아'의 방언.

북두매기 제주 ( )[ ]똉 '부아'의 방언.

북부기 제주 ( )[ ]똉 '부아'의 방언.

분통 표준 (憤痛)[ ]똉 몹시 분하여 마음이 쓰리고 아픔. 또는 그런 마음. ¶분통이 터지다./분통을 삭이다./분통을 터뜨리다.

분통스럽다 표준 (憤痛스럽다)[분통스럽따]혱 몹시 분하여 마음이 쓰리고 아픈 데가 있다. ¶내 비록 뜻이 있어도 그 무리들을 다스려 바른 바 도리를 가르쳐 보려 해도 가진 힘 없음이 오직 분통스러울 따름이다./자신들의 농토를 동척에 빼앗기고 만 것도 억울한 판에 이주 온 일본인의 소작인이 되었다는 사실이 더욱 분통스러웠다.

불기 경남 ( )[ ]똉 '고자'의 방언.

불-부석 전남 ( )[ ]똉 '볼거리'의 방언.

불치-벵 경남 ( )[ ]똉 '불치병'의 방언.

불치-병 표준 (不治病)[불치뼝]똉 고치지 못하는 병. 〈참〉난병(難病), 난치-병(難治病) ¶불치병으로 죽은 아내./불치병을 치료하다./불치병을 앓다.

불-칼 경남 ( )[ ]똉 매우 급한 성질을 비유적으로 이르는 말 ¶아저씨가 성질이 불칼이라서 조심 안 하모 안 덴다.(아저씨가 성질이 매우 급한 성질이라서 조심하지 않으면 안 된다.)

붓다 표준 ( )[붇 : 따]동 살가죽이나 어떤 기관이 부풀어 오르다. ¶얼굴이 붓다./병으로 간이 붓다./절제한 부위에 암이 재발할 때 나타나는 증세는 절제한 쪽의 팔이 붓고 통증이 오는 것이다.

붓어-오르다 전남 ( )[ ]동 '부어오르다'의 방언.

붓어-터지다 전남 ( )[ ]동 '부어터지다'의 방언.

붕무르다 제주 ( )[ ]동 '부르트다'의 방언.

붕물다 제주 ( )[ ]동 '부르트다'의 방언.

붕에 경북 ( )[ ]명 '부아'의 방언.

브스룸 전라 ( )[ ]명 '부스럼'의 방언.

비게 충북 ( )[ ]명 '비듬'의 방언.

비김 전북 ( )[ ]명 '비듬'의 방언.

비누룩 전북 ( )[ ]명 '비듬'의 방언.

비눌 강원 충청 ( )[ ]명 '비듬'의 방언.

비덤 강원 ( )[ ]명 '비듬'의 방언.

비돔 제주 ( )[ ]명 '비듬'의 방언.

비둠 강원 경남 제주 ( )[ ]명 '비듬'의 방언.

비드마 경남 ( )[ ]명 '비듬'의 방언.

비듬 표준 ( )[비듬]명 살가죽에 생기는 회백색의 잔비늘. 특히 머리에 있는 것을 이른다. 〈유〉풍설(風屑) ¶비듬을 털다.

비듭 경기 ( )[ ]명 '비듬'의 방언.

비디미 강원 ( )[ ]명 '비듬'의 방언.

비딤 충남 ( )[ ]명 '비듬'의 방언.

비럼 경북 ( )[ ]명 '비듬'의 방언.

비름 강원 ( )[ ]명 '비듬'의 방언.

비리 제주 ( )[ ]명 '비루'의 방언.

비리 제주 ( )[ ]명 '옴'의 방언.

비리회성ᄒ다 제주 ( )[ ]동 비루에 걸렸다가 아무렇지 않게 살아나다. ¶옛날에

비리회성흔 사름이 잇어낫수다.(옛날에 비루에 걸렸다가 아무렇지 않게 살아난 사람이 있었습니다.)

비버리 경북 ( )[ ]명 '벙어리'의 방언.

비슬 경북 ( )[ ]명 '천연두'의 방언.

비슬 경북 ( )[ ]명 '비듬'의 방언.

비슴 경기 ( )[ ]명 '부스럼'의 방언.

비아 전남 ( )[ ]명 '부아'의 방언.

비애 전남 ( )[ ]명 '부아'의 방언.

비야 전남 ( )[ ]명 '부아'의 방언.

비영비영하다 표준 ( )[비영비영하다]형 (사람이) 병으로 몹시 야위어 기운이 없다. ¶비영비영하던 몸이 빠르게 회복되었다.

비운 경상 ( )[ ]명 '병원'의 방언.

비원 경북 ( )[ ]명 '병원'의 방언.

비점 전남 ( )[ ]명 '버짐'의 방언.

비접 전남 ( )[ ]명 '버짐'의 방언.

비즘 충남 ( )[ ]명 '비듬'의 방언.

비지 충북 ( )[ ]명 '비듬'의 방언.

비지미 강원 ( )[ ]명 '비듬'의 방언. ¶언나 머리캉에 허영 비지미가 많애요.(어린아이 머리카락에 허연 비듬이 많아요.)

비통 표준 (鼻痛)[비ː통]명 감기 때문에 코가 막히고 아픈 병.

비통 표준 (臂痛)[비ː통]명 팔이 저리거나 아픈 증상.

비통하다 표준 (悲痛하다)[비ː통하다]형 몹시 슬퍼서 마음이 아프다. ¶비통한 심정./비통한 얼굴./아버지는 비통한 목소리로 할머니의 운명을 사람들에게 알렸다.

빈대머리 경상 전라 ( )[ ]명 '대머리'의 방언.

빈속 통증 표준 (빈속痛症)[빈속통쯩]명구 배 속이 비었을 때 배의 윗부분, 특히 유문 부위에 느껴지는 통증. 식후 3~6시간이 지나서 오며 샘창자 궤양, 위염, 쓸개염 따위가 생겼을 때 많이 나타나는 증상이다.

빙 경북 ( )[ ]명 '병'의 방언.

빙-나다 제주 ( )[ ]동 '병나다'의 방언. ¶빙나도 옛날사 벵원이 서시카, 약이 졸바로 서시카, 그냥 춤앙 전뎌낫주.(병나도 옛날이야 병원이 있었을까, 약이 제대로 있었을까, 그냥 참고 견뎠었지.)

빙-들다 제주 ( )[ ]동 '병들다'의 방언. ¶빙들민 빙원에 가사주 전디민 뒈어?(병들면 병원에 가야지 견디면 되니?)

빙시 경북 ( )[ ]명 '병신'의 방언. ¶가가 빙시께네 그 구박을 참고 전디는 기라.(걔가 병신이니까 그 구박을 참고 견디는 거야.)

빙신 경북 ( )[ ]명 '병신'의 방언.

빙싱이 경남 ( )[ ]명 '병신'의 방언.

빙안 전남 ( )[ ]명 '병원'의 방언.

빙언 경북 ( )[ ]명 '병원'의 방언.

빙원 경북 전남 제주 충청 ( )[ ]명 '병원'의 방언. ¶몸이 아퍼서 빙원에 댕기왔니더.(몸이 아파서 병원에 다녀왔습니다.)〈경북〉

빙-치리 전남 ( )[ ]명 '병치레'의 방언.

빙-허다 전남 ( )[ ]동 '병치레하다'의 방언. ¶멫 년짜 빙허고 있는 사람헌티 놀러 가작 허믄 쓰겄냐?(몇 년째 병을 앓고 있는 사람한테 놀러 가자고 하면 되겠니?)

빠개지다 표준 ( )[빠개지다]동 (작고 단단한 물건이) 두 쪽으로 갈라지다.〈참〉뻐개지다 ¶머리가 빠개질 것처럼 아프다.

빠근하다 표준 ( )[빠근하다]형 (사람이나 몸, 근육 따위가) 몹시 피로하여 몸을 놀리기가 조금 거북하고 무지근하다.〈참〉뻐근하다 ¶몸이 빠근하여 오늘은 좀 일찍 들어갈게요./잠을 제대로 못 자서 목이 빠근하다.

빠까지 경북 ( )[ ]명 '대머리'의 방언.

빠꼬 전남 ( )[ ] 명 '곰보'의 방언.

빠꾸 전남 ( )[ ] 명 '곰보'의 방언.

빡-보 전남 충남 ( )[ ] 명 '곰보'의 방언.

빡빡-지 경북 ( )[ ] 명 '곰보'의 방언.

빡작지근하다 표준 ( )[빡짝찌근하다] 형 몸의 한 부분이 빠근하게 아픈 느낌이 있다. 〈참〉빡지근하다 ¶가슴이 빡작지근하다./온몸이 빡작지근하다./감기가 걸렸는지 목구멍이 빡작지근하게 아프다.

빡조 경북 ( )[ ] 명 '곰보'의 방언.

빡종 경상 ( )[ ] 명 '곰보'의 방언.

빵틀 경북 ( )[ ] 명 '곰보'의 방언.

빹장-다리 전남 ( )[ ] 명 '밭장다리'의 방언.

빼까리 전남 ( )[ ] 명 '말라깽이'의 방언.

빼깡-쟁이 강원 ( )[ ] 명 '말라깽이'의 방언.

빼깡-챙이 강원 ( )[ ] 명 '말라깽이'의 방언.

빼깡쳉이 강원 ( )[ ] 명 '말라깽이'의 방언.

빼둘가지 강원 ( )[ ] 명 '뾰두라지'의 방언.

빼들가지 강원 ( )[ ] 명 '뾰두라지'의 방언.

빼빼-따리 전남 ( )[ ] 명 '말라깽이'의 방언.

빼빼시 전남 ( )[ ] 명 '말라깽이'의 방언. ¶몸은 빼빼시라도 맘을 보면 사람이 참말로 널루와.(몸은 말라깽이라도 마음을 보면 사람이 정말 넓어.)

빼빼-장군 경남 전남 ( )[ ] 명 '말라깽이'의 방언.

빼이다 전라 ( )[ ] 동 '삐다'의 방언.

빤대머리 경남 ( )[ ] 명 '대머리'의 방언.

빤빤골이 경북 ( )[ ] 명 '대머리'의 방언.

뺏뺏-이 전남 ( )[ ] 명 '말라깽이'의 방언.

뻐개지다 표준 ( )[뻐개지다] 동 (단단한 물건이) 두 쪽으로 갈라지다. 〈참〉빠개지다 ¶사람들은 모두 말이 없었고 나는 너무나 벅찬 감동으로 해서 가슴이 뻐개지는 것 같았었다./저 은가락지 낀 손으로 백년가약주 잔을 들어 줄 때 장덕순의 가슴이 뻐개지지 않겠는가.

뻐근하다 표준 ( )[뻐근하다]형 (몸이) 피로나 몸살 따위로 근육이 뭉치거나 결려서 움직이기에 둔하다. 〈참〉빠근하다 ¶너무 많이 걸은 탓인지 다리가 뻐근하다./종일 논에서 김을 매어 허리가 뻐근하다.

뻐꺼지 경북 ( )[ ]명 '대머리'의 방언. ¶저 사가밭은 뻐꺼지 할배가 임재라 카더라.(저 사과밭은 대머리 할아버지가 임자라고 하더라.)

뻐꾹-질 충남 ( )[ ]명 '딸꾹질'의 방언.

뻐때 전북 ( )[ ]명 '절름발이'의 방언.

뻑적지근하다 표준 ( )[뻑쩍찌근하다]형 (몸이) 조금 뻐근하고 거북한 느낌이 있다. 〈유〉뻑지근하다 〈참〉빡작지근하다 ¶온몸이 뻑적지근하다./오랫동안 컴퓨터를 했더니 어깨가 뻑적지근했다.

뻘찌 경상 ( )[ ]명 '벙어리'의 방언. ¶니 뻘찌도 아이민서 왜 말로 안 하노?(너 벙어리도 아니면서 왜 말을 안 하니?)

뻣뻣해지다 표준 ( )[뻗뻐태지다]자동(목이)

뻬둘가지 강원 ( )[ ]명 '뾰두라지'의 방언.

뼛골(이) 아프다 표준 ( )[ ]형구 (사람이) 뼛속까지 아플 정도로 고통스럽다 ¶뼛골이 아프도록 고생하여 자식들을 길러 놓았더니, 저 혼자 큰 줄 안다.

뽀개지다 표준 ( )[뽀개지다]동 '빠개지다'의 전라 방언.

뽀깍 전남 ( )[ ]부 '딸꾹'의 방언.

뽀깍-거리다 전남 ( )[ ]동 '딸꾹거리다'의 방언.

뽀깍-대다 전남 ( )[ ]동 '딸꾹대다'의 방언.

뽀깍-뽀깍 전남 ( )[ ]부 '딸꾹딸꾹'의 방언.

뽀깍-질 전남 ( )[ ]명 '딸꾹질'의 방언.

뽀드락지 경남 ( )[ ]명 '뾰두라지'의 방언.

뽀드리기 충남 ( ) [ ] 명 '뾰두라지'의 방언.

뽀들가지 강원 ( ) [ ] 명 '뾰두라지'의 방언.

뽀로지 충남 ( ) [ ] 명 '뾰루지'의 방언.

뽀이다 전라 ( ) [ ] 동 '삐다'의 방언.

뽄대 경남 ( ) [ ] 명 '대머리'의 방언.

뽈-거리 경남 ( ) [ ] 명 '볼거리'의 방언.

뽈때기-몸살 전남 ( ) [ ] 명 '볼거리'의 방언.

뽈-치 경남 ( ) [ ] 명 '볼거리'의 방언.

뽈-치거리 경북 ( ) [ ] 명 '볼거리'의 방언.

뽈치기 경남 ( ) [ ] 명 '볼거리'의 방언.

뾔다 전라 ( ) [ ] 동 '삐다'의 방언.

뾔둘가지 강원 ( ) [ ] 명 '뾰두라지'의 방언.

뾰두라지 표준 ( ) [뾰두라지] 명 뾰족하게 부어오른 작은 부스럼. 〈유〉뾰루지

뾰들가지 강원 ( ) [ ] 명 '뾰두라지'의 방언.

뾰루지 표준 ( ) [뾰루지] 명 뾰족하게 부어오른 작은 부스럼. 〈유〉뾰두라지 ¶ 이마에 난 뾰루지 때문에 무척 신경이 쓰인다.

뿌시럼 경남 ( ) [ ] 명 '부스럼'의 방언.

삐다 표준 ( ) [삐:다] 동 몸의 어느 부분이 접질리거나 비틀려서 뼈마디가 어긋나다. ¶운동하는 중에 손목이 삐었다./허리를 삐다.

삐뚜렝이 강원 ( ) [ ] 명 '입비뚤이'의 방언.

삐-보 경남 ( ) [ ] 명 '언청이'의 방언

한국어 질병 표현 어휘 사전 Ⅴ

ㅅ

솔러레 제주 ( )[ ]몡 '사레'의 방언.

솔러레들다 제주 ( )[ ]동 '사레들다'의 방언.

솔레 제주 ( )[ ]몡 '사레'의 방언.

솔레들다 제주 ( )[ ]동 '사레들다'의 방언.

사나 충남 ( )[ ]몡 '사레'의 방언.

사네 전남 ( )[ ]몡 '사레'의 방언.

사또 경남 ( )[ ]몡 '애꾸'의 방언.

사라 충남 ( )[ ]몡 '사레'의 방언.

사레 표준 ( )[사:레]몡 음식을 잘못 삼켜 기관(氣管) 쪽으로 들어가게 되었을 때 갑자기 기침처럼 뿜어져 나오는 기운. ¶급히 아침을 먹다가 사레가 들려서 기침을 했다.

사레-들다 표준 ( )[사:레들다]동 음식을 잘못 삼켜서 기관(氣管) 쪽으로 들어가 갑자기 기침 따위를 하는 상태가 되다. 〈유〉사레-들리다 ¶천천히 먹어라. 사레들겠다.

사레-들리다 표준 ( )[사:레들리다]동 음식을 잘못 삼켜서 기관(氣管) 쪽으로 들어가 갑자기 기침 따위를 하는 상태가 되다. 〈유〉사레-들다 ¶그는 사레들려 심하게 기침을 했다.

사레 제주 ( )[ ]몡 '사레'의 방언.

사루 충북 ( )[ ]몡 '사레'의 방언.

사리 강원 경기 경상 충청 ( )[ ]몡 '사레'의 방언.

사마구 강원 경기 경상 전라 충청 ( )[ ]몡 '사마귀'의 방언.

사마귀 표준 ( )[사:마귀]몡 피부 위에 낟알만 하게 도도록하고 납작하게 돋은 반질반질한 군살. ¶사마귀가 나다.

사마기 경상 전북 ( )[ ]몡 '사마귀'의 방언.

사마우 경남 ( )[ ]몡 '사마귀'의 방언. ¶사마우가 번지서 팔하고 손이 엉망이다.(사마귀가 번져서 팔과 손이 엉망이다.)

사막 제주 충청 ( )[ ]명 '사마귀'의 방언. ¶여름 바당이나 밧듸서, 드르광 오름 산에서, 모살이나 아스팔트에 반사되는 벳도 하영 받으민 벳열로 피부가 벳 겨지당 사막이 생기곡 피부가 가슬락가슬락 거끌거끌 가스승ᄒ곡 두꺼워 집주 마씀.(여름 바다나 밭에서, 들과 오름산에서, 모래나 아스팔트에 반사되 는 볕도 많이 받으면 볕열로 피부가 벗겨지다가 사마귀가 생기고 피부가 가슬 락가슬락 거끌거끌 가스승하고 두꺼워집니다.)

사물거리다 표준 ( )[ ]동 (몸이나 몸의 일부가) 살갗에 작은 벌레 따위가 기어가 는 것처럼 간질간질하다. 〈유〉사물대다, 사물사물하다 〈참〉스멀거리다 ¶ 시냇물에 발을 담그고 있으니 발목이 사물거리는 것을 느낄 수 있었다.

사물대다 표준 ( )[ ]동 (몸이나 몸의 일부가) 살갗에 작은 벌레 따위가 기어가는 것처럼 간질간질하다. 〈유〉사물거리다, 사물사물하다 〈참〉스멀대다 ¶명 수는 사물대는 냇물을 철벅철벅 밟으며 마음을 달랬다.

사물사물하다 표준 ( )[ ]동 (몸이나 몸의 일부가) 살갗에 작은 벌레 따위가 기어 가는 것처럼 간질간질하다. 〈유〉사물거리다, 사물대다 ¶그 아이와 부딪치 는 순간 어깨가 사물사물하는 느낌이 났다.

사워리 경남 ( )[ ]명 '애꾸'의 방언.

사지통 표준 (四肢痛)[사:지통-]명 팔다리가 쑤시고 아픈 병. ¶성장통이란 성 장기에 있는 아이가 원인불명의 사지통을 호소할 때 흔히 사용하는 용어다.

산기 제주 ( )[ ]명 '오줌소태'의 방언.

산적 표준 (疝癪)[ ]명 가슴이나 배가 쑤시고 아픈 병.

산통 표준 (産痛)[산:통-]명 해산할 때에, 짧은 간격을 두고 주기적으로 반복되 는 배의 통증. 분만을 위하여 자궁이 불수의적(不隨意的)으로 수축함으로 써 일어난다. 〈유〉진통(陣痛) ¶그녀가 태어나던 날, 아버지는 어머니의 산 통 후 지친 모습에서 지치지 않는 그리움을 보았다.

산통 표준 (疝痛)[산통-]명 '급경련통'의 전 용어. 위·장·방광·자궁 등의 복 부의 강(腔)을 갖는 장기나, 담도·신우(腎盂)·요관 등 관상(管狀)을 이루

는 장기의 벽으로 되어 있는 평활관(平滑管)의 경련 때문에 수분에서 수 시
간의 간격을 두고 주기적으로 반복하는 복통. 통증의 강도는 심하고 당기는
듯하고 찌르는 듯한 통증과 작열감(灼熱減)이다. 통증은 대체로 그의 장기
의 위치에 일치하지만 일정한 방향으로 방사(放散)하는 일도 있다. ¶자극
성 완하제는 산통을 유발하므로 사용에 주의를 요한다./모든 장의 연동 운
동 항진제는 복부 산통과 심한 설사를 일으킬 수 있다.

산후 진통 표준 (産後陣痛)[산후진통-]명구 아이를 낳은 이후의 자궁 수축에 의
한 진통. 시간이 갈수록 점차 없어진다. 〈유〉산후-통(産後痛)

산후통 표준 (産後痛)[산후통-]명 해산한 다음에 이삼일 동안 가끔 오는 진통.
임신으로 커진 자궁이 줄어들면서 생긴다. 〈유〉산후 진통(産後陣痛), 후진
통(後陣痛) ¶일상생활이 불편할 정도로 산후통이 있다면 치료받는 것이 좋
다.

살러리 제주 ( )[ ]명 '사레'의 방언.

살러리-들다 제주 ( )[ ]동 '사레들다'의 방언.

살몸살 표준 ( )[살몸살]명 근육이 쑤시고 아픈 증상. 〈유〉견인증(牽引症), 근
육통(筋肉痛), 근육통증(筋肉痛症), 근통(筋痛)

살살 표준 ( )[ ]부 배가 조금씩 쓰리며 아픈 모양. 〈참〉슬슬, 쌀쌀 ¶아랫배가
살살 아프다./여태까지는 꾸르륵거리기만 하던 배가 살살 아파 오기 시작
했다.

살코 경남 ( )[ ]명 '사레'의 방언.

살헤 제주 ( )[ ]명 '사레'의 방언.

살헤-들다 제주 ( )[ ]동 '사레들다'의 방언.

삼차 신경통 표준 (三叉神經痛)[ ]명구 삼차 신경의 분포 영역에 생기는 통증 발
작. 얼굴 한쪽이 심하게 아프며 후두부나 어깨까지 아플 수도 있는데 중년
이후의 여성에게 많다. 원인은 분명하지 않으나, 뇌줄기에 발생한 종양이나
뇌동맥 자루가 원인일 가능성이 있고, 다발 경화증의 증상으로 나타날 수도

있으며 뇌 바닥 세동맥의 동맥 경화증이 원인이 되는 경우도 있다. ¶삼차신
경통은 그 통증의 정도가 비주기적으로 강하게 나타나, 정상적인 삶을 영위
하는데 지장을 줄 정도이며 바른 치료를 받지 않을 경우 만성적 질환으로
이어질 가능성이 높아, 삶의 질 회복을 위해서는 반드시 근본치료를 받아야
할 질환이다.

삼킴곤란 표준 ( )[삼킴골란]몡 음식물을 삼키기 어려운 증상. 목이나 식도에
병변이 있을 때 나타나고 중추적으로는 뇌종양의 경우에도 볼 수 있다. 늑연
하 장애.

삼포 경북 ( )[ ]몡 '가래'의 방언.

삽통 표준 (澁痛)[삽통]몡 1.눈병이 났을 때 눈알이 깔깔하면서 아픈 증상.
2.오줌이 잘 나오지 아니하면서 아픈 증상.

상반 표준 (傷瘢)[ ]몡 상처를 입은 자리에 남은 흔적. 〈유〉상흔(傷痕), 흉, 흉
터

상통하다 표준 (傷痛하다)[ ]혱 마음이 몹시 괴롭고 아프다.

상풍해수 표준 ( )[ ]몡 풍사(風邪)가 폐(肺)에 들어가서 생기는 해수(咳嗽). 코
가 막히고 목이 쉬며 기침이 자주 난다.

상흔 표준 (傷痕)[ ]몡 상처를 입은 자리에 남은 흔적. 〈유〉상반(傷瘢), 흉, 흉
터 ¶그의 볼에는 아직도 꿰맨 상흔이 남아 있다./이산가족의 가슴속엔 아
직도 전쟁의 상흔이 남아 있다.

새가리 경남 ( )[ ]몡 '서캐'의 방언.

새구랍다 경상 ( )[ ]혱 '시다'의 방언.

새구럽다 경상 ( )[ ]혱 '시다'의 방언.

새구룹다 강원 ( )[새구룹따]혱 '시다'의 방언.

새굽다 경북 ( )[ ]혱 '시다'의 방언.

새그랍다 경상 ( )[ ]혱 '시다'의 방언. ¶자두가 엄청시리 새그랍네.(자두가 엄청
스레 시네.) 〈경남〉

새그럽다 경상 충청 ( )[ ]형 '시다'의 방언.

새그룹다 경남 ( )[ ]형 '시다'의 방언.

새근거리다 표준 ( )[새근거리다]동 (팔다리나 뼈마디가) 자꾸 조금 시리고 쑤시다. 〈유〉새근대다, 새근새근하다 〈참〉새큰거리다, 시근거리다 ¶평소에 하지 않던 운동을 좀 했더니 금세 팔다리가 새근거렸다.

새근대다 표준 ( )[새근대다]동 (팔다리나 뼈마디가) 자꾸 조금 시리고 쑤시다. 〈유〉새근거리다, 새근새근하다 〈참〉새큰대다, 시근대다 ¶영수는 다친 손목이 새근대서 타자를 칠 수가 없다.

새근새근하다 표준 ( )[새근새근하다]형 (팔다리나 뼈마디가) 자꾸 조금 시리고 쑤시는 상태에 있다. 〈유〉새근거리다, 새근대다 〈참〉새큰새큰하다, 시근시근하다 ¶나이가 드니 다리가 새근새근하다.

새근하다 표준 ( )[새근하다]형 (팔다리나 뼈마디가) 조금 시리고 쑤시는 듯하다. 〈참〉새큰하다, 시근하다 ¶윤희는 걸레질을 한 시간이 넘도록 했더니 무릎이 새근했다.

새기다 경남 ( )[ ]형 '깔깔하다'의 방언.

새-다래기 경북 ( )[ ]명 '말더듬이'의 방언.

새보 경남 ( )[ ]명 '애꾸'의 방언.

새부랍다 경북 ( )[ ]형 '시다'의 방언.

새부럽다 경북 ( )[ ]형 '시다'의 방언.

새알 경남 ( )[ ]명 '사레'의 방언.

새알-들리다 경북 ( )[ ]동 '사레들리다'의 방언. ¶재수 없이머 물 마시다가도 새알들린다.(재수 없으면 물 마시다가도 사레들린다.)

새이-손 경북 ( )[ ]명 '생인손'의 방언.

새이-손까락 경남 ( )[ ]명 '생인손'의 방언.

새인-손 경기 ( )[ ]명 '생인손'의 방언.

새총-재이 경남 ( )[ ]명 '애꾸'의 방언.

새큰거리다 표준 ( )[새큰거리다] 동 (뼈마디가) 조금 쑤시고 저린 느낌이 자꾸 나다. 〈유〉새큰대다, 새큰새큰하다 〈참〉새근거리다, 시큰거리다 ¶그의 목소리에 새큰거리는 발목도 욱신거리는 머리도 까맣게 잊고, 급한 마음에 신발도 신지 않은 채 맨발로 뜰로 내려섰습니다.

새큰대다 표준 ( )[새큰대다] 동 (뼈마디가) 조금 쑤시고 저린 느낌이 자꾸 나다. 〈유〉새큰거리다, 새큰새큰하다 〈참〉새근대다, 시큰대다 ¶달리기를 하다가 삔 발목이 자꾸 새큰댔다.

새큰새큰하다 표준 ( )[새큰새큰하다] 동 (신체의 일부나 뼈마디가) 조금 쑤시고 저린 느낌이 자꾸 나다. 〈유〉새큰거리다, 새큰대다 〈참〉새근새근하다, 시큰시큰하다 ¶침을 맞으니까 새큰새큰한 느낌이 다리와 발목으로 전달되었다.

새큰하다 표준 ( )[새큰하다] 형 (신체의 일부나 뼈마디가) 조금 쑤시고 저린 느낌이 있다. 〈참〉시큰하다, 새근하다 ¶한의원에서 침을 맞았더니 손목의 새큰한 느낌이 사라졌다./다친 발목이 새큰하다.

샐 경남 ( )[ ] 명 '사례'의 방언. ¶샐 들렀나?(사례 들렀니?)

생-꿰역질 경북 ( )[ ] 명 아주 지독한 구역질 ¶생꿰역질이 나서 죽을 더 몬 묵겠다.(아주 지독한 구역질이 나서 죽을 더 못 먹겠다.)

생리통 표준 (生理痛)[생니통] 명 월경 때, 아랫배나 자궁 따위가 아픈 증세. 〈유〉월경통(月經痛), 경통증(經痛症) ¶등 푸른 생선과 견과류에는 비타민 이가 많아, 노화를 방지하고 생리통에 효과적이다.

생배 표준 ( )[ ] 명 아무런 이유없이 갑자기 아픈 배.

생배앓다 표준 (生배앓다)[생배알타] 동 (사람이) 아무 까닭 없이 배가 아프다.

생배앓이 표준 (生배앓이)[생비아리] 명 아무런 이유 없이 갑자기 앓는 배앓이.

생-손가라기 강원 ( )[ ] 명 '생인손'의 방언.

생-손가락 경남 ( )[ ] 명 '생인손'의 방언.

생-손고락 충남 ( )[ ] 명 '생인손'의 방언.

ㅅ

생손앓이 표준 (生손앓이)[생소나리]图 손가락 끝에 종기가 나서 곪는 병. 〈유〉생인손 ¶엄마는 아버지를 죽게 한 병이 대처의 양의사에게만 보일 수 있었으면 생손앓이처럼 쉽게 째고 도려내고 꿰맬 수 있는 병이라는 걸 알고 있었다.

생안-발 비표준 ( )[ ]图 '생인발'의 비표준어

생안-손 비표준 ( )[ ]图 '생인손'의 비표준어

생안-손고라기 강원 ( )[ ]图 '생인손'의 방언.

생안-손고락 강원 충북 ( )[ ]图 '생인손'의 방언.

생이-손가락 경상 ( )[ ]图 '생인손'의 방언.

생인-발 표준 ( )[ ]图 발가락 끝에 종기가 나서 곪는 병.

생인-손 표준 ( )[생인손]图 손가락 끝에 종기가 나서 곪는 병. 〈유〉대지(代指), 사두-창(蛇頭瘡), 생-손, 생손-앓이 〈참〉생-발, 생인-발

생한-손 충북 ( )[ ]图 '생인손'의 방언.

서가리 강원 ( )[ ]图 '서캐'의 방언.

서구 경북 ( )[ ]图 '서캐'의 방언.

서기 경북 ( )[ ]图 '서캐'의 방언.

서다 전남 ( )[ ]图 '시다'의 방언.

서리 표준 ( )[ ]图 더위를 먹어서 설사를 하는 병. 배가 몹시 아프고 피가 섞인 설사를 하면서 목이 마르고 오줌을 누지 못한다.

서물서물하다 표준 ( )[서물서물하다]图 (몸이나 몸의 일부가) 살갗에 벌레 따위가 기어가는 것처럼 근질근질한 느낌이 들다. ¶정호는 알레르기 때문에 복숭아만 먹으면 온몸이 서물서물한다.

서병 표준 (暑病)[ ]图 여름에 날씨가 몹시 더워서 생기는 병. 고열로 목이 마르고 땀이 많이 나며 거품 섞인 대변을 본다.

서증 표준 (暑症)[ ]图 여름에 날씨가 몹시 더워서 생기는 병. 고열로 목이 마르고 땀이 많이 나며 거품 섞인 대변을 본다.

서카리 강원 충북 ( )[ ] 명 '서캐'의 방언.

서캐 표준 ( )[서캐] 명 이의 알. 흔히 두피에서 피를 빨아먹는 기생충인 머릿니의 알을 가리키는 말로 사용된다. ¶서캐가 하얗게 슬었다.

선뜩-하다 경남 ( )[ ] 형 '섬뜩하다'의 방언.

선-똠 제주 ( )[ ] 명 '식은땀'의 방언.

선-하옴 제주 ( )[ ] 명 '선하품'의 방언.

선-하움 제주 ( )[ ] 명 '선하품'의 방언.

선-하위염 제주 ( )[ ] 명 '선하품'의 방언.

선-하품 표준 ( )[선:하품] 명 몸에 이상이 있거나 흥미 없는 일을 할 때에 나오는 하품. ¶아이들은 지루한 듯 선하품을 하며 자리에서 일어섰다.

설레 제주 ( )[ ] 명 '엄살'의 방언.

설사-벵 경남 ( )[ ] 명 '설사병'의 방언.

설사-병 표준 (泄瀉病)[설싸뼝] 명 설사를 하는 병.

설세 제주 ( )[ ] 명 '설사'의 방언.

설앓이 표준 ( )[서라리] 명 가볍게 앓는 병.

설통 표준 (舌痛)[설통] 명 여러 가지 원인으로 혀가 아픈 증상. ¶설통의 증상은 혀가 저리거나 따끔거리고, 매운 느낌, 화끈거림 등 다양하게 나타난다.

섬뜩-섬뜩 표준 ( )[섬뜩썸뜩] 부 갑자기 소름이 끼치도록 무섭고 끔찍한 느낌이 자꾸 드는 모양. ¶섬뜩섬뜩 공포를 느끼다.

섬뜩-하다 표준 ( )[섬뜨카다] 형 갑자기 소름이 끼치도록 무섭고 끔찍하다. ¶등골이 섬뜩하다.

섬지그랑ㅎ다 제주 ( )[ ] 형 '섬뜩하다'의 방언.

섯-바널 전북 ( )[ ] 명 '혓바늘'의 방언.

섯-바눌 전북 ( )[ ] 명 '혓바늘'의 방언.

섯-바늘 전라 충청 ( )[ ] 명 '혓바늘'의 방언.

섯-발 전남 ( )[ ] 명 '혓바늘'의 방언.

ㅅ

성-나다 표준 ( )[성:나다]동 종기 따위가 덧나다. ¶생긴 지 얼마 안 된 종기가 잔뜩 성나 있다.

성-내다 표준 ( )[성:내다]동 노여움을 나타내다. ¶친구에게 성내다./애인의 말에 성내다.

성시 표준 (聲嘶)[ ]명 목이 쉼.

성시증 표준 (聲嘶症)[ ]명 창병이나 후두 따위의 병으로 목이 쉬는 증세.

성애 표준 (聲嗄)[ ]명 창병이나 후두 따위의 병으로 목이 쉬는 증세.

성애하다 표준 (聲嗄하다)[ ]동 창병이나 후두 따위의 병으로 목이 쉬다.

성장통 표준 (成長痛)[성장통]명 어린이나 청소년이 갑자기 성장하면서 생기는 통증. 주로 양쪽 무릎이나 발목, 허벅지나 정강이, 팔 따위에 생긴다. 4~10세 사이에 많이 나타나고, 1~2년이 지나면 대부분 통증이 사라진다. ¶아이는 성장통 때문인지 밤이면 다리가 아프다고 칭얼거렸다.

세 경남 ( )[ ]명 '서캐'의 방언.

세가리 강원 ( )[ ]명 '서캐'의 방언.

세-가시 제주 ( )[ ]명 '헛바늘'의 방언.

세가지 경북 ( )[ ]명 '서캐'의 방언.

세개 강원 ( )[ ]명 '서캐'의 방언.

세갱이 강원 ( )[ ]명 '서캐'의 방언.

세거랍다 경남 ( )[ ]형 '시다'의 방언.

세겡이 강원 ( )[ ]명 '서캐'의 방언.

세구랍다 경남 ( )[ ]형 '시다'의 방언.

세그럽다 경기 경상 충북 ( )[ ]형 '시다'의 방언.

세기 강원 경북 ( )[ ]명 '서캐'의 방언.

세기 경남 ( )[ ]부 '되게'의 방언.

세-까시 제주 ( )[ ]명 '헛바늘'의 방언.

세깍 물다 제주 ( )[ ]동구 제 볼을 깨물다.

세-꼴리 제주 ( )[ ]몡 '혓병'의 방언.

세-다데기 제주 ( )[ ]몡 '혀짤배기'의 방언.

세-다드레기 제주 ( )[ ]몡 '혀짤배기'의 방언.

세-다레기 제주 ( )[ ]몡 '말더듬이'의 방언.

세-딱뙤기 강원 ( )[ ]몡 '말더듬이'의 방언.

세로칸 표준 ( )[ ]몡 가슴안에서 양쪽 허파를 둘러싸는 가슴막 사이의 부분. 앞쪽은 복장뼈, 뒤쪽은 척추뼈, 밑은 가로막에 접하여 있다.

세로칸 공기증 표준 (세로칸空氣症)[ ]몡 세로칸 안에 생긴 공기증. 목이나 가슴의 외상, 기관지나 식도의 손상 따위가 원인이며 가슴 통증, 호흡 곤란, 기침, 혈압 저하 따위가 나타난다.

세-바눌 강원 ( )[ ]몡 '혓바늘'의 방언.

세-바늘 강원 ( )[ ]몡 '혓바늘'의 방언.

세-바닥 경남 ( )[ ]몡 '혓바늘'의 방언.

세-버짐 경남 ( )[ ]몡 '진버짐'의 방언.

세-짜내기 경남 ( )[ ]몡 '혀짜래기'의 방언.

세-짜래기 경남 ( )[ ]몡 '혀짜래기'의 방언.

세-짤배기 충남 ( )[ ]몡 '말더듬이'의 방언.

세카리 경북 충북 ( )[ ]몡 '서캐'의 방언.

세캐 강원 전북 충남 ( )[ ]몡 '서캐'의 방언.

세캥이 강원 ( )[ ]몡 '서캐'의 방언.

세켕이 강원 ( )[ ]몡 '서캐'의 방언.

셋-가시 제주 ( )[ ]몡 '혓바늘'의 방언.

셋-바누리 강원 ( )[섿빠누리]몡 '혓바늘'의 방언.

셋-바눌 강원 경기 ( )[섿빠눌]몡 '혓바늘'의 방언.

셋-바늘 경상 ( )[ ]몡 '혓바늘'의 방언.

셋-바람 전남 ( )[ ]몡 '혓바늘'의 방언.

셍-발 제주 ( )[ ]명 '생안발'의 방언.

셍-설레 제주 ( )[ ]명 '엄살'의 방언.

셍-손 제주 ( )[ ]명 '생인손'의 방언.

셋-바눌 강원 ( )[샌빠눌]명 '혓바늘'의 방언.

소님 경남 ( )[ ]명 '손님마마'의 방언.

소님-마마 경기 경북 충북 ( )[ ]명 '손님마마'의 방언.

소님-터 경남 ( )[ ]명 '곰보'의 방언.

소들다 제주 ( )[ ]동 '시들다'의 방언.

소-버섬 경남 ( )[ ]명 '버짐'의 방언.

소-버짐 경남 ( )[ ]명 '진버짐'의 방언.

소복통 표준 (小腹痛)[소:복통-]명 아랫배가 아픈 증상. ¶동의보감에는 현호색의 효능 중 하나로 "심통(가슴앓이)과 소복통(아랫배의 통증)을 신통하게 다스린다"고 했다.

소암 전남 ( )[ ]명 '효험'의 방언.

소야치 전북 ( )[ ]명 '기계총'의 방언.

소양병 표준 (搔癢病)[ ]명 몸이 오싹오싹 추운 증상과 열이 나는 증상이 엇바뀌며, 입안이 쓰고 목이 마르며 가슴과 옆구리가 답답하고 결리는 병.

소양증 표준 (搔癢症)[ ]명 몸이 오싹오싹 추운 증상과 열이 나는 증상이 엇바뀌며, 입안이 쓰고 목이 마르며 가슴과 옆구리가 답답하고 결리는 병.

소엄 전남 ( )[ ]명 '효험'의 방언.

소염 경남 ( )[ ]명 '천연두'의 방언.

소왁-거리다 제주 ( )[ ]동 '따끔거리다'의 방언.

소왁-ᄒ다 제주 ( )[ ]동 '따끔거리다'의 방언.

소임 경남 ( )[ ]명 '천연두'의 방언.

소임-벵 경남 ( )[ ]명 '천연두'의 방언.

소임-터 경북 ( )[ ]명 '곰보'의 방언.

소험 경남 ( )[ ]몡 '효험'의 방언.

속-벵 제주 ( )[ ]몡 '속병'의 방언.

속-병 표준 (속病)[속:뼝]몡 몸속의 병을 통틀어 이르는 말. 일반적으로 '위장병'을 가리키지만 흔히 화가 나거나 속이 상하여 생긴 마음의 심한 아픔을 가리키는 의미로도 사용된다. 〈유〉속-중(속症) ¶속병을 앓다./속병을 얻다./속병이 들다.

속-빙 경북 ( )[ ]몡 '속병'의 방언.

속 쓰림 표준 ( )[ ]몡구 명치와 배꼽 사이의 소화 기관이 화끈하고 쓰린 증상. 〈유〉가슴-쓰림, 가슴-앓이, 가슴앓잇-병(가슴앓잇病) ¶속 쓰림이나 상복부 불편감 등 비특이적 증상이 지속되면 간과하지 말고 바로 병원을 찾아야 합니다./이 약은 위산을 중화해서 속 쓰림을 줄이는 약이다.

속앓이 표준 (소가리)[소가리]몡 속이 아픈 병. 또는 속에 병이 생겨 아파하는 일. ¶인절미 사오라는 말은 엄마의 속앓이가 가라앉았다는 것을 뜻했다. 몸이 나으면 엄마는 언제나 인절미를 먹었다.

속앓이-하다 강원 ( )[소가리하다]동 '가슴앓이하다'의 방언.

속앓이하다 표준 ( )[소가리하다]동 속에 병이 생겨 아파하다.

속-애피 전라 ( )[ ]몡 '속병'의 방언. ¶속애피는 약도 없는디 맘 편히 묵소.(속병은 약도 없는데 맘 편히 먹어요.)〈전북〉

속이 넘어오다 표준 ( )[ ]동구 (음식물이나 울음 따위가 목구멍으로) 밖으로 나오다. ¶목구멍으로 신물이 넘어왔다./심한 뱃멀미로 인해 먹은 것이 모두 넘어왔다.

속이 뒤집히다 표준 ( )[ ]동구 (사람이) 몹시 비위가 상하다. ¶영수는 길가의 구토물을 보고는 속이 뒤집혔다.

속-청 경북 ( )[ ]몡 '목청'의 방언.

속-한 강원 ( )[소칸]몡 '속병'의 방언.

손거스러미 표준 ( )[ ]몡 손톱이 박힌 자리 주변에 살갗이 일어난 것. 영양 부족이나 손톱을 물어 뜯는 습관 등으로 인해 발생한다. ¶입으로 손거스러미를 뜯으면 안 됩니다.

손-거스러미 표준 ( )[손꺼스러미]뗑 손톱이 박힌 자리 주변에 살갗이 일어난 것. 〈유〉손가락^거스러미 ¶흙장난을 심하게 하면 손거스러미가 인다.

손-거슴 제주 ( )[ ]뗑 '손거스러미'의 방언.

손-거심 제주 ( )[ ]뗑 '손거스러미'의 방언.

손구라기 전남 ( )[ ]뗑 '생인손'의 방언.

손-까시래기 경상 ( )[ ]뗑 '손거스러미'의 방언.

손-까풀 경남 ( )[ ]뗑 '손거스러미'의 방언.

손-꺼시럼 경남 ( )[ ]뗑 '손거스러미'의 방언. ¶손꺼시럼이 생기서 엄청시리 아퍼에.(손거스러미가 생겨서 엄청스레 아파요.)

손-끄시럼 전남 ( )[ ]뗑 '손거스러미'의 방언.

손님-마마 표준 (손님媽媽)[손님마마]뗑 '천연두'를 일상적으로 이르는 말. 〈유〉두창(痘瘡), 손, 손-님, 열사흘-부스럼, 천연-두(天然痘)

손님-터 경북 ( )[ ]뗑 '곰보'의 방언.

손목 터널 증후군 표준 (손목tunnel症候群)[ ]뗑구 손바닥과 손목의 연결 부위인 신경이 눌려 손목에 통증을 느끼는 증상. 컴퓨터를 많이 사용하거나 빨래, 설거지, 청소 따위의 반복적인 일을 많이 하는 사무직이나 주부에게 흔히 발생한다. 〈유〉마우스 증후군(mouse症候群), 수근관 증후군(Carpal Tunnel Syndrome/CTS) ¶중년 여성들에게 흔히 나타나는 손이 저리고 아픈 증상에 대해 전문가들은 손목 터널 증후군을 의심해 봐야 한다고 지적한다.

손지질-껍질 경남 ( )[ ]뗑 '손거스러미'의 방언.

솔다 표준 ( )[ ]혱 ('귀'와 함께 쓰여) 시끄러운 소리나 귀찮은 말을 자꾸 들어서 귀가 아프다. ¶그 말은 귀가 솔도록 들었다./근처 어느 본산(本山) 갈린 주지의 논쟁이 귀가 솔 지경이다.

솔ᄆ음ᄒ다 제주 ( )[ ]동 '두려워하다'의 방언.

숧다 경북 ( )[ ][형] '가렵다'의 방언. ¶몸에 두디레기가 나가 얼매나 숧은동 죽을 지경이라.(몸에 두드러기가 나서 얼마나 가려운지 죽을 지경이야.)

숧다 경북 ( )[ ][형] '가렵다'의 방언.

솜 전남 ( )[ ][명] '효험'의 방언. ¶저 집이가 맨 아픈 치리만 허다가 요새 약을 묵드이 솜을 좀 봤닥 허데.(저 집이 매일 병치레만 하다가 요새 약을 먹더니만 효험을 좀 봤다고 하데.)

송인 제주 ( )[ ][명] '콧병'의 방언.

쇠-파눌 경기 ( )[ ][명] '혓바늘'의 방언.

쇠하래비 강원 ( )[ ][명] '말라리아, 학질'의 방언.

쇳-바눌 강원 경기 충북 ( )[ ][명] '혓바늘'의 방언.

쇳-바늘 경기 충북 ( )[ ][명] '혓바늘'의 방언.

쇳-방울 전남 ( )[ ][명] '혓바늘'의 방언.

수근관 증후군 표준 (手根管症候群)[ ][명구] 손목을 통과하고 있는 뼈 언저리 부분이 아프고 저림으로 말미암아 한꺼번에 나타나는 여러 가지 병적 증상. 〈유〉마우스 증후군(mouse症候群), 손목 터널 증후군(손목tunnel症候群) ¶집 안에서 주부들이 걸레, 빨래 등을 자주 쥐어짜다 보면 손목에 상당한 무리가 가해져 손 저림증, 즉 수근관 증후군에 시달리는 일이 흔하며 컴퓨터나 타자기를 계속 사용할 경우에도 손목을 수평으로 유지해야 하므로 손목 인대에 무리가 간다./이러한 손 저림은 대개 손목 부위의 인대가 두꺼워져 신경을 눌러 증상이 나타나는데 '수근관 증후군'인 경우가 대부분이다.

수꿋-하다 전남 ( )[ ][형] '섬뜩하다'의 방언.

수두 표준 (水痘)[수두][명] 어린아이의 피부에 붉고 둥근 발진이 났다가 얼마 뒤에 작은 물집으로 변하는 바이러스 전염병. 〈유〉물-마마(물媽媽), 소두(小痘), 수포-창(水疱瘡), 수화(水花), 작은-마마(작은媽媽)

수두-소님 전남 ( )[ ][명] '천연두'의 방언.

ㅅ

수막염 표준 (髓膜炎)[수망념] 몡 수막의 염증. 열이 나며, 뇌척수액의 압력이 올라가기 때문에, 심한 두통·구역질·목이 뻣뻣해지는 증상이 나타난 다. 〈유〉뇌막-염(腦膜炎), 뇌척수막-염(腦脊髓膜炎)

수멩 경남 ( )[ ] 몡 '수명'의 방언.

수명 표준 (壽命)[수명] 몡 생물이 살아 있는 연한. 〈유〉수(壽) ¶수명이 길다./ 수명이 짧다./수명을 연장하다.

수시다 제주 ( )[ ] 혱 '쑤시다'의 방언.

수역 표준 ( )[ ] 몡 목이 말라 물을 마시고자 하면서도 물을 마시면 곧 토하여 버리는 병.

수통스럽다 표준 (羞痛스럽다)[수통스럽따] 혱 부끄럽고 가슴 아픈 데가 있 다. ¶그는 남에게 구걸을 해야 하는 자신의 처지가 한없이 수통스러웠다./ 몰골사납고 수통스러운 꼴이 나고 안 나는 게 형님께 달렸으니 생각해 하시 우.

수통하다 표준 (羞痛하다)[ ] 혱 부끄럽고 가슴 아프다.

숨이 가쁘다 표준 ( )[ ] 혱구 숨이 몹시 차다. ¶그가 숨을 가쁘게 쉬면서 말을 이 어 나갔다./폐 한쪽을 들어낸 소령은 침대에서 내려서는 것만으로도 숨이 가빠서 네댓 번은 쉬어야 된다.

숨통이 막히다 표준 ( )[ ] 동구 숨을 쉴 수 없을 정도로 답답함을 느끼다. 〈유〉숨 이 막히다 ¶숨을 쉬려면 숨통이 꽉꽉 막히는 것 같고, 가슴이 짓눌리는 듯 이 갑갑해서 견딜 수가 없었다.

숨 ᄀ끼다 제주 ( )[ ] 동구 숨 막히다.

숭 제주 ( )[ ] 몡 '흉, 흉터'의 방언. ¶숭 엇이 낫이느냐 덴 그르가 남느냐는 화상 이 야프냐 깊으냐 무싱 거엔 데였느냐 ᄒ곡 상관이 잇주.(흉 없이 낫느냐 덴 자국이 남느냐는 화상이 얕으냐 깊으냐 뭐에 데였느냐하고 상관이 있습니다.)

숭당 제주 ( )[ ] 몡 '흉당(胸膛)'의 방언.

숭물 경기 전북 ( )[ ] 몡 '엄살'의 방언.

숭물 제주 ( )[ ]명 기형(畸形)을 가진 병신.

숭-씨다 충남 ( )[ ]동 '엄살떨다'의 방언.

쉬아래비 강원 ( )[ ]명 '말라리아, 학질'의 방언.

쉬하래비 강원 ( )[ ]명 '말라리아, 학질'의 방언.

쉿-바눌 충북 ( )[ ]명 '혓바늘'의 방언.

스다 전남 ( )[ ]형 '시다'의 방언.

스멀거리다 표준 ( )[스멀거리다]동 (몸이나 몸의 일부가) 살갗에 벌레 따위가
기어가는 것처럼 근질근질하다. 〈유〉스멀대다, 스멀스멀하다 〈참〉사물거
리다 ¶흐르는 땀방울들로 그의 가슴팍이 스멀거렸다./풀밭을 걷는데 그녀
는 다리가 왠지 모르게 스멀거려 불쾌했다.

스멀대다 표준 ( )[스멀대다]동 (몸이나 몸의 일부가) 살갗에 벌레 따위가 기어
가는 것처럼 근질근질하다. 〈유〉스멀거리다, 스멀스멀하다 〈참〉사물대
다 ¶옷 속에 벌레가 들어갔는지 등이 자꾸 스멀대었다.

스멀스멀하다 표준 ( )[스멀스멀하다]동 (몸이나 몸의 일부가) 살갗에 벌레 따
위가 기어가는 것처럼 근질근질하다. 〈유〉스멀거리다, 스멀대다 〈참〉서물
서물하다, 사물사물하다 ¶그 영화는 사람을 깜짝 놀래지는 않지만 온몸이
스멀스멀하는 공포감을 준다.

스물스물하다 비표준 ( )[ ]동 '스멀스멀하다'의 비표준어

슨-하품 강원 ( )[ ]명 '선하품'의 방언.

슬슬 표준 ( )[ ]부 배가 조금 쓰리면서 아픈 모양. 〈참〉살살, 쌀쌀 ¶저녁 먹은
것이 잘못 되었는지 슬슬 배가 아파 오기 시작했다.

습열 요통 표준 (濕熱腰痛)[ ]명구 습열로 인한 요통. 허리 부위에 열이 있고 아
프다. ¶기름진 음식을 자주 먹으면 순환과 소화 능력이 떨어져 여름철 덥고
습한 기운이 몸 안에 정체되게 되는데, 이는 습열 요통의 원인이 된다.

습요통 표준 (濕腰痛)[습뇨통-]명 축축하거나 찬 곳에 오래 앉아 있을 때 생기
는 요통. 허리가 무겁고 아프며 차다. 날이 흐리거나 습할 때 증세가 더 심

해지고 오줌이 잦다. ¶습요통은 특히 장마철에 주로 통증이 심해지고 비가
오려면 허리가 더 아파진다고 호소하는 경우에 해당한다.

승-나다 강원 충청 ( )[ ]동 '성나다'의 방언.

승-내다 충남 ( )[ ]동 '성내다'의 방언.

시가리 경북 ( )[ ]명 '서캐'의 방언.

시갱이 경북 ( )[ ]명 '서캐'의 방언.

시거럽다 경남 ( )[ ]형 '시다'의 방언.

시겁 강원 ( )[ ]명 '엄살'의 방언.

시겁다 강원 ( )[ ]형 '시다'의 방언.

시겁다 경남 ( )[ ]형 '쓰다'의 방언.

시겁-뜰다 강원 ( )[시겁뜰다]동 '엄살떨다'의 방언.

시겁-시룹다 강원 ( )[시겁씨룹따]형 '엄살스럽다'의 방언.

시겁-쟁이 강원 ( )[시겁쟁이]명 '엄살쟁이'의 방언.

시-게 전라 ( )[ ]부 '되게'의 방언.

시곤-하다 경북 ( )[ ]형 '노곤하다'의 방언.

시구다 충북 ( )[ ]형 '시다'의 방언.

시구랍다 경상 전라 ( )[ ]형 '시다'의 방언.

시구룹다 강원 경북 전남 ( )[ ]형 '시다'의 방언. ¶사가가 와 이리 시구룹노?(사과
가 왜 이리 시니?)〈경북〉

시구릅다 강원 경남 ( )[ ]형 '시다'의 방언.

시굽다 강원 경상 충북 ( )[ ]형 '시다'의 방언.

시그럽다 강원 경기 경상 전라 충청 ( )[ ]형 '시다'의 방언. ¶귤이 너무 시그러바서
못 묵겠다.(귤이 너무 시어서 못 먹겠다.)〈경남〉

시그롭다 강원 ( )[시그롭따]형 '시다'의 방언.

시그룹다 강원 ( )[시그룹따]형 '시다'의 방언.

시그릅다 강원 ( )[시그릅따]형 '시다'의 방언.

시근거리다 표준 ( )[시근거리다]동 (사람이나 신체의 일부분이) 뼈마디 따위가 조금 심하게 자꾸 시리고 쑤시다. 〈유〉시근대다, 시근시근하다 〈참〉시큰거리다, 새근거리다 ¶그는 허리가 아프고 발목이 시근거리는 것을 참고 마지막 순서까지 진행하였다.

시근대다 표준 ( )[ ]동 (사람이나 신체의 일부분이) 뼈마디 따위가 조금 심하게 자꾸 시리고 쑤시다. 〈유〉시근거리다, 시근시근하다 〈참〉시큰대다, 새근대다 ¶온몸의 뼈마디가 시근댄다.

시근시근하다 표준 ( )[시근시근하다]동 관절 따위가 신 느낌이 들다. ¶이제는 나이가 들었는지 팔다리가 시근시근하기 시작한다.

시근하다 표준 ( )[시근하다]형 (사람이나 신체의 일부분이) 뼈마디 따위가 조금 저리고 시다. 〈참〉시큰하다, 새근하다

시글탱-허다 전라 ( )[ ]형 '시들하다'의 방언. ¶멋이 불만이라고 시글탱허게 군다냐?(무엇이 불만이라고 시들하게 군다니?) 〈전남〉

시급다 강원 경북 충북 ( )[ ]형 '시다'의 방언.

시기 경남 ( )[ ]부 '되게'의 방언. ¶비가 시기 내리몬 하던 거 멈치고 집에 들어오니라.(비가 되게 내리면 하던 거 밈추고 집에 들어오너라.)

시꾸다 경북 ( )[ ]형 '시다'의 방언.

시늉-병 제주 ( )[ ]명 '말라리아, 학질'의 방언.

시늉-빙 제주 ( )[ ]명 '말라리아, 학질'의 방언.

시다 강원 ( )[ ]형 '시리다'의 방언.

시다 표준 ( )[시다]형 관절 따위가 삐었을 때처럼 거북하게 저리다. ¶어금니가 시다./그녀는 어깨가 쑤신다, 가슴이 결린다, 발목이 시다, 늘 불평이었다.

시다 표준 ( )[시다]형 (눈이) 강한 빛을 받아 슴벅슴벅 찔리는 듯하다. ¶햇살이 비쳐 눈이 시다./지갑을 찾다가 눈이 시어 눈을 감았다.

시달-시달 경북 ( )[ ]부 '시들시들'의 방언.

시돗-소님 경북 전남 ( )[시돈쏘님]명 '천연두'의 방언.

시두 경북 전남 ( )[ ]명 '수두'의 방언.

시두-소님 경북 전남 ( )[ ]명 '천연두'의 방언.

시두-손님 전라 ( )[ ]명 '천연두'의 방언. ¶울 막냉이헌티 시두손님이 와 불어서 큰일 났소.(우리 막내한테 천연두가 와 버려서 큰일 났소.)〈전남〉

시둣-소님 경북 전남 ( )[시둔쏘님]명 '천연두'의 방언.

시드레-하다 강원 ( )[ ]형 '시들하다'의 방언.

시드룹다 제주 ( )[시드룹따]동 '말리다'의 방언.

시드름-하다 충청 ( )[ ]형 '시들하다'의 방언.

시들다 표준 ( )[시들다]동 몸의 기력이나 기운이 빠져서 생기가 없어지다.

시들루다 제주 ( )[ ]동 '말리다'의 방언.

시들-시들 표준 ( )[시들시들]부 약간 시들어 힘이 없는 모양.〈참〉새들-새들 ¶시들시들 말라만 가는 벼들이 농민들의 마음을 매우 아프게 하고 있습니다.

시들시들-하다 표준 ( )[시들시들하다]형 약간 시들어 힘이 없다.

시들-하다 표준 ( )[시들하다]형 풀이나 꽃 따위가 시들어서 생기가 없다. ¶폭염으로 나무들이 데쳐 놓은 나물처럼 시들하다.

시럽다 경남 ( )[시럽따]형 '시리다'의 방언.

시럽다 강원 충북 ( )[시럽따]형 '시다'의 방언.

시룹다 전남 ( )[시룹따]형 '시리다'의 방언.

시리다 표준 ( )[ ]형 (몸의 한 부분이) 차가운 것에 닿아서 춥고 얼얼하다. ¶양말을 두 켤레나 신었는데도 발가락이 시렸다./바람이 어찌나 찬지 코끝이 시려서 가만히 서 있을 수가 없었다.

시부정-하다 충청 ( )[ ]형 '시들하다'의 방언.

시웁다 경북 충남 ( )[ ]형 '시다'의 방언.

시장-시럽다 전라 ( )[시장시럽따]형 '시들하다'의 방언.

시춤-허다 전라 ( )[ ][혱] '시들하다'의 방언. ¶느그 엄씨가 시춤허니 지세미만 보고 있담서?(너희 어미가 시들하게 처마만 보고 있다면서?) 〈전남〉

시큰거리다 표준 ( )[ ][동] (팔다리나 뼈마디가) 심하게 자꾸 시리고 쑤시다. 〈유〉시큰대다 〈참〉시근거리다, 새큰거리다 ¶테니스를 너무 오래 쳤더니 손목이 시큰거린다./이빨 부러진 곳이 욱신거리기도 하고 시큰거리기도 해.

시큰대다 표준 ( )[ ][동] (팔다리나 뼈마디가) 심하게 자꾸 시리고 쑤시다. 〈유〉시큰거리다 〈참〉시근대다, 새큰대다 ¶피아노 앞에 앉은 아이는 이유 없이 시큰대는 손목을 어루만지며 침을 삼켰다.

시큰시큰하다 표준 ( )[ ][혱] (팔다리나 뼈마디가) 심하게 자꾸 시리고 쑤시는 느낌이 있다. 〈참〉시근시근하다, 새큰새큰하다 ¶다리가 시큰시큰해서 더이상 걷지 못하겠다./학교에 가서도 층층대를 오르내리려면, 다리가 무겁고 무릎이 시큰시큰하여서 매우 괴로웠다.

시큰하다 표준 ( )[ ][혱] (팔다리나 뼈마디가) 조금 시리고 쑤신 느낌이 있다. 〈참〉시근하다, 새큰하다 ¶너무 오래 앉아 있었더니 허리가 시큰하며 아프다./무르팍이 시근했다.

시통 표준 (始痛)[시:통][명] 천연두를 앓을 때, 발진이 돋기 전에 나타나는 통증. 열이 오르거나 두통 따위의 증세가 있다.

시트다 충북 ( )[ ][혱] '시다'의 방언.

식심통 표준 (食心痛)[식씸통][명] 음식을 먹고 탈이 나서 가슴과 배가 그득하며 아픈 증상. 생것이나 차가운 음식을 과음·과식하여 생긴다.

식적 요통 표준 (食積腰痛)[ ][명구] 먹은 음식이 잘 소화되지 않고 위장에 체기가 있어 허리가 아픈 증상. ¶식적 요통을 피하려면 술자리에서 자극적이고 기름진 음식을 피해야 합니다.

신겡-벵 경남 ( )[ ][명] '신경병'의 방언.

신경-병 표준 (神經病)[신경뻥][명] 신경 계통과 관련되는 여러 가지 질병을 통틀어 이르는 말. 신경증, 정신병을 비롯하여 뇌중풍, 신경통, 척수염 따위가 있다.

신경통 표준 (神經痛)[신경통·]명 말초 신경이 자극을 받아 일어나는 통증. 아픈 부위가 한 개의 말초 신경의 지배 영역에 일치하고, 예리하면서 격심한 아픔이 발작적으로 일어나 짧게 지속되다 멈추기를 되풀이한다. 통증이 없는 상태에서도 해당 말초 신경 부위를 누르면 통증이 유발되는 특징이 있다. 원인이 뚜렷한 증후 신경통과 특정한 원인이 없는 특발 신경통으로 나눈다. ¶영검하게도 미리 알고 쿡쿡 쑤시기 시작하는 외할머니의 신경통과 함께 역시 그것은 오래지 않아 비가 내릴 거라는 징조였다.

신물이 넘어오다 표준 ( )[ ]동구 음식에 체하거나 과식하였을 때 트림과 함께 위에서 목으로 넘어오는 시척지근한 액체가 목구멍 밖으로 나오다. ¶저녁을 급히 먹었더니 소화가 되지 않고 자꾸 신물이 넘어오는구나.

신산통 표준 (腎疝痛)[신:산통·]명 '콩팥 급통증(콩팥急通症)'의 이전 말. 결석이 신장에 위치해 발생하는 통증. ¶신산통은 허리 깊숙한 곳에서 시작되어 허리 옆으로 퍼지게 되며 여성은 통증이 방광 쪽으로 이어지거나 남성은 고환을 향해 밑으로 퍼질 수 있다.

신장-벵 경남 ( )[ ]명 '신장병'의 방언.

신장-병 표준 (腎臟病)[신:장뼝]명 콩팥에 생기는 병을 통틀어 이르는 말. 〈유〉콩팥-병(콩팥病)

신허 요통 표준 (腎虛腰痛)[ ]명구 신장의 기능이 쇠약하거나 과도한 성교로 인하여 허리가 아픈 증세 ¶아침에 허리 통증이 더 심해지거나 오래 서 있을 때 통증이 나타났다면 신허 요통을 의심해 봐야 한다.

실경 표준 ( )[ ]명 목이 아파서 잘 놀리지 못하는 증상.

실기-먹다 전남 ( )[ ]동 '가는귀먹다'의 방언.

실리다 제주 ( )[ ]형 '시리다'의 방언. ¶이젠 이 실령 춘 건 못 먹으켜.(이제는 이가 시려서 찬 것은 못 먹겠다.)

실-먹다 전라 ( )[ ][동] '가는귀먹다'의 방언.

실침 표준 ( )[ ][명] 목이 아파서 잘 놀리지 못하는 증상.

실히다 제주 ( )[ ][형] '시리다'의 방언.

심 전남 ( )[ ][명] '말라리아, 학질'의 방언.

심-거무 강원 ( )[ ][명] '멍'의 방언.

심당구 강원 ( )[ ][명] '멍'의 방언.

심-바우 강원 ( )[ ][명] '멍'의 방언.

심-병 표준 (心病)[심병][명] 마음속의 근심.

심복통 표준 (心腹痛)[심복통][명] 근심 따위로 인하여 명치 아래와 배가 동시에 아픈 증상. ¶각총(산마늘)은 비위를 따뜻하게 하며, 건위작용 및 해독작용이 있어 심복통에 쓰인다.

심장구 경북 ( )[ ][명] '멍'의 방언.

심장-벵 경남 ( )[ ][명] '심장병'의 방언.

심장-병 표준 (心臟病)[심장뼝][명] 심장에 생기는 여러 가지 질환. 심장 내막염, 심장 판막증, 심장 근육염, 심근 경색, 심장 파열 따위가 있다. 〈유〉심장^병증(心臟病症)

심장통 표준 (心臟痛)[심장통][명] 복장뼈 아래쪽의 심장 부위에 일어나는 통증. 심장 동맥의 기능 부족으로 일어나거나 신경성 이상 감각이 원인이 되어 일어난다. ¶혈액 순환을 개선하면 요통이나 심장통뿐만 아니라 당뇨병성 신경통 치료에도 도움이 된다.

심줄 동기다 제주 ( )[ ][동구] 근육이 아프다.

심통하다 표준 (心痛하다)[ ][형] 마음이 아프다. ¶심통한 표정./심통한 모친의 모습을 보자 나 또한 마음이 아파 왔다.

심-트다 제주 ( )[ ][동] 근육 따위가 뒤틀리다 ¶축구를 오래 헤나난 종에가 심턴 아프다.(축구를 오래 해서 종아리가 뒤틀려 아프다.)

심하통 표준 (心下痛)[심하통][명] '위통'을 한방에서 이르는 말. 〈유〉위완통(胃

脘痛) ¶소설 동의보감에는 유의태가 심하통(心下痛)으로 죽자 허준이 유의태의 위를 수술하는 것으로 그려진다.

십다 경북 ( )[ ]휑 '쓰다'의 방언.

십다 경남 ( )[ ]휑 '시다'의 방언.

싱거무 경북 ( )[ ]몡 '멍'의 방언.

싱검 강원 ( )[ ]몡 '멍'의 방언. ¶싱검이 든 기 없어지려면 족히 한 달은 걸리겠다.(멍이 든 게 없어지려면 족히 한 달은 걸리겠다.)

싱당구 강원 ( )[ ]몡 '멍'의 방언.

싸드리-하다 경남 ( )[ ]휑 '시들하다'의 방언. ¶꽃병에 있는 장미가 인자 싸드리하다.(꽃병에 있는 장미가 이제 시들하다.)

싸래 강원 ( )[ ]몡 '사레'의 방언.

싸레 강원 ( )[ ]몡 '사레'의 방언.

싸레-기 강원 ( )[ ]몡 '사레'의 방언. ¶즘심 먹다가 싸레기거 들레서 아주 혼났아.(점심 먹다가 사레가 들려서 아주 혼났어.)

싸름-하다 경남 ( )[ ]휑 '맥없다'의 방언.

싸리 강원 경기 ( )[ ]몡 '사레'의 방언.

싸하다 표준 ( )[싸하다]휑 혀나 목구멍 또는 코에 자극을 받아 아린 듯한 느낌이 있다. ¶코가 싸하다./하품을 하고 난 뒤처럼 코 속이 싸하게 쓰리면서 눈물이 징 솟아올랐다.

쌀-대가리 강원 ( )[ ]몡 '대머리'의 방언.

쌀쌀 표준 ( )[ ]분 배가 조금씩 쓰리며 아픈 모양. '살살'보다 센 느낌을 준다. 〈참〉살살, 슬슬 ¶난 종일 물을 부었더니만 배탈이 났는지 어째 쌀쌀 아랫배가 아파 오네.

쌉수리-하다 경남 ( )[ ]휑 '씁쓰레하다'의 방언.

쌉쓰름-하다 전남 ( )[ ]휑 '씁쓰레하다'의 방언.

쌉쓰리-하다 경남 ( )[ ]휑 '씁쓰레하다'의 방언.

쌍-언청이 표준 ( )[쌍언청이]명 윗입술이 두 줄로 째진 사람.

쌍-얼쳉이 제주 ( )[ ]명 '쌍언청이'의 방언.

쌔가리 경남 ( )[ ]명 '서캐'의 방언.

쌔그랍다 경남 ( )[ ]형 '시다'의 방언. ¶냉국에 식초를 너무 마이 여 가 쌔그랍 아서 몬 묵겄다.(냉국에 식초를 너무 많이 넣어 가지고 시어서 못 먹겠다.)

쌔기 경남 ( )[ ]명 '서캐'의 방언.

쌔알 강원 ( )[ ]명 '사레'의 방언.

쌔짝래기 경북 ( )[ ]명 '말더듬이'의 방언.

쌕손 경북 ( )[ ]명 '곰보'의 방언.

쌧-바알 경남 ( )[ ]명 '혓바늘'의 방언.

쌩인-손가락 경남 ( )[ ]명 '생인손'의 방언. ¶까시 찔린 손 고대로 내비두모 쌩 인손가락 될지도 모른대이.(가시 찔린 손 고대로 놓아두면 생인손 될지도 모른다.)

써가리 경북 ( )[ ]명 '서캐'의 방언.

써개 강원 ( )[ ]명 '서캐'의 방언.

써개이 강원 ( )[ ]명 '서캐'의 방언.

써갱이 강원 ( )[ ]명 '서캐'의 방언.

써게이 강원 ( )[ ]명 '서캐'의 방언.

써께 강원 ( )[ ]명 '서캐'의 방언.

써다 경남 전라 ( )[ ]동 '켜다'의 방언.

써-이다 경남 ( )[ ]동 '켜이다'의 방언. ¶짭은 걸 묵으모 밤에 자다가도 물이 자 꾸 써인다.(짠 걸 먹으면 밤에 자다가도 물이 자꾸 켜인다.)

썩-문둥이 전라 ( )[ ]명 '문둥이'의 방언.

썸뜩-시럽다 경남 ( )[ ]형 '섬뜩하다'의 방언.

썹지그랑ᄒ다 제주 ( )[ ]형 '섬뜩하다'의 방언. ¶오널추룩 비 오고 바름 부는 날 에 경한 귀신 이야기 들으난 썹지그랑한게.(오늘처럼 비 오고 바람 부는 날에 그러한 귀신 이야기를 들으니까 섬뜩하네.)

썻-발 전남 ( )[ ] 명 '헛바늘'의 방언.

썽-나다 경상 전남 충청 ( )[ ] 동 '성나다'의 방언. ¶어무이가 니 때무레 역수로 썽
났다.(어머니가 너 때문에 대단히 성났다.)〈경북〉

썽-내다 경남 제주 ( )[ ] 동 '성내다'의 방언. ¶가가 벨 생각 없이 한 말인께네 너
무 썽내지 마라.(걔가 별 생각 없이 한 말이니까 너무 성내지 마라.)〈경남〉

쎄 경상 ( )[ ] 명 '서캐'의 방언.

쎄가래 경남 ( )[ ] 명 '서캐'의 방언. ¶머리에 쎄가래가 버글버글한다.(머리에
서캐가 버글버글한다.)

쎄개이 강원 ( )[ ] 명 '서캐'의 방언.

쎄게이 강원 ( )[ ] 명 '서캐'의 방언.

쎄겡이 강원 ( )[ ] 명 '서캐'의 방언.

쎄기 경남 ( )[ ] 명 '서캐'의 방언.

쎄기이 강원 ( )[ ] 명 '서캐'의 방언.

쎄-까시레이 경남 ( )[ ] 명 '헛바늘'의 방언.

쎄-바늘 경남 ( )[ ] 명 '헛바늘'의 방언.

쎄-짤래이 경남 ( )[ ] 명 '혀짜래기'의 방언.

쎄카리 경남 ( )[ ] 명 '서캐'의 방언. ¶머리 깨끗하이 안 감으모 쎄카리 생긴다
이.(머리 깨끗하게 안 감으면 서캐 생긴다.)

쎗-바눌 강원 ( )[씬뻬눌] 명 '헛바늘'의 방언.

쎗-바늘 전남 ( )[ ] 명 '헛바늘'의 방언.

쎗-방울 전남 ( )[ ] 명 '헛바늘'의 방언.

쎗-방웅 전남 ( )[ ] 명 '헛바늘'의 방언.

쎙기다 충남 ( )[ ] 형 '저리다'의 방언.

쎼가리 강원 ( )[ ] 명 '서캐'의 방언.

쏘다 강원 ( )[ ] 형 '저리다'의 방언.

쏘임 경남 ( )[ ]명 '천연두'의 방언.

쏙-벵 제주 ( )[ ]명 '속병'의 방언.

쏙-병 경북 ( )[ ]명 '속병'의 방언.

쏙쏙 표준 ( )[ ]부 자꾸 쑤시듯이 아픈 모양. ¶뼈끝마다 쏙쏙 쑤신다./몸살인지 온몸이 바늘로 쏙쏙 찌르듯이 아프다./무섭게 여윈 그 얼굴을 대할 때에 어린 이 몸의 가슴은 바늘로 쏙쏙 찌르는 듯하였나이다.

쏭쏭-거리다 제주 ( )[ ]동 '낑낑거리다'의 방언.

쏭쏭-저들다 제주 ( )[ ]동구 '끙끙거리다'의 방언.

쐐 경남 ( )[ ]명 '서캐'의 방언. ¶머리에 쐐가 너무 많다.(머리에 서캐가 너무 많다.)

쐬-닥지 제주 ( )[ ]명 부스럼 껍질이 굳은 것.

쐿-바늘 전북 ( )[ ]명 '헛바늘'의 방언.

쑤들다 강원 ( )[ ]동 '시들다'의 방언.

쑤세다 전라 ( )[ ]동 '쑤시다'의 방언.

쑤시다 표준 ( )[쑤시다]동 신체의 일부분이 바늘로 찌르는 것처럼 아픈 느낌이 들다 ¶머리가 지끈지끈 쑤시다./잇몸이 붓고 쑤신다./사지가 쑤셔 댄다.

쑵다 경상 ( )[ ]형 '쓰다'의 방언.

쒜 표준 (쒜)[쒜:]감 어린아이가 다쳐서 아파할 때 다친 곳을 만지며 위로할 때 내는 소리. 〈유〉쒜-쒜

쒜쒜 표준 ( )[쒜:쒜:]감 어린아이가 다쳐서 아파할 때 다친 곳을 만지며 위로할 때 내는 소리. 〈유〉쒜 ¶쒜쒜, 안 아프지?

쉬다 경남 ( )[ ]동 '쓰다'의 방언.

쉬세다 전라 ( )[ ]동 '쑤시다'의 방언.

쓰굽다 강원 ( )[ ]형 '쓰다'의 방언.

쓰급다 강원 ( )[ ]형 '쓰다'의 방언.

쓰다 표준 ( )[쓰다]형 혀로 느끼는 맛이 한약이나 소태, 씀바귀의 맛과 같

ㅅ

다. ¶쓴 약./나물이 쓰다./이 커피는 향기도 없고 쓰기만 하다.

쓰라리다 표준 ( )[쓰라리다]동 상처가 쓰리고 아리다. ¶며칠을 굶었더니 속이 쓰라리다./부르튼 발이 쓰라려서 걷기가 힘들다.

쓰리다 표준 ( )[쓰리다]형 1.(몸이) 쑤시는 것처럼 아프다. 2.(뱃속이) 몹시 시장하거나 과음하여 쓸어내리듯 아프다. ¶1. 뜨거운 모래가 허벅지에 닿아서 살갗이 몹시 쓰리고 아팠다./이미 실밥까지 뽑아낸 다 아문 상처는 새살이 빨갛게 돋아나서 조금만 스쳐도 불에 덴 듯이 쓰리고 아프다. 2. 하루 종일 굶었더니 속이 너무 쓰리네./어제 빈속에 술을 너무 많이 마셨나 봐. 속이 쓰려.

쓰우롱ᄒ다 제주 ( )[ ]형 '씁쓰레하다'의 방언.

쓸다 표준 ( )[쓸다]동 (아픈 데를 낫게 하려고) 가볍게 쓰다듬거나 문지르다. ¶저녁에 배가 아프다고 하니 할머니께서 손으로 배를 쓸어 주셨다.

쓸리는벵 제주 ( )[ ]명 '뇌졸중'의 방언.

쓸림증 제주 (쓸림症)[ ]명 '뇌졸중'의 방언. ¶데멩이 소곱의 뇌에 깜째기 피가 안 돌아가는 벵을 쓸림증이라 글는 거우다.(머리 속의 뇌에 갑자기 피가 안 돌아가는 병을 쓸림증(뇌졸중풍)이라고 합니다.)

씀벅씀벅하다 표준 ( )[씀벅씀버카다]동 눈이나 살 속이 찌르듯이 잇따라 시근시근하다.

씀벅씀벅-하다 전라 ( )[씀벅씀버카다]형 온몸이 안 아픈 데가 없이 쑤시고 아프다

씁다 경남 ( )[ ]형 '쓰다'의 방언.

씁스롱-하다 제주 ( )[ ]형 '씁쓰레하다'의 방언.

씁쓰레-하다 표준 ( )[ ]형 조금 씁쓸한 듯하다. 〈유〉씁쓰름-하다 ¶그는 씁쓰레한 약을 입에 털어 넣으며 말했다.

씁쓰롱ᄒ다 제주 ( )[ ]형 '씁쓰레하다'의 방언.

씁쓰름-하다 표준 ( )[ ]형 조금 씁쓸한 듯하다. 〈유〉씁쓰레-하다 ¶그것 참, 가

루약이 입에 씁쓰름하군요.

씁쓸-하다 표준 ( )[씁쓸하다] 형 조금 쓰다. 〈참〉쌉쌀-하다 ¶인삼차가 씁쓸하다.

씁씨룸-하다 강원 ( )[ ] 형 '씁쓰름하다'의 방언.

씁지랑ㅎ다 제주 ( )[ ] 형 '씁쓸하다'의 방언.

쓩깔-내다 강원 충북 ( )[ ] 동 '성내다'의 방언.

쓩-나다 충남 ( )[ ] 동 '성나다'의 방언.

쓩-내다 강원 전라 충청 ( )[ ] 동 '성내다'의 방언.

씨가리 경남 전북 ( )[ ] 명 '서캐'의 방언. ¶오데서 이리 씨가리가 올라 가 왔노?(어디서 이리 서캐가 옮아 가지고 왔니?)〈경남〉

씨개 강원 ( )[ ] 명 '서캐'의 방언.

씨겁다 강원 ( )[씨겁따] 형 '쓰다'의 방언.

씨겁다 강원 경북 ( )[ ] 형 '시다'의 방언.

씨게미 경남 ( )[ ] 명 '서캐'의 방언.

씨구럽다 경북 ( )[씨구럽따] 형 '시다'의 방언.

씨굽다 강원 경북 충북 ( )[씨굽다] 형 '쓰다'의 방언.

씨급다 강원 ( )[씨급따] 형 '쓰다'의 방언.

씨다 강원 경기 경상 전라 제주 충남 ( )[ ] 형 '시다'의 방언.

씨다 경남 전라 ( )[ ] 형 '쓰다'의 방언.

씨다 경남 ( )[ ] 동 '쓰다'의 방언.

씨다 경북 ( )[ ] 동 '켜이다'의 방언.

씨들-씨들 전라 ( )[ ] 부 '시들시들'의 방언.

씨들씨들-하다 전라 ( )[ ] 형 '시들시들하다'의 방언.

씨리다 경남 ( )[ ] 형 '시리다'의 방언.

씨우룽ㅎ다 제주 ( )[ ] 형 '씁쓰레하다'의 방언.

씰개 강원 ( )[ ] 명 '서캐'의 방언.

씹다 경상 ( )[ ]형 '쓰다'의 방언.

씹쑤룸-허다 전남 ( )[ ]형 '쏩쓰레하다'의 방언.

씹쓰름-하다 전라 ( )[ ]형 '쏩쓰레하다'의 방언.

씹씨레-하다 강원 ( )[ ]형 '쏩쓰레하다'의 방언. ¶봄철 반찬으루는 씹씨레한 산나물이 젤이야.(봄철 반찬으로는 쏩쓰레한 산나물이 젤이야.)

씹씨룸-하다 강원 ( )[ ]형 '쏩쓰름하다'의 방언.

씹씨름-하다 전라 ( )[ ]형 '쏩쓰레하다'의 방언.

씹씰-하다 경북 ( )[ ]형 '쏩쏠하다'의 방언.

씹씰-허다 전라 ( )[ ]형 '쏩쏠하다'의 방언. ¶싸랑부리는 짐치를 담아도 맛이 씹씰해.(씀바귀는 김치를 담가도 맛이 쏩쏠해.)/뒷맛이 영 씹씰허다. 〈전북〉/ 뒷맛이 영 쏩쏠하다.

ㅇ

아 비표준 ( )[아ː](감) (치과에서) 환자들의 입을 벌리라는 뜻으로 의사나 간호사가 내는 소리. ¶자, 아~ 입을 좀 벌려 봐요.

아득하다 표준 ( )[아드카다](형) (정신이) 갑자기 어지럽고 흐리멍덩하다. 〈참〉어득하다 ¶덜컹거리는 기차 안에서 멍하니 앉아 있자니 꿈이라도 꾸는 듯이 정신이 아득하였다.

아뜩아뜩하다 표준 ( )[아뜨가뜨카다](형) (정신 따위가) 있다가 없다가 하여 자꾸 조금씩 매우 어지럽거나 까무러칠 듯하다. ¶산을 내려오는데 갑자기 앞이 캄캄해지더니 정신이 아뜩아뜩했어요./나는 눈앞이 아뜩아뜩하여 그대로 바닥에 주저앉아 버렸다.

아뜩하다 표준 ( )[아뜨카다](형) (눈앞이나 정신이) 갑자기 캄캄해지거나 어지러워 까무러칠 듯하다. 〈참〉아득하다, 어뜩하다 ¶나는 갑자기 현기증이 일어나며 눈앞이 아뜩하였다./노인은 정신이 아뜩하고 속이 느글거려 땅바닥에 주저앉고 말았다.

아르르하다 표준 ( )[ ](형) (혀끝이) 매운 음식 따위를 먹어 알알하고 쏘는 느낌이 있다. ¶멋모르고 입속에 집어넣은 청양고추 때문에 혀끝이 아르르하다./기름에 덴 손가락이 아직도 아르르하다.

아리다 표준 ( )[ ](형) 1. 혀끝을 찌를 듯이 알알한 느낌이 있다. 2. 상처나 살갗 따위가 찌르는 듯이 아프다. 〈참〉아리다 ¶1. 마늘을 깨물었더니 혀가 아리다. 2. 불에 덴 상처가 아리다.

아리딸딸하다 표준 ( )[ ](형) (머리가) 어떤 것에 부딪쳐서 약간 울리고 어지럽다. ¶그는 집에 오는 길에 축구공에 맞아 머리가 아리딸딸하였다.

아리아리하다 표준 ( )[ ](형) (사람이 신체 부위가) 계속해서 약간 아픈 느낌이 있다. ¶동생에게 꼬집힌 데가 아직도 아리아리하다.

아릿아릿하다 표준 ( )[아리다리타다](형) (신체 부위나 상처가) 찌르는 듯이 조금씩 아픈 느낌이 있다. 〈참〉어릿어릿하다

아릿하다 표준 ( )[아리타다](형) (혀나 코가) 조금 알알한 느낌이 있다. 〈참〉어

릿하다 ¶혀끝이 아릿하다./그의 말을 듣고 있던 나는 코가 아릿하면서 눈
물이 핑 돌았다.

아수 표준( )[ ]圐 기침을 하면서 목이 쉬는 증상.

아야 표준( )[ ]圉 갑자기 아픔을 느낄 때 내는 소리. ¶아야, 살살 좀 때리세요.

아야하다 비표준( )[ ]圐 (유아나 아동들이) 아픔을 느끼다. 또는 아픔을 느끼게
하다. ¶애고 우리 귀여운 아기, 아야했어요.

아염 전남( )[ ]圐 '하품'의 방언.

아유 표준( )[아유]圉 아프거나 힘들거나 놀라거나 원통하거나 기막힐 때 내
는 소리. 〈유〉아이, 아이고 〈참〉어유 ¶아유, 머리야./아유, 더는 못 가겠
다./아유, 깜짝이야.

아으 표준( )[아으]圉 정신적으로나 육체적으로 심하게 아플 때 나오는 소
리. ¶아으, 머리가 아파 못 견디겠다.

아음 전남( )[ ]圐 '하품'의 방언.

아이 표준( )[아이]圉 아프거나 힘들거나 놀라거나 원통하거나 기막힐 때 내
는 소리. ¶아이, 깜짝이야./아이, 억울해./아이, 무서워라.

아이고 표준( )[ ]圉 아프거나 힘들거나 놀라거나 원통하거나 기막힐 때 내는
소리. 〈유〉아유, 아이. ¶아이고, 배야.

아이코 표준( )[아이코]圉 아프거나 힘들거나 놀라거나 원통하거나 기막힐 때
내는 소리. '아이고'보다 거센 느낌을 준다. 〈참〉아이고, 어이쿠 ¶아이코,
팔이야. 앞 좀 똑바로 보고 다니시오./아이코, 아직 반도 채 못했군.

아지랍다 경남( )[ ]휑 '어지럽다'의 방언.

아진-배기 제주( )[ ]圐 '앉은뱅이'의 방언.

아진-뱅이 제주( )[ ]圐 '앉은뱅이'의 방언.

아질아질하다 표준( )[ ]휑 (눈앞이나 정신이) 자꾸 조금 어지럽고 아득하
다. 〈참〉어질어질하다, 아찔아찔하다

아질하다 표준( )[ ]휑 (눈앞이나 정신이) 갑자기 어지럽고 조금 아뜩하

다. 〈참〉어질하다, 아찔하다 ¶그녀는 머리가 아질해 주저앉고 말았다./자리에서 갑자기 일어난 나는 머리가 아질함을 느꼈다.

아찔아찔하다 [표준] ( )[ ][형] (눈앞이나 정신이) 자꾸 어지럽고 아득하다. 〈참〉아질아질하다, 어찔어찔하다

아찔하다 [표준] ( )[ ][형] (눈앞이나 정신이) 갑자기 어지럽고 아뜩하다. 〈참〉어찔하다 ¶갑자기 눈앞이 아찔하면서 심한 현기증이 났다./사고를 당할 뻔했던 그때를 생각하면 지금도 아찔하다.

아하다 [비표준] ( )[아ː하다][동] (치과에서 의사나 간호사가) 환자들에게 입을 벌리라는 뜻으로 '아'라는 소리를 내다. ¶자, 학생 아해 보세요.

안개-다리 [경북] ( )[ ][명] '안짱다리'의 방언.

안경 [경남] ( )[ ][명] '안경'의 방언.

안겡 [경남] ( )[ ][명] '안경'의 방언.

안경 [표준] (眼鏡)[안ː경][명] 시력이 나쁜 눈을 잘 보이게 하기 위하여나 바람, 먼지, 강한 햇빛 따위를 막기 위하여 눈에 쓰는 물건. ¶안경을 끼다./안경을 벗다./그녀는 알이 없는 안경을 썼다.

안면통 [표준] (顏面痛)[안면통][명] 삼차 신경의 분포 영역에 생기는 통증 발작. 얼굴 한쪽이 심하게 아프며 후두부나 어깨까지 아플 수도 있는데 중년 이후의 여성에게 많다. 원인은 분명하지 않으나, 뇌줄기에 발생한 종양이나 뇌동맥 자루가 원인일 가능성이 있고, 다발 경화증의 증상으로 나타날 수도 있으며 뇌 바닥 세동맥의 동맥 경화증이 원인이 되는 경우도 있다. 〈유〉삼차 신경통(三叉神經痛), 얼굴 신경통(--神經痛)

안-애고리 [제주] ( )[아내오리][명] '안짱다리'의 방언.

안-애오리 [제주] ( )[아내오리][명] '안짱다리'의 방언.

안짱-다리 [표준] ( )[안짱다리][명] 두 발끝이 안쪽으로 휜 다리. 또는 두 발끝을 안쪽으로 향하게 하고 걷는 사람. ¶그는 키가 작은 편이고, 목이 다붙고, 안짱다리에다 뚱뚱보였다.

앉은-뱅이 표준 ( )[안즌뱅이]圐 하반신 장애인 중에서 앉기는 하여도 서거나 걷지 못하는 사람을 낮잡아 이르는 말. ¶가난한 집안이라 좋은 약을 쓸 수가 없어서 병이 점점 더하여져 결국 앉은뱅이가 되어 버렸다./그는 자리에 주저앉아 있다가 앉은뱅이처럼 엉금엉금 걸어서 나무 뒤편으로 돌아갔다.

앉은-베기 전남 ( )[안즌베기]圐 '앉은뱅이'의 방언.

앉을-방이 강원 경기 경상 전라 제주 충청 ( )[안즐방이]圐 '앉은뱅이'의 방언.

앉을-뱅이 경기 ( )[안즐뱅이]圐 '앉은뱅이'의 방언.

앉인-배이 경남 ( )[안진배이]圐 '앉은뱅이'의 방언.

앉인-베기 전남 ( )[안진베기]圐 '앉은뱅이'의 방언.

앉인-벵이 전남 ( )[안진벵이]圐 '앉은뱅이'의 방언.

앉일-뱅이 경기 ( )[안질뱅이]圐 '앉은뱅이'의 방언.

앉일-벵이 강원 ( )[안질벵이]圐 '앉은뱅이'의 방언.

알개-씹 제주 ( )[ ]圐 '다래끼'의 방언.

알근하다 표준 ( )[ ]圂 (음식이나 그 맛이) 매워서 입안이 조금 알알하다. 〈참〉 얼큰하다, 알큰하다, 얼근하다 ¶이 집 매운탕은 맛이 알근한 것이 독특한 맛이 난다.

알딸딸하다 표준 ( )[ ]圂 (머리가) 어떤 것에 부딪쳐서 약간 울리고 어지럽다. 〈본〉아리딸딸하다 〈참〉얼떨떨하다

알레발-이 전남 ( )[알래바리]圐 '절뚝발이'의 방언.

알싸하다 표준 ( )[ ]圂 (음식이나 그 맛, 냄새가) 맵거나 독해서 콧속이나 혀끝이 아리고 쏘는 느낌이 있다. ¶입 안이 알싸하다.

알알하다 표준 ( )[아랄하다]圂 (몸의 일부가) 상처가 나거나 하여 꽤 아린 느낌이 있다. 〈참〉얼얼하다 ¶매 맞은 자리가 알알하다.

알짝지근하다 표준 ( )[ ]圂 (살이) 따끔따끔 찌르는 듯이 아프다. 〈참〉알찌근하다, 얼쩍지근하다 ¶몸살이 났는지 살가죽이 알짝지근하다.

알찌근하다 표준 ( )[ ]圂 (살이) 따끔따끔 찌르는 듯이 아프다. 〈참〉알짝지근

하다, 얼찌근하다 ¶계단에서 넘어지면서 짚은 손이 알찌근했다.

알쳉이 전남 ( )[ ]圏 '언청이'의 방언.

알칭이 경남 ( )[ ]圏 '언청이'의 방언.

암-내 표준 ( )[암ː내]圏 체질적으로 겨드랑이에서 나는 고약한 냄새. 〈유〉액기(腋氣), 액취(腋臭), 호취(狐臭/胡臭) ¶암내가 나다.

압세기 강원 ( )[ ]圏 '수두'의 방언.

압세기 강원 ( )[ ]圏 '홍역'의 방언.

압시기 강원 ( )[ ]圏 '홍역'의 방언.

압시기 강원 ( )[ ]圏 '수두'의 방언.

압통 표준 (壓痛)[압통]圏 피부를 세게 눌렀을 때에 느끼는 아픔. ¶나무 기둥에 깔린 인부가 압통을 참지 못해 비명을 질렀다.

압통점 표준 (壓痛點)[압통쩜]圏 피부를 눌렀을 때에 아픔을 특히 강하게 느끼는 부위. 신경이 갈라지거나 깊은 층에서 얕은 층으로 나타나는 곳에 있는데, 특정 지점의 비정상적인 아픔은 특정 병과 관계가 있으므로 진단의 한 방법이 된다. ¶그는 압통점과 기맥에 수지침을 놓았다.

앙고바리 경북 ( )[ ]圏 '안짱다리'의 방언.

앙업 제주 ( )[ ]圏 '엄살'의 방언.

앙진-뱅이 전라 ( )[ ]圏 '앉은뱅이'의 방언.

앚인-배기 제주 ( )[ ]圏 '앉은뱅이'의 방언.

애고 표준 ( )[애고]翟 '아이고'의 준말. 〈참〉에구 ¶애고, 좀 쉬었다 하자./애고, 이 녀석아, 이게 웬일이냐.

애고고 표준 ( )[애고고]翟 '애고'를 잇따라 내는 소리. 〈참〉에구구 ¶애고고, 머리야.

애 기차지다 제주 ( )[ ]동구 속 타다.

애꼬 경기 경남 전라 충청 ( )[ ]圏 '애꾸'의 방언.

애꼬-눈 전북 ( )[ ]圏 '애꾸'의 방언.

애꼬-쟁이 전라 ( )[ ]몡 '애꾸눈이'의 방언.

애꾸 표준 ( )[애꾸]몡 한쪽이 먼 눈. 〈유〉독안(獨眼), 반-소경(半소경), 반맹 (半盲), 애꾸-눈, 일목(一目), 일척-안(一隻眼) ¶어릴 적에 동네 아이들하고 싸움이 붙어 썰매 막대기 꼬챙이로 눈이 찔러 애꾸가 되고 말았다.

애꾸눈-이 표준 ( )[애꾸누니]몡 한쪽 눈이 먼 사람을 낮잡아 이르는 말. 〈유〉 묘목(眇目), 애꾸, 외눈-박이, 일목-장군(一目將軍)

애꾸-땡이 충남 ( )[ ]몡 '애꾸'의 방언.

애꾸-백이 경기 ( )[ ]몡 '애꾸'의 방언.

애꾸-쟁이 전라 ( )[ ]몡 '애꾸'의 방언.

애-눈깔퉁이 강원 ( )[ ]몡 '애꾸'의 방언.

애드라미 강원 ( )[ ]몡 '여드름'의 방언.

애리다 표준 ( )[애리다]혱 '아리다'의 방언.(강원, 경상, 전라, 평안, 중국 길림 성, 중국 요령성, 중국 흑룡강성)

애배 강원 ( )[ ]몡 '벙어리'의 방언.

애 썩다 제주 ( )[ ]동구 속 썩다.

애 아프다 제주 ( )[ ]동구 속 앓다.

애옥 제주 ( )[ ]몡 '고름'의 방언. ¶살이 덜 곪안 끈작ᄒ게 덩어리로 흔 가운디 엉켜진 걸 애옥이엔 걷는디 애옥이 나와 불곡, 고름 빠진 종기자리에 궂인 물이 다 나와부러사 종기가 낫는 거라 마씀.(살이 덜 곪아서 끈적하게 덩어 리로 한가운데 엉켜진 걸 애옥이라고 말하는데 애옥이 나와 버리고, 고름 빠 진 종기 자리에 진물이 다 나와 버려야 종기가 낫는 겁니다.)

애유 표준 ( )[ ]몡 어린아이가 목이 메어 젖을 먹은 뒤에 토하는 증상.

애주가리 전라 ( )[ ]몡 '눈곱'의 방언.

애통하다 표준 (哀痛하다)[ ]혱 슬프고 가슴 아프다. ¶부모는 자식의 죽음이 애 통하여 한없이 눈물만 흘릴 뿐이었다./꽃다운 나이에 세상을 하직하니 애 통한 일이다./댁의 아드님 최상묵 일등병은 지난 이 월 이십육 일, 적과의

치열한 야간 전투 중 눈부신 전과를 올리고, 애통하게도 전사했습니다.

애통하다 표준 (哀痛하다)[ ][동] 슬퍼하고 가슴 아파하다. ¶한이 많은 생애, 사연이 복잡했던 영결식, 애통하는 혈육 하나 없는 망자를 실은 상여는 고개를 넘어간다.

애팔-이 경남 ( )[ ][명] '외팔이'의 방언.

액액 울다 제주 ( )[ ][동구] 까르륵 까르륵 울다.

앤겅 경남 ( )[ ][명] '안경'의 방언.

앤겡 전남 ( )[ ][명] '안경'의 방언. ¶잘 안 빈가 앤겡을 찌고 펜지를 읽드마.(잘 안 보이는지 안경을 끼고 편지를 읽더구먼.)

앤경 강원 경상 전라 충청 ( )[ ][명] '안경'의 방언.

앤드래미 강원 ( )[ ][명] '여드름'의 방언.

앤드름 강원 ( )[ ][명] '여드름'의 방언.

앤팔-이 경남 ( )[ ][명] '곰배팔이'의 방언.

앵고-다리 경남 ( )[ ][명] '안짱다리'의 방언.

앵꼬 전남 ( )[ ][명] '애꾸'의 방언.

앵꾸 전남 ( )[ ][명] '애꾸'의 방언.

야가지 바짝ㅎ다 제주 ( )[ ][형구] 목이 칼칼하다.

야간통 표준 (夜間痛)[야:간통][명] 밤에 잠들어 있을 때에만 일어나는 통증. ¶오십견의 경우에는 저녁에 통증이 심해지는 야간통이 발생해 수면 장애가 일어나기도 한다.

야게-걸다 제주 ( )[ ][동] '목메다'의 방언.

야드래미 강원 ( )[ ][명] '여드름'의 방언.

야드름 강원 ( )[ ][명] '여드름'의 방언.

약-그륵 경남 ( )[약끄륵][명] '약그릇'의 방언.

약-그릇 표준 (藥그릇)[약끄른][명] 약을 담아 두거나 따라 마시는 그릇. 〈유〉약기(藥器)

약-단지 경남 ( )[약딴지]명 '약탕기'의 방언.

약-당새기 경남 ( )[약땅새기]명 '약상자'의 방언.

약-대접 표준 (藥대접)[약때접]명 약을 따라서 마시는 대접.

약-대집 경남 ( )[약때집]명 '약대접'의 방언.

약-봉다리 경남 ( )[약뽕다리]명 '약봉지'의 방언. ¶어데가 아픈데 약봉다리가 저리도 많노?(어디가 아픈데 약봉지가 저리도 많니?)

약-봉지 표준 (藥封紙)[약뽕지]명 약을 담는 봉지. 〈유〉약봉(藥封)

약-사바리 경남 ( )[약싸바리]명 '약사발'의 방언.

약-사발 표준 (藥沙鉢)[약싸발]명 약을 담는 사발.

약-상자 표준 (藥箱子)[약쌍자]명 약을 넣어 두는 상자. 〈유〉약상(藥箱) ¶약상 자에서 소화제를 꺼내다.

약-장사 표준 (藥장사)[약짱사]명 약을 파는 일. 〈유〉약상(藥商)

약-장새 강원 ( )[약짱새]명 '약장사'의 방언.

약-조마이 경남 ( )[약쪼마이]명 '약주머니'의 방언.

약-주머니 표준 (藥주머니)[약쭈머니]명 약을 넣어서 차는 작은 주머니. 〈유〉 약낭(藥囊), 약대(藥袋)

약-탕기 표준 (藥湯器)[약탕끼]명 약물을 담는 탕기.

양궐 표준 (陽厥)[양궐]명 1. 궐증의 하나. 몸에 열이 난 뒤에 몸 안에 열이 막 히고 팔다리가 차가워진다. 2. 예전에, 지나치게 심한 자극을 받았을 때 성 을 내면서 발광하는 증상을 이르던 말. 〈유〉열궐

양기-질 전남 ( )[ ]명 '양치질'의 방언.

양수-질 전남 ( )[ ]명 '양치질'의 방언.

양지 경남 ( )[ ]명 '양치질'의 방언.

양지-치다 경남 ( )[ ]동 '양치하다'의 방언. ¶양지치고 낯도 칼쿨기 싲어라.(양 치하고 낯도 깨끗하게 씻어라.)

양추-질 강원 경북 전남 ( )[ ]명 '양치질'의 방언.

양치-소곰 경남 ( )[ ]명 '양칫소금'의 방언.

양치-질 표준 ( )[양치질]명 이를 닦고 물로 입안을 가시는 일. 〈유〉양수(養漱), 칫솔-질(齒솔질)

양치-하다 표준 ( )[양치하다]동 이를 닦고 물로 입안을 가시다.

양칫-소금 표준 ( )[양칟쏘금/양치쏘금]명 양치할 때에 쓰는 소금.

얘드라미 강원 ( )[ ]명 '여드름'의 방언.

얘드름 강원 ( )[ ]명 '여드름'의 방언.

어거리 경북 ( )[ ]명 '엄살'의 방언.

어깨통 표준 (어깨痛)[ ]명 목덜미로부터 어깨에 걸쳐 일어나는 근육통을 통틀어 이르는 말. 피로가 주된 원인이며 대개 어깨에 둔한 통증이 있다. ¶밤 중 욱신거리는 어깨통 때문에 잠을 설치고 팔을 들어 올릴 때 일정 각도와 동작에서 통증이 나타난다.

어느치 경상 ( )[ ]명 '언청이'의 방언.

어드등-하다 경북 ( )[ ]형 '답답하다'의 방언.

어드룸 경남 전남 ( )[ ]명 '여드름'의 방언.

어드름 전남 ( )[ ]명 '여드름'의 방언.

어득어득하다 표준 ( )[어드어드카다]형 (정신이) 희미해지면서 자꾸 어지럽거나 까무러칠 듯하다. 〈참〉어뜩어뜩하다, 아득아득하다

어득하다 표준 ( )[어드카다]형 (정신이) 갑자기 매우 어지럽고 흐리멍덩하다. ¶친한 친구의 부고에 정신이 어득하니 아무 생각이 나지 않았다.

어뜩어뜩하다 표준 ( )[어뜨거뜨카다]형 (정신이) 희미해지면서 자꾸 매우 어지럽거나 까무러칠 듯하다. 〈참〉어득어득하다, 아뜩아뜩하다 ¶의식은 회복했지만 아직도 눈앞은 어뜩어뜩하였다.

어뜩하다 표준 ( )[어뜨카다]형 (눈앞이나 정신이) 갑자기 몹시 어지러워 까무러칠 듯하다. 〈참〉아뜩하다 ¶웅이는 축구를 하다가 상대 선수와 부딪치는 순간 정신이 어뜩하며 그대로 쓰러지고 말았다.

어르치이 경남 ( )[ ]명 '언청이'의 방언.

어리바리하다 표준 ( )[어리바리하다]형 (사람이) 정신이 또렷하지 못하거나 기운이 없어 몸을 제대로 놀리지 못하다.

어리칭이 경남 ( )[ ]명 '언청이'의 방언.

어린둘럿 제주 ( )[ ]명 아이들 겨드랑이나 뒷목에 생기는 버짐. ¶버짐이 아으 덜 즈깡이나 뒷야개기에 생기민 어르레기나 어린둘럿이엔 ᄀ라마씸.(버짐 이 아이들 겨드랑이나 뒷목에 생기민 어르레기나 어린둘럿이라고 말합니다.)

어릿어릿하다 표준 ( )[어리더리타다]형 (신체 부위나 상처가) 찌르는 듯이 몹 시 아프거나 쓰린 느낌이 있다. 〈참〉아릿아릿하다 ¶무리를 했더니 허리가 어릿어릿하게 쑤신다.

어릿하다 표준 ( )[어리타다]형 (혀나 혀끝이) 몹시 쓰리고 따가운 느낌이 있 다. ¶가지를 날로 먹으니 혀끝이 어릿하다.

어멍 경남 ( )[ ]명 '엄살'의 방언.

어부리 경남 ( )[ ]명 '응어리'의 방언.

어유 표준 ( )[어유]감 몹시 아프거나 힘들거나 놀라거나 원통하거나 기막힐 때 내는 소리. 〈유〉어이, 어이구 〈참〉아유 ¶어유 배고파./어유, 배야./어 유, 좀 저리 비켜라. 시끄럽다.

어이 표준 ( )[어이]감 몹시 아프거나 힘들거나 놀라거나 원통하거나 기막힐 때 내는 소리. 〈유〉어유, 어이구 〈참〉아이

어이구 표준 ( )[어이구]감 몹시 아프거나 힘들거나 놀라거나 원통하거나 기막 힐 때 내는 소리. 〈유〉어유, 어이 〈참〉아이고, 어이쿠 ¶어이구, 다리야./어 이구, 허리 아파./어이구, 골치야.

어이쿠 표준 ( )[어이쿠]감 몹시 아프거나 힘들거나 놀라거나 원통하거나 기막 힐 때 내는 소리. '어이구'보다 거센 느낌을 준다. 〈유〉아이코, 어이구 ¶어 이쿠, 배야, 어이쿠, 배야, 나 죽소!/어이쿠, 간 떨어질 뻔했네.

어지랑ᄒ다 제주 ( )[ ]명 '어지럽다'의 방언. ¶사름덜이 뎅기당 덥거나 정신이

어지랑ᄒ민 그 물에 들엉 정신츨리곡 ᄒ여낫젠마씀.(사람들이 다니다가 정
신이 어지러우면 그 물에 들어 정신을 차리곤 했습니다.

어지럼-병 표준 (어지럼病)[어지럼뼝]명 머리가 빙글빙글 도는 것 같고 아프면
서 아찔아찔한 병.

어지럼-빙 경북 ( )[ ]명 '어지럼병'의 방언.

어지럼-증 표준 (어지럼症)[어지럼쯩]명 어지러운 기운이 나는 증세. 〈유〉어
질-증(어질症), 현기-증(眩氣症) ¶어지럼증이 나다./어지럼증을 느끼다./울
렁거리던 속이 좀 가라앉으면서 어지럼증도 조금 가셨다.

어지럽다 표준 ( )[어지럽다]형 몸을 제대로 가눌 수 없이 정신이 흐리고 얼떨
떨하다. ¶아버지가 돌아가셨다는 소식을 듣자 갑자기 머리가 어지러워서
몸을 가눌 수가 없었다./그는 몹시 어지러운 듯 비틀거렸다.

어지럽다 표준 (어지럽따)[어지럽따]형 몸을 제대로 가눌 수 없이 정신이 흐리
고 얼떨떨하다. ¶아버지가 돌아가셨다는 소식을 듣자 갑자기 머리가 어지
러워서 몸을 가눌 수가 없었다./그는 몹시 어지러운 듯 비틀거렸다.

어지럽-히다 표준 ( )[어지러피다]동 몸을 제대로 가눌 수 없을 정도로 정신을
흐리게 하고 얼떨떨하게 하다. '어지럽다'의 사동사.

어지렁ᄒ다 제주 ( )[ ]형 '어지럽다'의 방언.

어지렝이 제주 ( )[ ]명 '어지럼증'의 방언.

어지롭다 전남 ( )[어지롭따]형 '어지럽다'의 방언.

어지룹다 강원 경북 전남 ( )[어지룹따]형 '어지럽다'의 방언.

어지룹-히다 강원 ( )[어지루피다]동 '어지럽히다'의 방언.

어지릅다 강원 ( )[어지릅따]형 '어지럽다'의 방언.

어질-벵 강원 ( )[ ]명 '어지럼증'의 방언.

어질어질하다 표준 ( )[어질어질하다]형 자꾸 또는 매우 정신이 아득하고 어지
럽다. ¶허기 때문에 머리가 어질어질하다./그게 이것 같고 이게 그것 같아
서, 제자리에 서서 맴을 돈 것처럼 어질어질했다.

어질-증 표준 (어질症)[어질쯩]명 어지러운 기운이 나는 증세. 〈유〉어지럼-증(症), 현기-증(眩氣症) ¶냇물을 건너는데 별안간 어질증이 나서 간신히 건넜다/광부들은 갑자기 밝은 데로 나오니 어질증이 일어나는지 눈을 차마 뜨지 못하고 있었다.

어질하다 표준 ( )[어질하다]형 (사람이) 갑자기 정신이 아득하고 어지럽다. 〈참〉아질하다 ¶뙤약볕 아래서 한 시간째 훈련을 받으려니까 머리가 어질하여 금방이라도 쓰러질 것 같다.

어징이 경남 ( )[ ]명 '엄살'의 방언.

어찔어찔하다 표준 ( )[어찔어찔하다]형 (눈앞이나 정신이) 자꾸 몹시 희미해지고 어지럽다. 〈참〉어질어질하다, 아찔아찔하다 ¶고층 빌딩에서 아래를 내려다보니 머리가 어찔어찔하다./어린 시절 마당에서 빙글빙글 맴돌았을 때처럼 머리가 어찔어찔하고 배 속까지 메슥메슥했다.

어찔하다 표준 ( )[어찔하다]형 (눈앞이나 정신이) 갑자기 쓰러질 듯이 어지럽다. 〈참〉어질하다, 아찔하다 ¶술을 너무 많이 마셨는지 머리가 어찔하고 앉은 자리가 휘휘 둘리는 것 같았다./갑작스러운 부모님의 사고 소식에 그녀는 정신이 어찔할 정도로 충격을 받았다.

어청이 충남 ( )[ ]명 '언청이'의 방언.

어체이 충북 ( )[ ]명 '언청이'의 방언.

어쳉 경기 ( )[ ]명 '언청이'의 방언.

어쳉이 경기 충북 ( )[ ]명 '언청이'의 방언.

어치이 충청 ( )[ ]명 '언청이'의 방언.

어칭이 충청 ( )[ ]명 '언청이'의 방언.

어혈 요통 표준 (瘀血腰痛)[ ]명구 외상(外傷)으로 인하여 또는 산후(産後)에 허리에 어혈이 생겨서 나타나는 요통(腰痛). ¶어혈 요통은 밤에 통증이 심해지는 것이 특징이다.

어혈통 표준 (瘀血痛)[어:혈통]명 어혈이 진 부위가 아픈 증상. ¶교통사고나

사다리에서 떨어지는 등 타박에 의한 내상으로 생기는 어혈통은 처음에는 통증을 느끼지 못하다가도 시간이 지나면서 서서히 몸이 무겁거나 통증을 느끼게 된다.

억배기 제주 ( )[억빼기]명 '얼금뱅이/곰보'의 방언.

언구락 강원 충북 ( )[ ]명 '엄살'의 방언.

언구럭 경남 ( )[ ]명 '엄살'의 방언.

언구렁 경북 ( )[ ]명 '엄살'의 방언.

언구록 경남 ( )[ ]명 '엄살'의 방언.

언구룩 경남 ( )[ ]명 '엄살'의 방언.

언그럭 경북 충북 ( )[ ]명 '엄살'의 방언.

언그럭-떨다 충북 ( )[ ]동 '엄살떨다'의 방언.

언그럭-부리다 경북 ( )[ ]동 '엄살떨다'의 방언.

언그럭-쓰다 경북 ( )[ ]동 '엄살떨다'의 방언.

언그럭-지기다 경북 ( )[ ]동 '엄살떨다'의 방언.

언그룩 경남 ( )[ ]명 '엄살'의 방언.

언기쩡 경상 ( )[ ]명 '짜증'의 방언. ¶저 아제는 우리만 만내면 와 언기쩡을 마 이 내제?(저 아저씨는 우리만 만나면 왜 짜증을 많이 내지?)

언청이 표준 ( )[언청이]명 입술갈림증이 있어서 윗입술이 세로로 찢어진 사람 을 낮잡아 이르는 말. 〈유〉결구(缺口), 결순(缺脣), 째-보 ¶언청이 수술.

언체이 강원 경기 경북 충북 ( )[ ]명 '언청이'의 방언.

언쳉이 강원 경기 경상 전남 충청 ( )[ ]명 '언청이'의 방언.

언치 경기 경북 충청 ( )[ ]명 '언청이'의 방언.

언칭이 경상 충청 ( )[ ]명 '언청이'의 방언.

얼거-배기 충남 ( )[ ]명 '얼금뱅이'의 방언.

얼굴통 표준 (얼굴痛)[얼굴통]명 삼차 신경의 분포 영역에 생기는 통증 발작. 얼굴 한쪽이 심하게 아프며 후두부나 어깨까지 아플 수도 있는데 중년 이후의 여성에게 많다. 원인은 분명하지 않으나, 뇌줄기에 발생한 종양이나 뇌동맥 자루가 원인일 가능성이 있고, 다발 경화증의 증상으로 나타날 수도 있으며 뇌 바닥 세동맥의 동맥 경화증이 원인이 되는 경우도 있다. 〈유〉삼차 신경통(三叉神經痛), 안면통(顔面痛)

얼궁-뱅이 경북 ( )[ ]명 '얼금뱅이'의 방언.

얼그다 전라 ( )[ ]동 '얽다'의 방언.

얼그맹이 강원 ( )[ ]명 '얼금뱅이'의 방언.

얼그-바리 강원 ( )[ ]명 '얼금뱅이'의 방언.

얼그-배기 충북 ( )[ ]명 '얼금뱅이'의 방언.

얼그-빼기 충남 ( )[ ]명 '얼금뱅이'의 방언.

얼근-배기 경북 ( )[ ]명 '얼금뱅이'의 방언.

얼근-배이 경북 ( )[ ]명 '얼금뱅이'의 방언.

얼근-보 경북 ( )[ ]명 '곰보'의 방언.

얼근-재이 경북 ( )[ ]명 '곰보'의 방언.

얼금-배기 강원 경기 충남 ( )[ ]명 '얼금뱅이'의 방언.

얼금-배끼 경상 ( )[ ]명 '얼금뱅이'의 방언.

얼금-뱅이 표준 ( )[얼금뱅이]명 얼굴이 얼금얼금 얽은 사람을 낮잡아 이르는 말. 〈참〉알금-뱅이

얼떨떨하다 표준 ( )[얼떨떨하다]형 (머리가) 속이 울리고 아프다. 〈유〉얼떨하다, 떨떨하다 〈본〉어리떨떨하다 〈참〉알딸딸하다 ¶술을 몇 잔 연거푸 마셨더니 머리가 얼떨떨하다./기둥에 머리를 부딪친 후로 영주는 계속 머리가 얼떨떨했다.

얼뚝-배기 경남 ( )[ ]명 '얼금뱅이'의 방언.

얼룸-뱅이 경북 ( )[ ]명 '얼금뱅이'의 방언.

얼-뱅이 전남 ( )[ ]명 '얼금뱅이'의 방언.

얼-병 전남 ( )[ ]명 '멍'의 방언. ¶벽에다 부닥쳤는가 물팍에 얼병이 들어 붙었

당께.(벽에다 부딪쳤는지 무릎에 멍이 들어 버렸다니까.)

얼병-들다 전라 ( )[ ][동] '골병들다'의 방언. ¶날이 충께 무시가 더 얼병들었구만.(날이 추우니까 무가 다 골병들었구면.)/한나잘 일허고는 얼병들어 누워 있다.(한나절 일하고는 골병들어 누워 있다.)〈전북〉

얼얼하다 표준 ( )[어럴하다][형] 1.(몸의 일부가) 상처가 나거나 하여 몹시 아리다. 2.(입안이나 혀가) 몹시 맵거나 독한 것이 닿아 아리고 쏘는 느낌이 있다.〈참〉알알하다 ¶1. 맞은 뺨이 아직도 얼얼하다. 2. 냉면이 얼마나 매운지 혀가 다 얼얼하다.

얼-죽음 충청 ( )[얼주금][명] '반죽음'의 방언.

얼쨍이 경남 ( )[ ][명] '언청이'의 방언.

얼쩍지근하다 표준 ( )[얼쩍찌근하다][형] (살이) 얼얼하게 아프다.〈유〉얼찌근하다 〈참〉알짝지근하다 ¶영희에게 맞은 뺨이 아직도 얼쩍지근했다.

얼찌근하다 표준 ( )[얼찌근하다][형] (살이) 얼얼하게 아프다.〈유〉얼쩍지근하다 〈참〉알찌근하다 ¶영이는 얼음판 위에서 넘어져 얼찌근한 엉덩이를 매만지며 걸음을 재촉했다.

얼찡이 경북 ( )[ ][명] '언청이'의 방언.

얼챙이 전라 충청 ( )[ ][명] '언청이'의 방언.

얼청이 전라 제주 충남 ( )[ ][명] '언청이'의 방언.

얼체이 전남 ( )[ ][명] '언청이'의 방언.

얼쳉이 전라 제주 충청 ( )[ ][명] '언청이'의 방언.

얼치니 전남 ( )[ ][명] '언청이'의 방언.

얼칭이 경상 ( )[ ][명] '언청이'의 방언.

얽다 표준 ( )[억따][동] 얼굴에 우묵우묵한 마맛자국이 생기다.〈참〉얇다 ¶그의 얼굴은 살짝 얽었다./그녀는 얽은 얼굴을 감추려고 짙은 화장을 한다.

얽은-놈 전남 ( )[얼근놈][명] '얼금뱅이'의 방언.

얽은-이 충남 ( )[얼그니][명] '곰보'의 방언.

얽이-이 경북 ( )[얼기이]명 '얼금뱅이'의 방언.

엄구럭-재이 경남 ( )[ ]명 '엄살쟁이'의 방언.

엄니-쟁이 경남 ( )[ ]명 '언청이'의 방언.

엄살 표준 ( )[엄살]명 아픔이나 괴로움 따위를 거짓으로 꾸미거나 실제보다 보태어서 나타냄. 또는 그런 태도나 말. 〈참〉암살 ¶엄살을 부리다./엄살을 피우다./엄살을 쓰다.

엄살-까다 강원 ( )[ ]동 '엄살떨다'의 방언.

엄살-꾸러기 표준 ( )[엄살꾸러기]명 엄살을 부리는 태도가 심한 사람을 낮잡아 이르는 말.

엄살-꾸레기 강원 ( )[ ]명 '엄살꾸러기'의 방언.

엄살-다리 제주 ( )[ ]명 '엄살쟁이'의 방언. ¶ᄒ꼼만 ᄒ민 아프덴 ᄒ는 거 보난 자이 엄살다리여.(조금만 하면 아프다고 하는 것을 보니 저 아이 엄살쟁이구나.)

엄살-떨다 표준 ( )[엄살떨다]동 엄살을 몹시 부리다. ¶엄살떨지 말고 어서 일어나라./힘들다고 엄살떨지 말고 하던 일이나 끝내라.

엄살-부리다 강원 경상 충북 ( )[ ]동 '엄살떨다'의 방언.

엄살-스럽다 표준 ( )[엄살스럽따]형 고통이나 어려움을 거짓으로 꾸미거나 실제보다 보태어서 나타내는 태도가 있다.

엄살-스레 표준 ( )[엄살스레]부 고통이나 어려움을 거짓으로 꾸미거나 실제보다 보태어서 나타내는 태도로.

엄살시리 경남 ( )[ ]부 '엄살스레'의 방언.

엄살-씨다 강원 ( )[ ]동 '엄살떨다'의 방언.

엄살-재이 경남 ( )[ ]명 '엄살쟁이'의 방언.

엄살-쟁이 표준 ( )[엄살쟁이]명 엄살을 잘 부리는 사람을 낮잡아 이르는 말.

엄살-지기다 경남 ( )[ ]동 '엄살떨다'의 방언.

엄살-치다 전남 ( )[ ]동 '엄살떨다'의 방언.

엄살-하다 표준 ( )[엄살하다] 동 아픔이나 괴로움 따위를 거짓으로 꾸미거나
실제보다 보태어서 나타내다.

엄색 강원 ( )[ ] 명 '엄살'의 방언.

엄성 경남 ( )[ ] 명 '엄살'의 방언.

엄쳉이 충남 ( )[ ] 명 '언청이'의 방언.

엄풍 경기 ( )[ ] 명 '엄살'의 방언.

엉걸 경남 ( )[ ] 명 '진저리'의 방언.

엉구락 강원 충북 ( )[ ] 명 '엄살'의 방언.

엉구럭 강원 경상 충청 ( )[ ] 명 '엄살'의 방언.

엉구럭-지기다 경상 ( )[ ] 동 '엄살하다'의 방언.

엉구렁 경북 ( )[ ] 명 '엄살'의 방언.

엉그럭 충청 ( )[ ] 명 '엄살'의 방언.

엉기 경북 ( )[ ] 명 '진저리'의 방언. ¶얼매나 엉기가 났으모 넘들이 부럽어하는
회사를 그만뒀겠노?(얼마나 진저리가 남들이 부러워하는 회사를 그만뒀겠
니?)

엉살 경남 전남 ( )[ ] 명 '엄살'의 방언.

엉어리 전라 ( )[ ] 명 '응어리'의 방언.

엉정 경북 ( )[ ] 명 '엄살'의 방언.

엉척 경남 ( )[ ] 명 '엄살'의 방언.

엉체이 경기 ( )[ ] 명 '언청이'의 방언.

에골-나다 경남 ( )[ ] 동 '골나다'의 방언.

에구 표준 ( )[에구] 감 '어이구'의 준말. 〈참〉애고 ¶에구, 왜 이리 허리가 아플
까, 비가 오려나?/에구, 힘들어라.

에구구 표준 ( )[에구구] 감 '에구'를 잇따라 내는 소리. 〈참〉애고고 ¶에구구,
다리야. 더는 못 가겠다./에구구, 이게 어찌 된 일이야.

에구에구 표준 ( )[에구에구] 감 어디가 몹시 아프거나, 몸이 힘들 때 하는 소

리. ¶에구에구 다리야./에구에구 삭신이야.

에꼬-젱이 전남 ( )[ ][명] '애꾸눈이'의 방언.

에꾸 표준 ( )[에꾸][감] 깜짝 놀랐을 때 나오는 소리. 〈유〉깜짝-이야 〈참〉에쿠

에-눈 경남 ( )[ ][명] '애꾸'의 방언.

에눈-봉사 경남 ( )[ ][명] '애꾸'의 방언.

에다 표준 ( )[ ][동] (사람이 무엇을) 칼 따위로 도려내듯 베다. 〈참〉(피동) 에이다 ¶살을 에는 듯한 강추위가 연일 계속되고 있습니다./급하게 밥을 먹다가 그만 혀끝을 살짝 에는 듯이 물었다.

에두룸 전남 ( )[ ][명] '여드름'의 방언.

에린-손 전남 ( )[ ][명] '생인손'의 방언.

에불-나다 경남 ( )[ ][동] '성나다'의 방언.

에이다 표준 ( )[ ][동] (사람이나 사물이 날카로운 연장 따위에) 도려내듯 베이다. '에다'의 피동사. 〈참〉(능동) 에다 ¶추위에 살이 에일 것 같다.

에지릅다 강원 ( )[에지릅따][형] '어지럽다'의 방언.

에칭이 경기 ( )[ ][명] '언청이'의 방언.

에쿠 표준 ( )[에쿠][감] 몹시 아프거나 놀랄 때 나오는 소리. '에꾸'보다 거센 느낌을 준다. 〈참〉에꾸 ¶에쿠, 이게 뭐야!/에쿠, 큰일 났군./에쿠, 발목을 삐었네.

에통-베기 전남 ( )[ ][명] '애꾸눈이'의 방언.

에팔-이 경남 ( )[ ][명] '외팔이'의 방언.

에폴-이 경남 ( )[ ][명] '외팔이'의 방언.

엠-벵 전남 ( )[ ][명] '염병'의 방언.

엠병 경북 ( )[ ][명] '염병'의 방언.

엥구-다리 경남 ( )[ ][명] 굽은 다리

여두룸 경북 ( )[ ][명] '여드름'의 방언.

여두름 강원 ( )[ ][명] '여드름'의 방언.

여드래미 강원 경기 ( )[ ]**명** '여드름'의 방언.

여드램 강원 ( )[ ]**명** '여드름'의 방언.

여드럼 전라 ( )[ ]**명** '여드름'의 방언. ¶여그저그 여드럼이 돋웅게 볼만허네.(여기저기 여드름이 돋으니까 볼만하네.)〈전북〉

여드룸 경기 ( )[ ]**명** '여드름'의 방언.

여드름 표준 ( )[여드름]**명** 주로 사춘기에, 얼굴에 도돌도돌하게 나는 검붉고 작은 종기. 털구멍이나 피지샘이 막혀서 생기며 등이나 팔에 나기도 한다. ¶여드름을 짜다.

여할하다 표준 (如割하다)[ ]**형** 벤 것같이 아프다.

역-디기 제주 ( )[역띠기]**명** '구역질'의 방언.

역-징 제주 ( )[역찡]**명** '구역질'의 방언.

연관통 표준 (聯關痛)[연관통]**명** 특정한 내장 질환이 있을 때 신체의 일정한 피부 부위에 투사되어 느껴지는 통증. 이자염일 때 좌측 흉부의 피부에 통증을 느끼거나 요석이 있을 때 샅굴 부위에 통증을 느낀다.

연하 장애 표준 ( )[ ]**명구** 음식물을 삼키기 어려운 증상. 목이나 식도에 병변이 있을 때 나타나고 중추적으로는 뇌종양의 경우에도 볼 수 있다.≒삼킴곤란

열 전북 ( )[ ]**명** '열꽃'의 방언.

열구 표준 ( )[ ]**명** 목이 메어서 토하여 냄.

열구하다 표준 (噎嘔하다)[ ]**동** 목이 메어서 토하여 내다.

열궐 표준 (熱厥)[열궐]**명** 궐증의 하나. 몸에 열이 난 뒤에 몸 안에 열이 막히고 팔다리가 차가워진다.〈유〉양궐01

열궐 두통 표준 (熱厥頭痛)[ ]**명구** 머리가 아프고 번열이 나고 몹시 추운 겨울이라도 찬바람만 좋아하고 찬바람을 쐬면 아픈 것이 잠깐 동안 멎었다가도 따뜻한 곳에 가거나 불을 보면 다시 아픈 증상

열-꼿 경기 전라 충청 ( )[ ]**명** '열꽃'의 방언.

열-꽃 표준 (熱꽃)[열꼳]**명** 홍역·수두 따위를 앓을 때, 피부의 여기저기에 돋

아나는 붉은 점.

열담 표준 ( )[ ]몡 담음(痰飮)의 하나. 본래 담이 있는 데다 열이 몰려 생기는 데, 몸에 열이 심하고 가슴이 두근거리며 입이 마르고 목이 잠긴다.

열독 표준 (熱毒)[열뚝]몡 더위 때문에 생기는 발진(發疹).

열리 표준 ( )[ ]몡 더위를 먹어서 설사를 하는 병. 배가 몹시 아프고 피가 섞인 설사를 하면서 목이 마르고 오줌을 누지 못한다.

열복통 표준 (熱腹痛)[열복통]몡 배 속에 열이 몰려 갑자기 배가 아팠다 멎었다 하는 병. ¶열복통은 배를 만지면 뜨겁고 손이 닿으면 통증이 더욱 심해지는 특징이 있다.

열상 표준 (熱傷)[열쌍]몡 높은 온도의 기체, 액체, 고체, 화염 따위에 데었을 때에 일어나는 피부의 손상. 경중(輕症)은 피부가 벌겋게 된 상태, 제1도는 물집이 생긴 상태, 제2도는 피부가 익어서 갈색이 된 상태, 제3도는 숯덩이 같이 된 상태로 화상의 면적이 온몸의 30%에 이르면 생명이 위험하다. 〈유〉화상(火傷) ¶그는 이번 화재로 열상을 입었다.

열수 표준 (熱嗽)[열쑤]몡 해수(咳嗽)의 하나. 더위로 인하여 폐를 상하여 생기는 기침 증상으로, 목이 마르면서 아프고 가래는 많지 않으나 진득진득하고 누렇다. 열이 나서 물을 자주 먹는다.

열통 표준 (熱痛)[열통]몡 열을 동반하는 통증. 또는 열로 인한 통증.

염-벵 전남 ( )[ ]몡 '염병'의 방언.

염-병 표준 (染病)[염:병]몡 '장티푸스'를 속되게 이르는 말. 〈유〉장-질부사(腸窒扶斯), 장-티푸스(腸typhus) ¶염병이 나다./염병을 앓다./염병에 걸려 죽다.

염빙 전라 ( )[ ]몡 '염병'의 방언.

염징 경남 ( )[ ]몡 '말라리아, 학질'의 방언.

옌병 충북 ( )[ ]몡 '염병'의 방언.

옘-벵 강원 ( )[ ]몡 '염병'의 방언.

옘-병 강원 전남 ( )[ ]명 '염병'의 방언.

옘빙 경남 ( )[ ]명 '염병'의 방언.

옝일-학 전라 ( )[ ]명 '말라리아, 학질'의 방언.

오경 표준 (五硬)[오:경]명 선천적으로 원기(元氣)가 허하거나 풍사(風邪)를 받아서 어린아이의 손, 다리, 허리, 살, 목의 다섯 곳이 뻣뻣하여지는 증상. 〈참〉오연(五軟)

오돌 전북 ( )[ ]명 '옴'의 방언.

오모까-먹다 제주 ( )[ ]동 '삐다'의 방언.

오모끄다 제주 ( )[ ]동 '삐다'의 방언.

오무까-먹다 제주 ( )[ ]동 '삐다'의 방언.

오무-끄다 제주 ( )[ ]동 '삐다'의 방언. ¶계단 내려오당 오꼿 오무깡 다리 아팡 못 걸엄쩌.(계단 내려오다가 그만 삐어서 다리 아파서 못 걷는다.)

오발-딱지 전라 ( )[ ]명 '답답증'의 방언.

오십견 표준 (五十肩)[오:십견]명 어깨 관절을 둘러싼 관절막이 퇴행성 변화를 일으키면서 염증을 유발하는 질병. 50세 이후에 특별한 원인이 없이 나타나는 것이 특징이기 때문에 붙은 이름이다. 〈유〉유착성 관절낭염(癒着性關節囊炎) ¶나이 먹어서 생기는 어깨 통증은 오십견일 확률이 많다.

옥신거리다 표준 ( )[옥씬거리다]동 (머리나 상처가) 자꾸 조금씩 쑤시는 듯이 아파 오다. 〈유〉옥신옥신하다, 옥신대다 ¶등산을 다녀온 뒤로 온몸이 옥신거린다.

옥신대다 표준 ( )[옥씬대다]동 (머리나 상처가) 자꾸 조금씩 쑤시는 듯이 아파 오다. 〈유〉옥신옥신하다, 옥신거리다 ¶감기에 걸렸는지 아무 이유 없이 머리가 옥신댄다.

옥신옥신하다 표준 ( )[옥씨녹씬]부 머리나 상처 따위가 자꾸 조금씩 쑤시는 듯이 아픈 느낌. ¶감기 몸살인지 온몸이 옥신옥신 아프다.

옥신옥신하다 표준 ( )[옥씨녹씬하다]동 (머리나 상처가) 자꾸 조금씩 쑤시는

듯이 아파 오다. 〈유〉옥신거리다, 옥신대다 ¶주사 맞은 자리가 옥신옥신하
다./감기 기운이 있는지 목이 칼칼하고 몸이 옥신옥신하다.

올리다 경북 ( )[ ] 동 '게우다'의 방언.

올쳉이 전남 ( )[ ] 명 '언청이'의 방언.

옴 표준 ( )[옴 :] 명 옴진드기가 기생하여 일으키는 전염 피부병. 손가락이나
발가락의 사이, 겨드랑이 따위의 연한 살에서부터 짓무르기 시작하여 온몸
으로 퍼진다. 몹시 가렵고 헐기도 한다. 〈유〉개(疥), 개선(疥癬), 개창(疥
瘡), 충개(蟲疥) 〈참〉사개(沙疥/砂疥) ¶옴이 오르다./옴이 붙다.

옴살 강원 경기 ( )[ ] 명 '엄살'의 방언.

옴살-뜰다 강원 ( )[ ] 동 '엄살떨다'의 방언.

옴살-쟁이 강원 ( )[ ] 명 '엄살쟁이'의 방언.

옹다리 제주 ( )[ ] 명 '나환자'의 방언.

왕-내 제주 ( )[ ] 명 노인의 몸에서 지린내 비슷하게 나는 독특한 냄새. ¶그 하
르방 방이선 왕내가 심허게 낫주.(그 할아버지 방에서는 노인의 몸에서 지린
내 비슷하게 나는 독특한 냄새가 심하게 났지.)

왕-손님 전남 ( )[ ] 명 '천연두'의 방언.

왜눈-백이 경북 ( )[왜눈배기] 명 '애꾸'의 방언.

왜대-백이 경기 ( )[왜대배기] 명 '애꾸'의 방언.

왜짝-눈 경북 ( )[ ] 명 '애꾸'의 방언.

왜통-백이 경남 ( )[왜통배기] 명 '애꾸'의 방언.

왜팔-이 경남 ( )[왜파리] 명 '외팔이'의 방언.

외꼬-쟁이 전남 ( )[ ] 명 '애꾸'의 방언.

외누깔-이 강원 ( )[ ] 명 '애꾸'의 방언.

외눈-박이 표준 ( )[외눈바기/웨눈바기] 명 한쪽 눈이 먼 사람을 낮잡아 이르는
말. 〈유〉묘목(眇目), 애꾸, 애꾸눈-이, 일목-장군(一目將軍) ¶그가 마주친
사내는 왼쪽 눈에 유리알을 박은 외눈박이였다.

외눈-배기 충남 ( )[ ]명 '외눈박이'의 방언.

외눈-배이 경남 ( )[ ]명 '외눈박이'의 방언.

외눈-백이 강원 경기 전라 충남 ( )[외눈배기]명 '애꾸'의 방언.

외눈-뱅이 전남 ( )[ ]명 '애꾸'의 방언.

외눈-쟁이 전라 ( )[ ]명 '애꾸눈이'의 방언.

외눈-텡이 강원 경기 ( )[ ]명 '애꾸'의 방언.

외눈-퉁이 강원 ( )[ ]명 '애꾸'의 방언.

외눈-튕이 강원 ( )[ ]명 '애꾸'의 방언.

외눈-파리 강원 ( )[ ]명 '애꾸'의 방언.

외다-백이 경기 ( )[ ]명 '애꾸'의 방언.

외대-백이 경기 ( )[ ]명 '애꾸'의 방언.

외-소님 경북 전남 ( )[ ]명 '천연두'의 방언.

외알때-눈 전북 ( )[ ]명 '애꾸'의 방언.

외알때-백 전북 ( )[ ]명 '애꾸'의 방언.

외-언청이 표준 ( )[외언청이/웨언청이]명 윗입술이 외줄로 찢어진 사람.

외-얼쳉이 제주 ( )[ ]명 '외언청이'의 방언.

외옥-질 전남 ( )[ ]명 '구역질'의 방언.

외짝-눈 강원 ( )[ ]명 '애꾸'의 방언.

외째기-눈 경북 ( )[ ]명 '애꾸'의 방언.

외통-배기 강원 전라 충청 ( )[ ]명 '애꾸눈이'의 방언.

외통-보 전남 ( )[ ]명 '애꾸눈이'의 방언.

외통-재 전남 ( )[ ]명 '애꾸'의 방언.

외통-쟁이 제주 충청 ( )[ ]명 '애꾸눈이'의 방언.

외퉁-배기 경북 ( )[ ]명 '애꾸'의 방언.

외퉁-백이 전남 ( )[ ]명 '애꾸'의 방언.

외풀둥이 제주 ( )[ ]명 '외팔이'의 방언.

외팔-이 표준 ( )[외파리/웨파리]명 지체 장애인 중에서 한쪽 팔이 없는 사람을 낮잡아 이르는 말.

외팔-재이 경북 ( )[ ]명 '외팔이'의 방언.

외팔-째이 경북 ( )[ ]명 '곰배팔이'의 방언.

외폴-이 전라 ( )[ ]명 '외팔이'의 방언.

요각통 표준 (腰脚痛)[요각통]명 허리와 다리가 아픈 질환을 말하며 크게 방광경(膀胱經)을 따라서 통증이 있는 경우와 담경(膽經)을 따라서 통증이 오는 경우로 나뉜다. 〈유〉요족통(腰足痛)

요과통 표준 (腰跨痛)[요과통]명 허리의 통증이 양쪽 다리까지 미치는 증상. 〈유〉요수통(腰脽痛)

요배통 표준 (腰背痛)[요배통]명 허리와 등골이 켕기면서 아픈 병증.

요수통 표준 (腰脽痛)[요수통]명 허리의 통증이 양쪽 다리까지 미치는 증상. 〈유〉요과통(腰跨痛)

요제통 표준 (繞臍痛)[요제통]명 배꼽노리가 아픈 병증.

요족통 표준 (腰足痛)[요족통]명 허리와 다리가 아픈 병증. 〈유〉요각통(腰脚痛)

요척통 표준 (腰脊痛)[요척통]명 허리 부분의 척추뼈와 그 주위가 아픈 병증.

요통 표준 (腰痛)[요통]명 허리나 엉덩이 부분에 느끼는 통증을 통틀어 이르는 말. 척추 질환, 외상, 추간판의 이상 이외에도 임신이나 부인과 질환, 비뇨기게 질환, 신경 질환, 근육 질환 등이 원인이 된다. 〈유〉허리앓이 ¶접영은 수영 선수에게도 요통을 불러일으킬 수 있는 과격한 동작이다./명절이 끝나면 주부 명절 증후군은 물론이고 가사 노동에 요통과 관절통으로 온몸이 아프기 마련이다.

욕지기나다 표준 ( )[욕찌기나다]동 (사람이) 속이 메스꺼워 토할 듯한 느낌이 나다. 〈유〉구역나다(嘔逆나다), 메스껍다, 구역질나다(嘔逆질나다) ¶상한 생선을 먹었는지 욕지기가 나서 뱉어 버리고 말았다.

용다리 제주 ( )[ ]명 '문둥이, 나환자'의 방언.

용다리 제주 ( )[ ]명 '나환자'의 방언.

용다리-빙 제주 ( )[ ]명 '문둥병, 나병'의 방언.

용다리-빙 제주 ( )[ ]명 '나병'의 방언.

용다릿-벵 제주 ( )[ ]명 '나병'의 방언.

용심-나다 제주 ( )[ ]동 '화나다'의 방언.

용천-배기 충남 ( )[ ]명 '문둥이'의 방언.

용천-뱅이 제주 ( )[ ]명 '문둥이'의 방언.

용천-아치 제주 ( )[ ]명 '문둥이'의 방언.

용촌-배기 제주 ( )[ ]명 '문둥이'의 방언.

우개-씹 제주 ( )[ ]명 '다래끼'의 방언.

우리-하다 경상 ( )[ ]형 몹시 아리거나 또는 욱신욱신하다. 〈참〉아리다, 욱신
욱신하다

우상하다 표준 (憂傷하다)[ ]형 근심스러워 마음이 아프다.

우상해하다 표준 (憂傷해하다)[ ]동 근심스러워 마음이 아파하다. ¶그의 사고
소식을 접하고는 우리 모두 우상해했다.

우울-벵 경남 ( )[ ]명 '우울병'의 방언.

우울-병 표준 (憂鬱病)[우울뼝]명 기분이 언짢아 명랑하지 아니한 심리 상태.
흔히 고민, 무능, 비관, 염세, 허무 관념 따위에 사로잡힌다. 〈유〉우울-증(憂
鬱症), 울증(鬱症) 〈참〉멜랑콜리아(melancholia)

우한 경북 ( )[ ]명 '우환'의 방언.

우환 표준 (憂患)[ ]명 몸의 온갖 병. ¶우환이 위중하다.

욱신거리다 표준 ( )[욱씬거리다]동 (머리나 상처가) 자꾸 쑤시는 듯이 아파 오
다. 〈유〉욱신대다, 욱신욱신하다 ¶그녀는 병에 걸려 얼굴이 누렇게 뜨고
몸이 욱신거렸지만 참고 일을 했다./계단에서 넘어지면서 긁힌 손바닥이
욱신거리며 쓰렸다.

욱신욱신 표준 ( ) [욱씨눅씬] 부 머리나 상처 따위가 자꾸 쑤시는 듯이 아픈 느
낌. ¶몸이 욱신욱신 쑤시다./소매를 바싹 걷어 올린 맨살에 돌을 맞았기 때
문에 팔꿈치가 째지고 오랫동안 욱신욱신 아팠다./잘못 온 게 아닌가 싶은
초조함 때문에 초희는 욱신욱신 뒷골이 다 쑤셨다.

욱신욱신하다 표준 ( ) [욱씨눅씬하다] 동 (머리나 상처가) 자꾸 쑤시는 듯이 아
파 오다. 〈유〉욱신거리다, 욱신욱신하다 〈참〉우리하다 ¶정태는 공에 맞은
자리가 욱신욱신하여 잠을 이룰 수가 없었다.

운기 전북 ( ) [ ] 명 '감기'의 방언.

울떡-징 전남 ( ) [울떡찡] 명 '갑갑증'의 방언.

울렁거리다 표준 ( ) [ ] 동 (사람이나 그 속이) 자꾸 토할 것 같이 메슥거리
다. 〈유〉울렁대다, 울렁울렁하다, 울렁이다 ¶그는 배를 타자마자 속이 울
렁거렸다./정인은 그 참혹한 광경에 다시 눈을 감았다. 그새 뒤집힐 듯 속
이 울렁거렸다.

울렁대다 표준 ( ) [ ] 동 (사람이나 그 속이) 자꾸 토할 것 같이 메슥거리다. 〈유〉
울렁거리다, 울렁울렁하다, 울렁이다 ¶커피를 계속해서 마셨더니 속이 울
렁댄다.

울렁울렁하다 표준 ( ) [ ] 동 (사람이나 그 속이) 자꾸 토할 것 같이 메슥거리
다. 〈유〉울렁거리다, 울렁대다, 울렁이다 ¶급하게 먹은 밥이 체했는지 상
호는 뱃속이 울렁울렁하고 식은땀이 흘렀다./나는 몸의 상태가 좋지 않을
때 자동차를 타면 멀미가 나서 속이 울렁울렁하다.

울렁이다 표준 ( ) [ ] 동 (사람이나 그 속이) 자꾸 토할 것 같이 메슥거리다. 〈유〉
울렁거리다, 울렁대다, 울렁울렁하다 ¶그녀는 울렁이는 속을 부여잡고 화
장실로 부리나케 달려갔다.

울애 경남 ( ) [우래] 명 '울화'의 방언.

울애-벵 경남 ( ) [우래벵] 명 '울화병'의 방언.

울화 표준 (鬱火) ( ) [ ] 명 마음속이 답답하여 일어나는 화. ¶울화가 나다./울화가

터지다.

울화-벵 강원 ( )[ ]명 '울화병'의 방언.

울화-병 표준 (鬱火病)[울화뼝]명 억울한 마음을 삭이지 못하여 간의 생리 기능에 장애가 와서 머리와 옆구리가 아프고 가슴이 답답하면서 잠을 잘 자지 못하는 병. 〈유〉분노^증후군(憤怒症候群), 울화-증(鬱火症), 한국^민속^증후군(韓國民俗症候群), 화병(火病)

웃음-벵 경남 ( )[우슴벵]명 '웃음병'의 방언.

웃음-병 표준 (웃음病)[우슴뼝]명 자꾸 실없이 소리 내어 웃는 정신병의 하나.

웅치다 경남 ( )[ ]동 '뭉치다'의 방언.

워록워록-하다 전라 ( )[워록워로카다]동 발바닥이 열이 나서 뜨거운 느낌이 자꾸 나다.

원챙이 경기 ( )[ ]명 '언청이'의 방언.

월경통 표준 (月經痛)[ ]명 월경 때, 아랫배나 자궁 따위가 아픈 증세. 〈유〉생리통(生理痛), 경통증(經痛症) ¶월경통이 심한 환자들은 생리주기에 따라서 주기적으로 찾아오는 통증 때문에 삶의 질이 떨어지고, 학업 및 업무의 효율성이 저하되며 심한 경우 전신통증, 구토, 설사, 어지럼증 등의 증상이 동반되기도 한다.

월쳉이 전라 ( )[ ]명 '언청이'의 방언.

웨눈-박이 제주 ( )[웨눈바기]명 '애꾸눈이'의 방언.

웨눈-뱅이 제주 ( )[ ]명 '애꾸'의 방언.

웨눈-벡이 제주 ( )[웨눈베기]명 '애꾸'의 방언.

웨퉁-쟁이 제주 ( )[ ]명 '애꾸눈이'의 방언.

웨폴둥이 제주 ( )[ ]명 '외팔이'의 방언.

웩게-질 전라 ( )[ ]명 '구역질'의 방언.

위드름 전남 ( )[ ]명 '여드름'의 방언.

위산통 표준 (胃疝痛)[ ]명 위나 장의 병으로 명치 부근이 몹시 쓰라리고 아픈 증상.

위심통 표준 (胃心痛)[ ][명] 배가 불러 오고 가슴이 그득하며, 특히 심장 부위에 통증이 심한 궐심통.

위완통 표준 (胃脘痛)[ ][명] '위통'을 한방에서 이르는 말. 〈유〉심하통(心下痛)

위장-벵 경남 ( )[ ][명] '위장병'의 방언.

위장-병 표준 (胃腸病)[위장뼝][명] 위 또는 장에 일어나는 병을 통틀어 이르는 말. 〈유〉속-병(속病), 속-증(속症), 위장^병증(胃腸病症), 위창자^병증(胃창 자病症)

위축 코염 표준 (萎縮코염)[ ][명구] 코의 점막과 뼈가 위축됨으로써 생기는 병. 콧구멍과 목이 마르고, 진한 콧물이나 코딱지가 끼며, 머리가 무겁고 후각 감퇴 및 출혈 증상이 나타난다. 단순한 것과 심한 악취가 나는 냄새 코염이 있다.

위통 표준 (胃痛)[위통][명] 여러 가지 위 질환에 걸렸을 때 나타나는 위의 통증. 폭음, 폭식, 위염, 위궤양 따위로 위에 분포된 지각 신경이 자극을 받아 생긴다. ¶가슴이나 치아에 통증이 오거나 식욕 부진, 구토, 위통 등이 일어날 때는 협심증, 심근 경색, 심부전증 등 심장 질환의 가능성이 있다.

유디 충북 ( )[ ][명] '천연두'의 방언.

유자-껍닥 전남 ( )[ ][명] '곰보'의 방언.

유전-벵 경남 ( )[ ][명] '유전병'의 방언.

유전-병 표준 (遺傳病)[유전뼝][명] 유전에 의하여 자손에게 전해지는 병을 통틀어 이르는 말. 예를 들면 색맹(色盲), 혈우병 따위가 있다. 〈유〉내력-병 (來歷病), 내림-병(내림病), 유전자-병(遺傳子病) ¶유전병에 걸리다./유전병 을 앓다.

유주담 표준 (流走痰)[ ][명] 담(痰)이 이곳저곳을 옮겨 다녀서 몸이 군데군데 욱 신거리고 아픈 병. 〈유〉주마담(走馬痰)

유착성 관절낭염 표준 (癒着性關節囊炎)[ ][명구] 어깨관절을 이루는 조직 중에서

회전근개 관절 활액막, 상완이두근 및 주위조직을 침범하는 퇴행성 변화의 결과로 심한 운동장애를 일으키는 질환.〈유〉오십견(五十肩) ¶'오십견'이라 불리는 유착성 관절낭염은 어깨관절을 감싸고 있는 관절낭에 염증이 생겨 주변 조직이 딱딱해져 어깨가 굳고, 운동 범위가 줄어드는 질환이다.

유탯징 잇다 제주( )[ ]동구 태기가 있다. 입덧이 나다.

유통 표준(乳痛)[유통-]명 해산 후에 생기는 병의 하나. 젖이 아랫배까지 늘어지고 배가 몹시 아프다.〈유〉유현증(乳懸症), 유장증(乳長症)

유팽 표준(乳膨)[ ]명 출산 후에 유방이 불어나면서 몸살이 오고 아픈 증상. 젖몸살의 시초이다.

유행-벵 경남( )[ ]명 '유행병'의 방언.

유행-병 표준(流行病)[유행뼝]명 어떤 지역에 널리 퍼져 여러 사람이 잇따라 돌아가며 옮아 앓는 병. 또는 같은 원인으로 보통 병보다 많이 발생하는 병.〈유〉돌림, 돌림-병(돌림病), 시역(時疫), 시체-병(時體病), 요려(夭厲), 운기(運氣), 윤증(輪症), 윤질(輪疾), 행역(行疫) ¶유행병으로 죽다./유행병이 크게 번지다.

으다렘 강원( )[ ]명 '여드름'의 방언.

으두름 충북( )[ ]명 '여드름'의 방언.

으드럼 충북( )[ ]명 '여드름'의 방언.

으드렘 강원( )[ ]명 '여드름'의 방언.

으드름 강원( )[ ]명 '여드름'의 방언.

으드림 충북( )[ ]명 '여드름'의 방언.

으리칭이 경남( )[ ]명 '언청이'의 방언.

으스슥-으스슥 제주( )[ ]부 '으슬으슬'의 방언.

으슬-으슬 표준( )[으스르슬]부 소름이 끼칠 정도로 매우 차가운 느낌이 잇따라 드는 모양.〈참〉아슬-아슬, 오슬-오슬 ¶몸이 으슬으슬 추워진다.

으슬으슬-하다 표준( )[으스르슬하다]형 소름이 끼칠 정도로 매우 차가운 느낌이 잇따라 드는 듯하다. ¶몸이 으슬으슬한 게 감기가 올 모양이다./찬 바람을 쐬었더니 으슬으슬한 한기가 온몸으로 느껴졌다.

으시식-으시식 제주 ( )[ ]**부** '으슬으슬'의 방언.

으식-으식 제주 ( )[ ]**부** '으슬으슬'의 방언.

으식으식ᄒ다 제주 ( )[ ]**형** '으슬으슬하다'의 방언.

으씩-으씩 전라 ( )[ ]**부** '으슬으슬'의 방언.

으씩으씩-허다 전남 ( )[ ]**형** '으슬으슬하다'의 방언. ¶뭠이 으씩으씩헌 거이 개짐머리가 올란갑다.(몸이 으슬으슬한 게 감기가 오려나 보다.)

으음 표준 ( )[ ]**감** 아프거나 고통스러울 때 나오는 소리. ¶그의 입에서는 으음, 으음, 신음 소리가 절로 새어 나왔다.

은통 표준 (隱痛)[ ]**명** 은근히 아픔. 또는 그런 증상.

은통하다 표준 (隱痛하다)[ ]**형** 은근히 아프다.

을치이 경남 ( )[ ]**명** '언청이'의 방언.

음살-뜰다 강원 ( )[ ]**동** '엄살떨다'의 방언.

음살-시룹다 강원 ( )l 음살시룹따]**형** '엄살스럽다'의 방언.

음살-쟁이 강원 ( )[ ]**명** '엄살쟁이'의 방언.

응어 강원 ( )[ ]**명** '엄살'의 방언.

응어리 표준 ( )[ ]**명** 근육이 뭉쳐서 된 덩어리. ¶응어리가 들다./매 맞은 자리에 응어리가 생겼다.

의사 표준 (醫師)[ ]**명** 일정한 자격을 가지고 병을 고치는 것을 직업으로 하는 사람. 〈유〉도규-가(刀圭家) ¶담당 의사./의사의 진찰을 받다.

의심-벵 경남 ( )[ ]**명** '의심병'의 방언.

의심-병 표준 (疑心病)[의심뼁]**명** 근거 없이 공연히 의심하기 잘하는 나쁜 버릇.

의싸 경북 ( )[ ]**명** '의사'의 방언.

의안 표준 (義眼)[의:안]**명** 만들어 박은 인공적인 눈알. 유리, 합성수지 따위

로 만든다. 〈유〉안구^보철물(眼球補綴物), 인조^눈(人造눈)

이더럼 경상 ( )[ ]명 '여드름'의 방언.

이두룸 전남 ( )[ ]명 '여드름'의 방언.

이두름 전남 충북 ( )[ ]명 '여드름'의 방언.

이드래미 강원 경북 ( )[ ]명 '여드름'의 방언.

이드러미 경북 ( )[ ]명 '여드름'의 방언.

이드럼 전남 ( )[ ]명 '여드름'의 방언.

이드렘 경북 ( )[ ]명 '여드름'의 방언.

이드룸 전라 충북 ( )[ ]명 '여드름'의 방언.

이드름 강원 경상 충북 ( )[ ]명 '여드름'의 방언.

이드림 충남 ( )[ ]명 '여드름'의 방언.

이디레미 경북 ( )[ ]명 '여드름'의 방언.

이디름 경남 ( )[ ]명 '여드름'의 방언.

이발-독 경남 충북 ( )[ ]명 '기계총'의 방언.

이발총 충남 ( )[ ]명 '기계총'의 방언.

이발충 경기 제주 충남 (理髮충)[ ]명 '기계총'의 방언. ¶옛날 소흑교 아이덜 데멩이 박박 깎을 적에 이발기계로 옮낸ㅎ 연 이발충엔 ㄱ라마씀.(옛날 초등학교 아이들이 머리를 박박 깎을 적에 이발기계로 옮는다고 해서 이발충이라고 말합니다.) 〈제주〉

이비 표준 (耳泌)[ ]명 어린아이의 귀 안이 붓고 아픈 증세.

이사 경남 전남 ( )[ ]명 '의사'의 방언.

이앓이 표준 ( )[이아리]명 이가 아파서 통증(痛症)을 느끼는 증세. 〈유〉치통(齒痛)¶조 차장은 내가 이앓이를 핑계로 술잔을 밀쳐놓자 끌탕을 하며 핀잔을 주었다.

이으드름 강원 ( )[ ]명 '여드름'의 방언.

이질대공통 표준 (痢疾大孔痛)[이ː질대공통]명 이질이 심하여 항문이 벌어진 채 오므라들지 않고 아픈 증상.

이짐 경남 ( )[ ]명 '건망증'의 방언.

이통 표준 (耳痛)[이ː통]명 '귀통증(-痛症)'의 이전 말.

이틀-거 전북 ( )[ ]명 '이틀거리'의 방언.

이틀-거리 표준 ( )[ ]명 학질의 하나. 이틀을 걸러서 발작하며, 좀처럼 낫지 않는다. 〈유〉노학(老瘧), 당-고금(唐고금), 당학(唐瘧), 삼일-열(三日熱), 양일-학(兩日瘧), 이일-학(二日瘧), 해학(痎瘧)

이틀-기 경남 ( )[ ]명 '이틀거리'의 방언.

익유 표준 (嗌乳)[이규]명 어린아이가 목이 메어 젖을 먹은 뒤에 토하는 증상.

인두염 표준 (咽頭炎)[ ]명 인두의 점막이 붓고 헐어 목이 쉬는 병. 삼킴 통증·발열 따위의 증상을 보이며, 급성과 만성이 있다.

인후통 표준 (咽喉痛)[인후통]명 목구멍이 아픈 병이나 증세. ¶최근 코로나19 환자에게서 강한 인후통, 기침, 근육통이 주된 증상으로 나타난다.

일유 표준 (溢乳)[이류]명 어린아이가 목이 메어 젖을 먹은 뒤에 토하는 증상.

일유히다 표준 (溢乳하다)[이류하다]동 어린아이가 목이 메어 젖을 먹은 뒤에 토하다.

임병 충북 ( )[ ]명 '염병'의 방언. ¶엔날이는 임병만 걸리면 다 죽는 걸로만 알았지 멀.(옛날에는 염병만 걸리면 다 죽는 걸로만 알았지 뭘.)

임빙 경북 ( )[ ]명 '염병'의 방언.

임신 표준 (妊娠/姙娠)[임ː신]명 아이나 새끼를 뱀. 〈유〉배태(胚胎), 배혼(胚渾), 성태(成胎), 유신(有身/有娠), 임자(妊子/姙子), 잉신(孕身), 잉중(孕重), 잉태(孕胎), 주태(珠胎), 중신(重身), 태갑(胎甲), 태잉(胎孕), 포태(胞胎), 회임(懷妊/懷姙), 회잉(懷孕), 회태(懷胎) ¶임신과 출산./현재 임신 3개월입니다.

임종 표준 (臨終)[ ]명 죽음을 맞이함. 〈유〉단-말마(斷末摩), 속광(屬纊), 임-명종(臨命終), 임명(臨命) ¶할머니는 편안하게 임종을 하셨다.

입-투레기 제주 ( )[ ]명 '입비뚤이'의 방언.

입-뛔웨기 제주 ( )[ ]명 '입비뚤이'의 방언.

입맛-쓰다 제주 ( )[ ]형 '쓰다'의 방언.

입-비뚜레이 강원 ( )[ ]명 '입비뚤이'의 방언.

입-비뚜루미 경남 ( )[ ]명 '입비뚤이'의 방언.

입-비뚤이 표준 ( )[입삐뚜리]명 입이 비뚤어진 사람을 낮잡아 이르는 말.

입-삐틀이 전남 ( )[ ]명 '입비뚤이'의 방언.

입앓이 표준 ( )[이바리]명 입을 앓는 일.

입-투레기 제주 ( )[ ]명 '입비뚤이'의 방언.

입-트루웨기 제주 ( )[ ]명 '입비뚤이'의 방언.

입-트리왜기 제주 ( )[ ]명 '입비뚤이'의 방언.

입 트라지다 제주 ( )[ ]동구 입이 비뚤어지다.

입테 전남 ( )[ ]명 '잉태'의 방언.

입-토레기 제주 ( )[ ]명 '입비뚤이'의 방언.

입-토리왜기 제주 ( )[ ]명 '입비뚤이'의 방언.

잉태 표준 (孕胎)[잉:태]명 아이나 새끼를 뱀. 〈유〉배태(胚胎), 배혼(胚渾), 성태(成胎), 유신(有身/有娠), 임신(妊娠/姙娠), 잉신(孕身), 잉중(孕重), 태잉(胎孕), 포태(胞胎), 회임(懷妊/懷姙), 회잉(懷孕), 회태(懷胎)

한국어 질병 표현 어휘 사전 Ⅴ

ㅈ

ㅈ**골롭다** 제주 ( )[저골롭따]휑 '간지럽다'의 방언.

ㅈ**곱다** 제주 ( )[저곱따]휑 '간지럽다'의 방언.

ㅈ**급다** 제주 ( )[저급따]휑 '간지럽다'의 방언.

ㅈ**무치다** 제주 ( )[ ]동 '까무러치다'의 방언.

존지침 전남 제주 ( )[ ]명 '잔기침'의 방언.

좀덜레다 제주 ( )[ ]동 '졸리다'의 방언.

좀미치다 제주 ( )[ ]동 '까무러치다'의 방언.

자가품 표준 ( )[ ]명 손목, 발목, 손아귀 따위의 이음매가 과로로 말미암아 마
비되어 시고 아픈 증상. ¶이 추운 겨울밤에 다리에서 자가품이 나도록 뛰어
다녀야만 하는 제 신세가 새삼스럽게 가엾은 생각이 들었다.

자갑다 경남 ( )[ ]휑 '간지럽다'의 방언.

자겁-하다 경남 ( )[ ]동 '잘겁하다'의 방언.

자구랍다 경북 ( )[자구랍따]동 '졸리다'의 방언.

자구-럽다 경북 ( )[자구럽따]동 '졸리다'의 방언.

자구룸 강원 ( )[ ]명 '졸음'의 방언.

자구룹다 강원 ( )[자구룹따]동 '졸리다'의 방언.

자구름 강원 ( )[ ]명 '졸음'의 방언.

자국 표준 ( )[ ]명 부스럼이나 상처가 생겼다가 아문 자리. ¶마마 자국/불에
덴 자국/수술 자국/여드름 자국이 잘 없어지지 않는다.

자근거리다 표준 ( )[ ]동 (몸이나 머리가) 자꾸 가볍게 쑤시듯 아프다. 〈유〉자
근대다, 자근자근하다 〈참〉지근거리다, 자끈거리다 ¶하루 종일 쉬지도 못
하고 일을 했더니 뼈마디가 자근거린다.

자근대다 표준 ( )[ ]동 (몸이나 머리가) 자꾸 가볍게 쑤시듯 아프다. 〈유〉자근
거리다, 자근자근하다 〈참〉지근대다, 자끈대다

자근자근 표준 ( )[ ]부 머리가 자꾸 가볍게 쑤시듯 아픈 모양. ¶머리가 자근자
근 쑤시다.

자근자근하다 표준 ( )[ ]동 (몸이나 머리가) 자꾸 가볍게 쑤시듯 아프다. 〈유〉 자근거리다, 자근대다 〈참〉지근지근하다, 자끈자끈하다

자끈거리다 표준 ( )[ ]동 (몸이나 머리가) 몹시 아프고 자꾸 쑤시다. 〈유〉자끈 자끈하다, 자끈대다 〈참〉자근거리다, 지끈거리다

자끈대다 표준 ( )[ ]동 (몸이나 머리가) 자꾸 몹시 쑤시듯 아프다. 〈유〉자끈자 끈하다, 자끈거리다 〈참〉자근대다, 지끈대다

자끈자끈 표준 ( )[ ]부 머리가 자꾸 가볍게 쑤시듯 아픈 모양. '자근자근'보다 센 느낌을 준다. ¶머리가 자끈자끈 쑤시다.

자끈자끈하다 표준 ( )[ ]동 (몸이나 머리가) 자꾸 몹시 쑤시듯 아프다. 〈유〉자 끈거리다, 자끈대다 〈참〉자근자근하다, 지끈지끈하다

자레 전남 ( )[ ]명 '말라리아, 학질'의 방언.

자르르하다 표준 ( )[ ]형 (뼈마디나 몸의 일부 또는 마음이) 자릿한 느낌이 있 다. 〈참〉지르르하다, 짜르르하다 ¶날씨가 안 좋고 비가 오면 팔다리가 자 르르한다.

자리다 경남 ( )[ ]동 '지리다'의 방언.

자리다 제주 ( )[ ]동 뼈마디나 몸의 일부가 오래 눌려서 피가 잘 통하지 못하여 감각이 둔하고 아리다. ¶폴다리가 자리는 거 알아지쿠가. 폴다리 안 자려 본 사름이 잇어?(팔다리가 저리는 거 알겠습니까. 팔다리 안 저려 본 사람이 있습니까?)

자리다 표준 ( )[ ]형 (뼈마디나 몸의 일부가) 오래 눌려 움직이기 거북하고 감각 이 둔하다. 〈참〉저리다

자리자리하다 표준 ( )[ ]형 (팔다리가) 피가 잘 돌지 못하여 감각이 둔하고 아리 다. 〈참〉저리저리하다 ¶팔베개를 하고 있었던 팔이 자리자리하다.

자림 제주 ( )[ ]명 뼈마디나 몸의 일부가 오래 눌려서 피가 잘 통하지 못하여 감각이 둔하고 아리는 일.

자릿자릿하다 표준 ( )[자릳짜리타다]형 (몸이) 피가 잘 돌지 못하여 감각이 무

디고 자꾸 아린 느낌이 있다. 〈참〉저릿저릿하다, 짜릿짜릿하다

자릿하다 표준 ( )[자리타다]형 (몸이나 몸의 일부가) 피가 잘 돌지 못하거나 전기가 통해서 조금 감각이 무디고 아린 느낌이 있다. 〈참〉저릿하다, 짜릿하다 ¶언 손을 따뜻한 물에 담그니 손끝이 자릿하다.

자몰다 전남 ( )[ ]동 '졸리다'의 방언.

자몰리다 전남 ( )[ ]동 '졸리다'의 방언.

자무러-지다 전라 ( )[ ]동 '까무러치다'의 방언.

자무술레다 경북 ( )[ ]동 '까무러치다'의 방언.

자물수리다 경북 ( )[ ]동 '까무러치다'의 방언.

자물시다 경상 ( )[ ]동 '까무러지다'의 방언.

자물싸-지다 전남 ( )[ ]동 '까무러치다'의 방언.

자물-쎄다 전남 ( )[ ]동 '까무러치다'의 방언.

자물쎄-지다 전남 ( )[ ]동 '까무러치다'의 방언.

자물-쒜다 전남 ( )[ ]동 '까무러치다'의 방언. ¶갑재기 뱀이 나옹께 신부가 놀래서 자물쒜 불었어.(갑자기 뱀이 나오니까 신부가 놀라서 까무러쳐 버렸어.)

자물씨다 전라 ( )[ ]동 '까무러지다'의 방언.

자물아-지다 전남 ( )[ ]동 '까무러치다'의 방언.

자바람 경북 ( )[ ]명 '졸음'의 방언.

자버람 경북 ( )[ ]명 '졸음'의 방언.

자버럼 경남 ( )[ ]명 '졸음'의 방언.

자볼-음 경남 ( )[ ]명 '졸음'의 방언.

자부라미 충북 ( )[ ]명 '졸음'의 방언.

자부람 경북 ( )[ ]명 '졸음'의 방언.

자부랍다 경북 ( )[자부랍따]동 '졸리다'의 방언.

자부럼 강원 ( )[ ]명 '졸음'의 방언.

자부럽다 강원 경기 경상 ( )[자부럽따]동 '졸리다'의 방언.

자부레미 경북 ( )[ ]명 '졸음'의 방언.

자부롭다 경남 ( )[자부롭따]동 '졸리다'의 방언. ¶밤에 잠을 몬 자잉께네 낮에 자부롭아.(밤에 잠을 못 자니까 낮에 졸려.)〈경남〉

자부룸 경남 충북 ( )[ ]명 '졸음'의 방언.

자부룹다 강원 ( )[자부룹따]동 '졸리다'의 방언. ¶어젯밤 잠으 지대루 못 잤드니 초즈녁부터 자부룹다.(어젯밤 잠을 제대로 못 잤더니 초저녁부터 졸리다.)

자부릅다 강원 ( )[자부릅따]동 '졸리다'의 방언.

자부림 경상 ( )[ ]명 '졸음'의 방언.

자불리다 경남 ( )[ ]동 '졸리다'의 방언.

자불-옴 경상 ( )[ ]명 '졸음'의 방언.

자불음 경상 ( )[ ]명 '졸음'의 방언.

자붐 경남 ( )[ ]명 '졸음'의 방언.

자브럽다 강원 경상 ( )[자브럽따]동 '졸리다'의 방언.

자오릅다 강원 ( )[자오릅따]동 '졸리다'의 방언.

자올리다 충북 ( )[ ]동 '졸리다'의 방언.

자올-옴 강원 ( )[자오름]명 '졸음'의 방언.

자올-움 전북 ( )[ ]명 '졸음'의 방언.

자올-음 강원 전라 ( )[ ]명 '졸음'의 방언.

자우램 강원 ( )[ ]명 '졸음'의 방언.

자우럽다 강원 ( )[자우럽따]동 '졸리다'의 방언.

자우룹다 강원 ( )[자우룹따]동 '졸리다'의 방언.

자우름 강원 ( )[ ]명 '졸음'의 방언.

자우림 강원 ( )[ ]명 '졸음'의 방언.

자울락-자울락 제주 ( )[ ]부 '절뚝절뚝'의 방언.

자울리다 강원 전남 ( )[ ]동 '졸리다'의 방언.

자울림 강원 ( )[ ]명 '졸음'의 방언.

자울-움 강원 ( )[자우룸]명 '졸음'의 방언.

자통 표준 (刺痛)[자:통]명 찌르는 것 같은 아픔.

작열통 표준 (灼熱痛)[자녈통]명 상처를 입은 곳이 불에 타는 듯이 따갑고 아픈 통증. ¶제 2 형인 작열통(causalgia)은 말초 신경 손상 후에 발생하는 지역성 통증 증후군을 말한다./흔히 일어나는 감각 장애로는 저린감, 통각, 작열통 혹은 압통 등이 있다.

작은-마누라 제주 ( )[ ]명 '홍역'의 방언.

작은-마마 표준 (작은媽媽)[자근마마]명 '수두'를 일상적으로 이르는 말. 〈유〉수두(水痘)

잔-기침 표준 ( )[ ]명 작은 소리로 잇따라 자주 하는 기침. 〈참〉군-기침, 헛-기침 ¶사랑채 뜰 안으로 들어갔을 때 방 안에서 할아버지의 잔기침 소리가 들려왔다.

잔조로다 경남 ( )[ ]동 '몸조리하다'의 방언.

잔조리-하다 경남 ( )[ ]동 '몸조리하다'의 방언.

잘기다 경남 ( )[ ]동 '지리다'의 방언.

잘룸-발 강원 ( )[ ]명 '절름발'의 방언.

잘룸발-이 강원 ( )[잘룸바리]명 '절름발이'의 방언.

잘리다 표준 ( )[잘리다]동 (물체가) 날카로운 연장 따위로 베여 동강이 나거나 끊어지다. ¶그 긴 머리카락이 가위로 싹둑 잘렸다.

잘심-거리다 전라 ( )[ ]동 '절룩거리다'의 방언.

잘심-잘심 전라 ( )[ ]부 '절룩절룩'의 방언.

잘심잘심-하다 전라 ( )[ ]동 '절룩절룩하다'의 방언.

잘쑥-잘쑥 제주 ( )[ ]부 '절뚝절뚝'의 방언.

잠기다 표준 ( )[ ]동 (목이) 잠기다

잠-덧 경남 ( )[ ]명 '잠투정'의 방언.

잠-에랍다 전라 ( )[잠에랍따] 동 '졸리다'의 방언.

잠-투정 표준 ( )[ ] 명 어린아이가 잠을 자려고 할 때나 잠이 깨었을 때 떼를 쓰며 우는 짓. ¶잠투정을 부리다.

잠-튀정 전북 ( )[ ] 명 '잠투정'의 방언.

잠-트세 강원 ( )[ ] 명 '잠투정'의 방언.

잠-티정 경북 ( )[ ] 명 '잠투정'의 방언.

잡치다 경북 ( )[ ] 동 '삐다'의 방언.

장과-지다 경북 ( )[ ] 동 '까무러치다'의 방언.

장구지다 경북 ( )[ ] 동 '까무러치다'의 방언.

장덕 전남 ( )[ ] 명 '멍'의 방언.

장분-쏟다 강원 ( )[장분쏟따] 동 '토하다'의 방언.

장분질-하다 강원 ( )[ ] 동 '토하다'의 방언.

재거랍다 경남 ( )[재거랍따] 형 '간지럽다'의 방언.

재거럽다 경남 ( )[재거럽따] 형 '간지럽다'의 방언.

재구랍다 경남 ( )[재구랍따] 형 '간지럽다'의 방언.

재그럽다 경남 ( )[재그럽따] 형 '가렵다'의 방언.

재룹다 강원 ( )[재룹따] 형 '저리다'의 방언. ¶그러 앉어 있으문 다리거 재룹지 않나?(그렇게 앉아 있으면 다리가 저리지 않니?)

재리다 경남 ( )[ ] 형 '저리다'의 방언.

재차기 경남 전남 충남 ( )[ ] 명 '재채기'의 방언.

재착 경남 ( )[ ] 명 '재채기'의 방언.

재채기 표준 ( )[ ] 명 코안의 신경이 자극을 받아 갑자기 코로 숨을 내뿜는 일. 숨을 짧은 시간 동안 몇 차례 나누어 들이마신 뒤 이를 큰 소리와 함께 한꺼번에 내쉼으로써 코안의 이물질이 속으로 들어가지 못하게 막는다. 〈유〉분체(噴嚔) ¶그의 요란스러운 재채기에 좌중은 모두 깜짝 놀랐다./고추와 양파로 요리하면 재채기가 나는 것이 예사이다.

재채이 경북 ( )[ ]명 '재채기'의 방언.

재채지 전남 ( )[ ]명 '재채기'의 방언.

재책-질 경남 ( )[재책찔]명 '재채기'의 방언.

재츰 경상 ( )[ ]명 '재채기'의 방언.

재치 경남 ( )[ ]명 '재채기'의 방언.

재치개 전북 ( )[ ]명 '재채기'의 방언.

재치기 전북 ( )[ ]명 '기지개'의 방언.

재치기 강원 경기 경상 충청 ( )[ ]명 '재채기'의 방언. ¶감기가 오려나 자꾸 재치기가 나온다.(감기가 오려나 자꾸 재채기가 나온다.)〈경기〉

재칙 경북 ( )[ ]명 '재채기'의 방언.

재침 경상 ( )[ ]명 '재채기'의 방언.

재통 표준 (再痛)[재ː통-]명 나았던 병이 다시 도져서 앓는 일.

재통하다 표준 (再痛하다)[재ː통하다]동 나았던 병이 다시 도져서 앓다.

잰-지침 강원 ( )[ ]명 '잔기침'의 방언.

쟁겡이 제주 ( )[ ]명 '애꾸눈이'의 방언.

저굽다 제주 ( )[저굽따]형 '간지럽다'의 방언.

저급다 제주 ( )[저급따]형 '시다'의 방언.

저께 전남 ( )[ ]명 '눈곱'의 방언.

저드랑-내 강원 ( )[ ]명 '암내'의 방언.

저럽다 경남 ( )[저럽따]형 '저리다'의 방언.

저리다 표준 ( )[ ]형 /동 (근육이나 뼈마디가) 오래 눌리거나 추위로 인해 피가 잘 통하지 못하여, 감각이 둔하고 아리며 움직이기가 거북하다./(근육이나 뼈마디가) 오래 눌리거나 추위로 인해 피가 잘 통하지 못하여, 감각이 둔하고 아리며 움직이기가 거북한 느낌이 들다. ¶나는 수갑을 찬 채로 고개를 푹 숙이고 앉아 있으면서도, 다리가 저리고 아파서 몸을 자주 뒤틀면서 자세를 바로잡곤 하였다./두 팔로 온몸을 지탱하고 있다. 손가락 마디가 저린다.

저리저리하다 표준 ( )[ ]형 (살이나 뼈마디가) 피가 잘 돌지 못하여 감각이 둔하고 자꾸 몹시 아리다. 〈참〉자리자리하다 ¶무릎을 꿇고 앉아 있었더니 다리가 저리저리해.

저리-하다 충남 ( )[ ]형 '저리다'의 방언.

저린감 표준 (저린感)[저린감]명 몸이 부분적으로 감각이 없어지는 증상.

저릿저릿하다 표준 ( )[저린쩌리타다]형 (몸이나 몸의 일부가) 피가 잘 돌지 못하여 몹시 감각이 무디고 자꾸 세게 아린 느낌이 있다. 〈참〉쩌릿쩌릿하다, 자릿자릿하다 ¶저이는 특별히 아픈 데도 없는데 늘 손목 발목이 저릿저릿하답니다.

저릿하다 표준 ( )[저리타다]형 (몸이나 몸의 일부가) 피가 잘 돌지 못하거나 전기가 통하여 감각이 무디고 아린 느낌이 있다. 〈참〉쩌릿하다, 자릿하다 ¶어제 과로를 했는지 온몸이 나른하고 저릿하다.

저부름 충북 ( )[ ]명 '졸음'의 방언.

저으다 제주 ( )[ ]형 '두렵다'의 방언.

저프다 제주 ( )[ ]형 '두렵다'의 방언.

적랭복통 표준 (積冷腹痛)[정냉복통]명 배 속에 찬 기운이 몰려 배가 찌르듯이 아픈 증상.

전동발-이 경남 ( )[전동바리]명 '절름발이'의 방언.

전둥다리 경남 ( )[ ]명 '절름발이'의 방언.

전베기 강원 ( )[ ]명 '귀머거리'의 방언.

전정통 표준 (巓頂痛)[전정통]명 정수리가 몹시 아픈 증상.

전타리 전남 ( )[ ]명 '절름발이'의 방언.

전-태 제주 ( )[ ]명 '절름발이'의 방언.

절둑발-이 경북 ( )[절뚝바리]명 '절름발이'의 방언.

절뚝발-이 표준 ( )[절뚝빠리]명 한쪽 다리가 짧거나 탈이 나서 뒤뚝뒤뚝 저는 사람을 낮잡아 이르는 말. 〈유〉건각(蹇脚), 건파(蹇跛), 뚝발-이, 파벽(跛躄), 편파(偏跛) 〈참〉쩔뚝발-이

절뚝-절뚝 표준 ( )[절뚝쩔뚝]**부** 한쪽 다리가 짧거나 탈이 나서 자꾸 뒤뚝뒤뚝 저는 모양. 〈참〉잘뚝-잘뚝, 쩔뚝-쩔뚝

절뚝절뚝-하다 표준 ( )[절뚝쩔뚜카다]**동** 한쪽 다리가 짧거나 탈이 나서 뒤뚝 뒤뚝 자꾸 절다. 〈유〉절뚝-거리다 ¶발톱이 빠져 한동안 다리를 절뚝절뚝하며 힘들게 걸어 다녔다.

절락발-이 제주 ( )[절락빠리]**명** '절름발이'의 방언.

절락-절락 제주 ( )[ ]**부** '절뚝절뚝'의 방언.

절루발-이 강원 ( )[절루바리]**명** '절름발이'의 방언.

절루-뱅이 강원 ( )[ ]**명** '절름발이'의 방언.

절룩-거리다 표준 ( )[절룩꺼리다]**동** 걸을 때에 자꾸 다리를 몹시 절다. 〈유〉절룩-대다, 절룩절룩-하다 〈참〉잘록-거리다, 쩔룩-거리다 ¶아버지로 보이는 사내가 앞에 가고 아이가 다리를 절룩거리며 따라간다.

절룩발-이 강원 경남 전북 제주 ( )[절룩빠리]**명** '절름발이'의 방언. ¶소아마비를 그때느 아뭇 조치도 없어 갖고 절룩발이가 마이 생기고 안 그랬심니꺼?(소아마비를 그때는 아무 조치도 없어 가지고 절름발이가 많이 생기고 안 그랬습니까?) 〈경남〉

절룩-절룩 표준 ( )[절룩쩔룩]**부** 걸을 때에 잇따라 다리를 몹시 저는 모양. 〈참〉잘록-잘록, 쩔룩-쩔룩 ¶절룩절룩 힘겹게 걷다.

절룩절룩-하다 표준 ( )[절룩쩔루카다]**동** 걸을 때에 잇따라 다리를 몹시 절다. 〈유〉절룩-거리다

절룩파리 충남 ( )[ ]**명** '절름발이'의 방언.

절룸-발 경기 충남 ( )[ ]**명** '절름발'의 방언.

절룸발-이 경북 ( )[절룸바리]**명** '절름발이'의 방언.

절룸-배이 경남 ( )[ ]**명** '절름발이'의 방언.

절룸-뱅이 경북 ( )[ ]명 '절름발이'의 방언.

절름-발 표준 ( )[ ]명 걸을 때에 절름거리는 발.

절름발-이 표준 ( )[절름바리]명 한쪽 다리가 짧거나 다치거나 하여 걷거나 뛸 때에 몸이 한쪽으로 자꾸 거볍게 기우뚱거리는 사람을 낮잡아 이르는 말. 〈유〉잘름-발이, 파자(跛者) 〈참〉쩔름발-이 ¶다리에 심한 부상을 입고 절름발이가 되었다.

절름-배기 전라 ( )[ ]명 '절름발이'의 방언.

절름-배이 경북 ( )[ ]명 '절름발이'의 방언.

절심-절심 전라 ( )[절씸절씸]부 '절룩절룩'의 방언.

절-전태 제주 ( )[ ]명 '절름발이'의 방언.

절축발-이 제주 ( )[절축빠리]명 '절뚝발이'의 방언.

절툭발-이 제주 ( )[절툭빠리]명 '절뚝발이'의 방언.

정두통 표준 (正頭痛)[ ]명 두통의 하나. 머리 전반이 아픈 것을 말한다.《동의보감(東醫寶鑑)》에 정두통은 수족육양경맥(手足六陽經脈)과 궐음경맥(厥陰經脈)·독맥(督脈)·소음경(少陰經)에 병이 있을 때 생긴다. 머리가 치받치는 것같이 아프고 눈이 빠지는 것 같으며 목덜미가 빠지는 것 같은 통증이 있다.

정식통 표준 (停食痛)[ ]명 음식이 체하여 명치 밑이 묵직하면서 아픈 증상.

젖-몸살 표준 ( )[전몸살]명 젖의 분비로 생기는 몸살. ¶젖몸살이 나다./젖몸살을 앓다./젖이 아프다고 짜지 않고 내버려두면 심하게 젖몸살을 하게 된다.

젖병 표준 (젖病)[젇뺑]명 젖을 앓는 병을 통틀어 이르는 말. 〈유〉젖앓이

젖앓이 표준 ( )[저다리]명 젖을 앓는 병을 통틀어 이르는 말. 〈유〉젖병

제거럽다 경남 ( )[제거럽따]형 '가렵다'의 방언. ¶목간을 안 해 노이 그랑가 와 이키 제거럽노?(번역 목욕을 안 해서 그런가 왜 이렇게 가렵니?)

제그럼 경남 ( )[ ]명 '간지럼'의 방언.

제글럼 제주 ( )[ ]명 '간지럼'의 방언.

제랍다 전남 ( )[제랍따]형 '저리다'의 방언. ¶무릎을 오래 꿀고 있었드만 발 제라와 죽겄다.(무릎을 오래 꿇고 있었더니만 발 저려 죽겠다.)

제랍다 전남 ( )[제랍따]동 '지리다'의 방언. ¶냄시가 솔솔 난 것이 애기가 오짐얼 제랍는갑소야.(냄새가 솔솔 나는 것이 아이가 오줌을 지렸나봐요.)

제럽다 경상 전남 ( )[제럽따]형 '저리다'의 방언.

제리다 강원 경남 ( )[ ]형 '저리다'의 방언.

제미 충북 ( )[ ]명 '기미'의 방언.

제제기 경남 ( )[ ]명 '기지개'의 방언.

제지개 경남 ( )[ ]명 '기지개'의 방언.

제침 전남 ( )[ ]명 '재채기'의 방언.

젯-몸살 제주 ( )[젠몸살]명 '젖몸살'의 방언.

조곰 제주 ( )[ ]명 '간지럼'의 방언.

조곱다 제주 ( )[조곱따]형 '간지럽다'의 방언.

조기염 제주 ( )[ ]명 '간지럼'의 방언.

조락 제주 ( )[ ]명 '종다래끼'의 방언.

조락-바구리 제주 ( )[조락빠구리]명 '종다래끼'의 방언.

조락조락ㅎ다 제주 ( )[조락쪼가카다]형 '떫다'의 방언.

조락-지다 제주 ( )[조락찌다]형 '떫다'의 방언.

조람 제주 ( )[ ]명 '졸음'의 방언.

조랍다 제주 ( )[조랍따]동 '졸리다'의 방언.

조럽다 충북 ( )[조럽따]동 '졸리다'의 방언.

조레기 제주 ( )[ ]명 '종다래끼'의 방언.

조렴 경기 ( )[ ]명 '졸음'의 방언.

조렵다 강원 ( )[조렵따]동 '졸리다'의 방언.

조롭다 경기 ( )[조롭따]동 '졸리다'의 방언.

조룹다 강원 ( )[조룹따]동 '졸리다'의 방언.

조릅다 강원 경기 ( )[조릅따]동 '졸리다'의 방언.

조리미 경북 ( )[ ]명 '졸음'의 방언.

조림 전라 ( )[ ]명 '졸음'의 방언.

조벤 제주 ( )[ ]명 '버짐'의 방언.

조벤-약 제주 (조벵藥)[조벤냑]명 '버짐약'의 방언. ¶둑 새기 노린자 식초에 따
　　런 거 볼르민 낫암져, 이런 민간요법을 조벤약이라 ᄒ여마씀.(달걀 노른자
　　를 식초에 넣어서 바르면 낫습니다. 이런 민간요법을 '조벤약'이라고 합니다.

조보롭다 충북 ( )[조보롭따]동 '졸리다'의 방언.

조부람 충북 ( )[ ]명 '졸음'의 방언.

조부럽다 강원 ( )[조부럽따]동 '졸리다'의 방언.

조붐 경남 ( )[ ]명 '졸음'의 방언.

조브랍다 충북 ( )[조브랍따]동 '졸리다'의 방언.

조블리다 충북 ( )[ ]동 '졸리다'의 방언.

조울리다 전남 ( )[ ]동 '졸리다'의 방언.

조으름 전북 충남 ( )[ ]명 '졸음'의 방언.

조이다 표준 ( )[조이다]동 (사람이 신체 부위를 손이나 끈 따위로) 그 둘레를
　　잡아 힘껏 누르다. ¶강도가 장갑을 낀 손으로 내 목을 서서히 조여 왔다./
　　그의 팔이 그녀의 허리를 꽉 조이는 바람에 그녀는 전혀 움직일 수 없었다.

족심통 표준 (足心痛)[족씸통]명 발바닥의 한가운데가 아픈 증상. 〈유〉각심통
　　(脚心痛)

족은-노로 제주 ( )[ ]명 '작은마마'의 방언.

족은-마누라 제주 ( )[ ]명 '홍역'의 방언.

족은-마마 제주 ( )[ ]명 '홍역'의 방언.

족은-한집 제주 ( )[ ]명 '작은마마'의 방언.

족통 표준 (足痛)[족통-]명 발이 아픈 증세.

졸레다 경북 ( )[ ]통 '졸리다'의 방언.

졸렵다 강원 경북 충북 ( )[ ]통 '졸리다'의 방언.

졸루다 전북 ( )[ ]통 '졸리다'의 방언.

졸리다 표준 ( )[졸ː리다]통 자고 싶은 느낌이 들다. ¶잠을 안 잤으니 졸리는 건 당연하다./나 지금 정말 졸린다.

졸리키다 강원 ( )[ ]통 '졸리다'의 방언.

졸림 경기 충남 ( )[ ]명 '졸음'의 방언.

졸미 경남 ( )[ ]명 '졸음'의 방언.

졸심통 표준 (卒心痛)[졸씸통]명 갑자기 가슴이나 명치 밑이 아픈 증상.

졸엄 경북 ( )[ ]명 '졸음'의 방언.

졸-옴 전북 ( )[ ]명 '졸음'의 방언.

졸-움 강원 경기 전북 충북 ( )[조룸]명 '졸음'의 방언.

졸음 표준 (卒瘖)[조름]명 갑자기 목이 쉬거나 말을 하지 못하는 병증.

졸-음 표준 ( )[조름]명 잠이 오는 느낌이나 상태. ¶졸음이 쏟아지다./졸음이 오다./졸음을 쫓다./동생은 졸음을 참아 가며 밤새워 공부를 했다.

졸후비 표준 (卒喉痺)[ ]명 갑자기 목구멍이 붓고 아픈 증세. 〈유〉급후비

좀 경남 ( )[ ]명 '졸음'의 방언.

종격 기종 표준 ( )[ ]명구 세로칸 안에 생긴 공기증. 목이나 가슴의 외상, 기관 지나 식도의 손상 따위가 원인이며 가슴 통증, 호흡 곤란, 기침, 혈압 저하 따위가 나타난다.

종-다리끼 충북 ( )[ ]명 '종다래끼'의 방언.

종댕이 경기 ( )[ ]명 '종다래끼'의 방언.

종맹이 강원 ( )[ ]명 '종다래끼'의 방언. ¶이제 산에 가서 버리 뿌레기를 한 종 맹이 캐야 돼.(이제 산에 가서 보리 뿌리를 한 종다래끼 캐야 돼.)

종점 경남 ( )[ ]명 '볼거리'의 방언.

종-태기 경기 ( )[ ]명 '종다래끼'의 방언.

좌섬 요통 표준 (挫閃腰痛)[ ] 명구 뼈마디를 다치거나 접질려서 일어나는 요통. 〈유〉염좌 요통(捻挫腰痛) ¶좌섬 요통을 예방하기 위해서 평소에 허리가 유연하고 순환이 잘 되는 상태를 유지하고 관리하는 것이 필요하다.

죄림 경기 ( )[ ] 명 '졸음'의 방언.

죄어들다 표준 ( )[죄어들다/줴여들다] 동 안으로 바싹 죄어 오그라들다. 〈유〉조여들다 ¶아니, 부아와 두려움들이 마구 뒤섞여 뒤통수의 근육이 조여드는 기분이었다.

주마담 표준 (走馬痰)[ ] 명 담(痰)이 이곳저곳을 옮겨 다녀서 몸이 군데군데 욱신거리고 아픈 병. 〈유〉유주담(流走痰)

주풍 표준 (酒風)[ ] 명 술을 지나치게 많이 마셔서 온몸에 늘 열과 땀이 나며, 목이 마르고 느른하여지는 병.

준지-그르 제주 ( )[ ] 명 '마맛자국'의 방언.

중벵 경남 제주 ( )[ ] 명 '중병'의 방언.

중-병 표준 (重病)[중ː병] 명 목숨이 위태로울 정도로 몹시 앓는 병. 〈유〉가질(苛疾), 대병(大病), 독륭(篤癃), 독질(篤疾), 중아(重痾), 중역(重疫), 중질(重疾), 중환(重患) ¶중병 환자./중병에 걸리다./중병을 앓다.

중치-멕힘 제주 ( )[ ] 명 '뇌졸중'의 방언.

중통 표준 (重痛)[중ː통] 명 심하게 병을 앓음. ¶산후에 중통을 하고 난 그의 아내는 발치 목에서 어린애 젖을 빨리고 있다가….

중통하다 표준 (重痛하다)[중ː통하다] 동 심하게 병을 앓다. ¶사흘 동안이나 중통한 장군은 겨우 정신을 수습해 일어나자 다시 진을 어란포로 옮겼다.

중풍 표준 (中風)[ ] 명 뇌혈관의 장애로 갑자기 정신을 잃고 넘어져서 구안괘사, 반신불수, 언어 장애 따위의 후유증을 남기는 병. 〈유〉뇌졸중(腦卒中), 뇌졸증(腦卒症), 뇌중풍(腦中風) ¶중풍에 걸리다/중풍을 맞다/중풍이 들다/중풍으로 쓰러지다.

쥐 나다 표준 ( )[ ] 동구 (신체나 그 일부가, 또는 신체나 그 일부에) 경련이 일어

나서 곧아지다 ¶운동을 너무 심하게 했더니 다리 근육이 긴장되어 쥐가 났
다./그는 자다가 다리에 쥐가 나는 바람에 잠에서 깼다.

쥐술 제주 ( )〔 〕명 갑자기 쥐가 나서 뭉쳐진 근육. '장딴지'를 가리키기도 한
다. ¶사름이 발을 오몽ᄒ잰 ᄒ여도 종애슬광 정겡이슬이 오그라들곡 풰와
지곡 균형이 잘 맞아사 오몽ᄒ는디, 그 균형이 맞질 아니 ᄒ민 쥐술이 튀어
나오는 거라 마씀.(사람이 발을 움직이려고 해도 종아리살과 정강이살이 오
그라들고 펴지고 균형이 잘 맞아야 움직이는데, 그 균형이 맞질 않으니 쥐슬
이 튀어나오는 겁니다.)

쥐어뜯다 표준 ( )〔 쥐어뜯따/쥐여뜯따〕동 (사람이 신체의 일부분을) 손으로 쥐
고 뜯어내듯이 당기거나 마구 꼬집다. ¶어머니는 병실에 누워 답답해서 못
견디겠다는 듯이 두 손으로 가슴을 쥐어뜯으며 괴로운 숨을 토하셨다.

쥐어짜다 표준 ( )〔 쥐어짜다/쥐여짜다〕동 억지로 쥐어서 비틀거나 눌러 액체
따위를 꼭 짜내다. ¶속이 쥐어짜듯 아파 죽겠네.

지개 경남 ( )〔 〕명 '기지개'의 방언.

지개기 전남 ( )〔 〕명 '기지개'의 방언.

지개미 충북 ( )〔 〕명 '비듬'의 방언.

지거 경북 ( )〔 〕명 '말라리아, 학질'의 방언.

지거럽다 경상 ( )〔 지거럽따〕형 '가렵다'의 방언.

지거미 경북 ( )〔 〕명 '비듬'의 방언.

지검 전남 ( )〔 〕명 '비듬'의 방언.

지게미 전남 ( )〔 〕명 '비듬'의 방언.

지굼 경북 ( )〔 〕명 '비듬'의 방언.

지그럽다 경북 ( )〔 지그럽따〕형 '가렵다'의 방언.

지근거리다 표준 ( )〔 〕동 (몸이나 머리가) 자꾸 쑤시듯 크게 아프다. 〈유〉지근
지근하다, 지근대다 ¶아들 녀석 걱정을 하다 보니 갑자기 골치가 지근거린
다.

지근대다 표준 ( )[ ]동 (몸이나 머리가) 자꾸 쑤시듯 크게 아프다. 〈유〉지근거
리다, 지근지근하다 ¶머리가 지근대고 오한이 있는 것을 보니 감기가 드는
듯싶었다.

지근덕거리다 표준 ( )[지근덕꺼리다]동 성가실 정도로 끈덕지게 자꾸 귀찮게
굴다. 〈유〉지근덕대다 ¶내 동생에게 지근덕거리는 놈이 있으면 어떤 놈이
든 가만있지 않을 테다./요즘 학교 주변에서 폭력배가 학생들을 지근덕거
려 돈을 뜯어내는 사례가 늘고 있다.

지근덕대다 표준 ( )[지근덕때다]동 성가실 정도로 끈덕지게 자꾸 귀찮게 굴
다. 〈유〉지근덕거리다 ¶그가 자주 친구에게 지근덕대는구나 생각하니 울
화가 치밀었다./불량배가 행상들을 지근덕대어 돈을 뜯어내었다.

지근지근 표준 ( )[ ]부 머리가 자꾸 쑤시듯 아픈 모양. ¶감기에 걸렸는지 오한
이 나고 골치가 지근지근 아파 왔다./꿈도 안 꾼 완전한 단절의 한밤을 보낸
뒤 이신은 지근지근 쑤시는 두통과 연이어 치미는 구역증을 얻었다.

지근지근하다 표준 ( )[ ]동 (몸이나 머리가) 자꾸 쑤시듯 크게 아프다. 〈유〉지
근거리다, 지근대다 〈참〉지끈지끈하다, 자근자근하다

지급 경북 ( )[ ]명 '비듬'의 방언.

지기미 경상 전남 ( )[ ]명 '비듬'의 방언.

지꼬대 경북 ( )[ ]명 '기지개'의 방언. ¶가다가 지꼬대도 피면서 시 가머 해
라.(가끔씩 기지개도 펴면서 쉬어 가며 해라.)

지끈거리다 표준 ( )[ ]동 (몸이나 머리가) 자꾸 몹시 쑤시듯 크게 아프다. 〈유〉
지끈지끈하다, 지끈대다 ¶며칠 동안 잠을 제대로 못 잤더니 머리가 몹시 지
끈거린다./비닐우산을 개어 접으면서 그녀는 어깨를 들어 올리고 숨을 깊
이 들이쉬었다. 관자놀이가 지끈거리고 숨이 가빠졌다.

지끈대다 표준 ( )[ ]동 (몸이나 머리가) 자꾸 몹시 쑤시듯 크게 아프다. 〈유〉지
끈지끈하다, 지끈거리다 〈참〉지근대다 ¶너무 신경을 써서 그런지 머리가
몹시 지끈댄다./지끈대는 두통 때문이라기에는 너무나 상습적이었다.

지끈지끈 표준 ( )[ ]부 머리가 자꾸 쑤시듯 아픈 모양. '지근지근'보다 센 느낌을 준다. ¶머리가 지끈지끈 아프다./골치가 지끈지끈 쑤신다./걸음을 걸을 때마다 머리가 지끈지끈 울리며, 콧물이 연하여 나오고….

지끈지끈하다 표준 ( )[ ]동 (몸이나 머리가) 자꾸 몹시 쑤시듯 크게 아프다. 〈유〉지끈거리다, 지끈대다 〈참〉지근지근하다, 자끈자끈하다 ¶어제 마신 술이 깨지 않아 아직도 머리가 지끈지끈하다./모처럼 축구 시합을 해서 온몸이 지끈지끈했지만 기분만큼은 상쾌했다.

지네 충북 ( )[ ]명 '기미'의 방언.

지드개 강원 전남 ( )[ ]명 '기지개'의 방언.

지럽다 경북 ( )[ ]형 '가렵다'의 방언.

지렁-내 전남 제주 ( )[ ]명 '지린내'의 방언.

지령-내 경기 ( )[ ]명 '지린내'의 방언.

지루-내 경기 ( )[ ]명 '지린내'의 방언.

지룹다 경남 ( )[지룹따]형 '저리다'의 방언.

지르르하다 표준 ( )[ ]형 (뼈마디나 몸의 일부 또는 마음이) 저릿한 느낌이 있다. 〈참〉찌르르하다, 자르르하다 ¶아이가 잠들 때까지 팔베개를 해 주었더니 팔이 지르르하다.

지른-내 전라 제주 충남 ( )[ ]명 '지린내'의 방언.

지리다 표준 ( )[ ]동 똥이나 오줌을 참지 못하고 조금 싸다.

지리다 경북 전남 ( )[ ]형 '저리다'의 방언.

지린-내 표준 ( )[ ]명 오줌에서 나는 것과 같은 냄새. ¶지린내를 맡다./지린내가 나다.

지메 경상 전남 충북 ( )[ ]명 '기미'의 방언.

지모 전라 ( )[ ]명 '기미'의 방언.

지무 강원 ( )[ ]명 '기미'의 방언.

지미 강원 충청 ( )[ ]명 '기미'의 방언.

ㅈ

지미 경남 ( )[ ]명 '비듬'의 방언.

지시미 충청 ( )[ ]명 '기미'의 방언.

지위 경기 ( )[ ]명 '기미'의 방언.

지저리 전북 ( )[ ]명 '기지개'의 방언.

지설통 표준 (肢節痛)[ ]명 온몸의 뼈마디가 아프고 쑤시는 증상. 한습(寒濕), 담음(痰飮), 어혈(瘀血)이 경락을 막아서 생긴다.

지제기 강원 ( )[ ]명 '기지개'의 방언.

지지개 경남 ( )[ ]명 '기지개'의 방언.

지지깨 경기 ( )[ ]명 '기지개'의 방언.

지지러기 경남 ( )[ ]명 '기지개'의 방언.

지지레기 경남 ( )[ ]명 '기지개'의 방언.

지지리 경남 ( )[ ]명 '기지개'의 방언.

지지리 경남 ( )[ ]명 '진저리'의 방언.

지지링이 경남 ( )[ ]명 '기지개'의 방언.

지직 경남 ( )[ ]명 '기지개'의 방언.

지질 경남 제주 ( )[ ]명 '치질'의 방언.

지질개 경남 ( )[ ]명 '기지개'의 방언.

지질-껍지 경남 ( )[지질껍찌]명 '손거스러미'의 방언.

지징이 경남 ( )[ ]명 '기지개'의 방언.

지채기 경북 ( )[ ]명 '재채기'의 방언.

지첨 경남 ( )[ ]명 '기침'의 방언.

지첨-약 경남 ( )[지첨냑]명 '기침약'의 방언.

지첨-하다 경남 ( )[ ]동 '기침하다'의 방언.

지청기 경북 ( )[ ]명 '재채기'의 방언.

지치기 경상 전라 충북 ( )[ ]명 '재채기'의 방언.

지침 강원 경기 경남 제주 충청 ( )[ ]명 '기침'의 방언.

지침-뼁 경남 ( )[ ]명 '기침병'의 방언.

지통 표준 (至痛)[ ]명 고통이 매우 심함. 또는 그런 고통.

지통 표준 (止痛)[ ]명 통증이 멈춤.

지통되다 표준 (止痛되다)[지통되다/지통뒈다]동 통증이 멈추게 되다.

지통하다 표준 (至痛하다)[ ]형 고통이 매우 심하다. ¶부모로서 자식의 죽음을 지켜보아야 하는 것이 지통하다./연산에게 금삼의 피를 전하고 쓰러져야, 맺히고 맺힌 폐비의 지통한 한을 풀어 줄 것이다.

지통하다 표준 (止痛하다)[ ]동 통증이 멈추다.

지트림 충북 ( )[ ]명 '트림'의 방언.

직업-뼁 경남 ( )[ ]명 '직업병'의 방언.

직업-병 표준 (職業病)[지겁뼝]명 한 가지 직업에 오래 종사함으로써 그 직업의 특수한 조건에 의하여 생기는 병. 광부의 규소폐증, 유리 직공의 만성 기관지염 따위가 대표적이다.

진두통 표준 (眞頭痛)[ ]명 두통의 하나. 머리가 심하게 아프며 골속까지 통증이 미치고 손발이 싸늘하여진다. ¶진두통의 증상은 머리가 다 아프면서 손발의 뼈마디까지 차고 손톱이 푸르다.

진-버듬 경기 전북 충청 ( )[ ]명 '진버짐'의 방언.

진-버섯 경북 ( )[진버섣]명 '진버짐'의 방언.

진-버슴 전남 ( )[ ]명 '진버짐'의 방언.

진-버심 경남 ( )[ ]명 '진버짐'의 방언.

진-버줌 강원 ( )[ ]명 '진버짐'의 방언.

진-버즘 경남 충북 ( )[ ]명 '진버짐'의 방언.

진-버짐 표준 ( )[ ]명 얼굴에 생기는 피부병. 그 부위를 터뜨리면 진물이 흐른다. 〈유〉습선(濕癬) 〈참〉마른버짐

진-보짐 경기 충북 ( )[ ]명 '진버짐'의 방언.

진-비점 전남 ( )[ ]명 '진버짐'의 방언.

진-비접 전남 ( )[ ][명] '진버짐'의 방언. ¶벵언에 가도 진비접이 낫들 안해.(병원
에 가도 진버짐이 낫지를 않아.)

진심통 표준 (眞心痛)[ ][명] 심장 부위에 발작적으로 생기는 심한 통증. 가슴이
답답하며 땀이 몹시 나고 팔다리가 시리면서 피부가 푸르게 변한다. ¶'진심
통'은 현대의 심근경색으로 조선시대에는 '아침에 생기면 저녁에 죽고, 저녁
에 생기면 다음 날 아침에 죽는다'는 얘기가 전해질 정도로 무서운 병이었
다.

진저리 표준 ( )[ ][명] 몹시 싫증이 나거나 귀찮아 떨쳐지는 몸짓. ¶진저리를 내
다./이제는 그 사람 얘기만 들어도 진저리가 난다.

진절-머리 표준 ( )[ ][명] '진저리'를 속되게 이르는 말. ¶진절머리를 내다./진절
머리를 치다./진절머리를 앓다.

진지럭적 전남 ( )[진지럭쩍][명] '진절머리'의 방언.

진지리 경남 ( )[ ][명] '진저리'의 방언.

진질미 경남 ( )[ ][명] '진저리'의 방언.

진통 표준 (鎭痛)[진ː통-][명] 아픔이나 통증을 가라앉힘. ¶이 약은 진통 효과가
탁월하다./이 주사는 진통 효과가 있으니 곧 동증이 가라앉을 겁니다.

진통 표준 (陣痛)[ ][명] 해산할 때에, 짧은 간격을 두고 주기적으로 반복되는 배
의 통증. 분만을 위하여 자궁이 불수의적(不隨意的)으로 수축함으로써 일
어난다. 〈유〉산통(産痛) ¶임신부가 진통을 시작하여 병원으로 옮겼다./아
내는 새벽부터 진통을 시작하더니 오후에 예쁜 딸을 낳았다.

진통계 표준 (陣痛計)[진통계/진통게][명] 진통의 세기를 재는 장치. 자궁 수축
에 따른 단단함의 변화를 기록하는 외부 측정법과 자궁 내압(內壓)의 변화
를 기록하는 내부 측정법이 있다.

진통제 표준 (鎭痛劑)[진ː통제][명] 중추 신경에 작용하여 환부의 통증을 느끼
지 못하게 하는 약. 마약성 진통제와 해열성 진통제로 나뉘며, 수면제·마
취제·진경제(鎭痙劑) 따위가 보조적으로 배합된다. ¶수술 과정에서 진통

제를 너무 많이 쓰면 회복이 더디다./그녀는 두통이 잦아서 항상 진통제를
챙겨 가지고 다닌다.

진통하다 표준 (陣痛하다)[ ]동 해산할 때에 짧은 간격으로 반복되는 배의 통증
을 겪다.

질겁-하다 표준 (窒怯하다)[질거파다]동 뜻밖의 일에 자지러질 정도로 깜짝 놀
라다. 〈참〉잘겁-하다(잘怯하다)

질뚝-배기 충남 ( )[ ]명 '절뚝발이'의 방언.

질벵 강원 ( )[ ]명 '질병'의 방언.

질병 표준 (疾病)[ ]명 몸의 온갖 병. 〈유〉병(病), 우환(憂患), 질환(疾患), 환우
(患憂) ¶질병에 걸리다./질병을 앓다./질병을 예방하다.

질통 표준 (疾痛)[ ]명 병으로 인한 아픔.

질투드레기 제주 ( )[ ]명

질-트다 제주 ( )[ ]동 기지개를 켜다

짐 전북 충청 ( )[ ]명 '기미'의 방언.

징건하다 표준 ( )[ ]형 (뱃속이) 먹은 것이 잘 소화되지 않아 더부룩하다. ¶점
심때 고기를 먹었더니 속이 징건해서 저녁은 생각이 없소./그는 속이 징건
하여 아무것도 먹고 싶지 않았다.

짜감 경남 ( )[ ]명 '간지럼'의 방언.

짜다 경남 ( )[ ]동 짜증을 내다.

짜르르하다 표준 ( )[ ]형 (뼈마디나 몸의 일부 또는 마음이) 짜릿한 느낌이 있
다. ¶술을 한 잔 마시자 술기운이 온몸에 짜르르하게 퍼졌다.

짜릿짜릿하다 표준 ( )[짜릳짜리타다]형 (몸이나 몸의 일부가) 피가 잘 돌지 못
하여 감각이 몹시 무디고 자꾸 세게 아린 느낌이 있다. ¶나는 긴장하면 손
과 발이 짜릿짜릿하면서 간지러운 기분이 들어 안절부절못한다.

짜릿하다 표준 ( )[짜리타다]형 (몸이나 몸의 일부가) 피가 잘 돌지 못하거나 전
기가 통하여 감각이 몹시 무디고 아린 느낌이 있다. 〈참〉자릿하다, 쩌릿하

다, 찌릿하다 ¶바늘처럼 날카로운 냉기가 발등을 타고 가슴속까지 짜릿하
게 파고들었다.

짜-매다 경남 ( )[ ]동 '처매다'의 방언.

짜바-지다 경남 ( )[ ]동 '찌부러지다'의 방언.

짜방-눈 경북 ( )[ ]명 '애꾸'의 방언.

짜부라-뜨리다 표준 ( )[ ]동 기운이나 형세 따위를 꺾어 약해지게 하다. 〈유〉짜
부라-트리다 〈참〉찌부러-뜨리다, 찌부러-트리다 ¶그는 종이 상자를 발로
밟아 납작하게 짜부라뜨렸다.

짜부라-지다 표준 ( )[ ]동 기운이나 형세 따위가 꺾이어 약해지다. 〈참〉찌부
러-지다 ¶며칠 앓더니 사람이 짜부라지고 말았다.

짜불-띠리다 강원 ( )[ ]동 '짜부라뜨리다'의 방언. ¶누거 이 냄비르 이러 짜불띠
나?(누가 이 냄비를 이렇게 짜부라뜨렸니?)

짜불레-띠리다 강원 ( )[ ]동 '짜부라뜨리다'의 방언.

짜불레-지다 강원 ( )[ ]동 '짜부라지다'의 방언.

짜장 전남 ( )[ ]명 '짜증'의 방언.

짜증 표준 ( )[ ]명 미움에 꼭 맞지 아니하여 발칵 역정을 내는 짓. 또는 그런 성
미. 〈참〉찌증 ¶짜증 섞인 말./짜증을 부리다./짜증을 내다.

짜증-스럽다 표준 ( )[짜증스럽따]형 보기에 짜증이 나는 데가 있다. ¶짜증스
러운 날씨./모든 것이 짜증스러운 목소리.

짜증-스레 표준 ( )[ ]부 보기에 짜증이 나는 데가 있게. ¶묻는 말에 짜증스레
대답을 하다.

짜징 경남 ( )[ ]명 '짜증'의 방언.

짜징-시럽다 경남 ( )[짜징시럽따]형 '짜증스럽다'의 방언.

짜징시리 경남 ( )[ ]부 '짜증스레'의 방언.

짝발-이 전남 ( )[짝바리]명 '절름발이'의 방언.

짠-내 경남 ( )[ ]명 '지린내'의 방언.

짠하다 표준 ( )[ ][형] 안타깝게 뉘우쳐져 마음이 조금 언짢고 아프다. 〈참〉찐하다 ¶마음이 짠하다./나무라기는 했지만 자식은 자식이라 짠한 심정을 금할 수 없었다./자기의 손안에 든 먹음직스러운 과일이 다른 사람의 손으로 넘어가기 직전에 느껴지는 아깝고 짠하고 억울한 생각이었다.

짤기다 경남 ( )[ ][동] '지리다'의 방언.

짤러지다 전라 ( )[ ][동] 창자가 꼬여서 잘라지는 것처럼 아프다.

짤레 전라 ( )[ ][명] '절름발이'의 방언.

짤레-짤레 전남 ( )[ ][부] '절뚝절뚝'의 방언.

짤룩발-이 전남 ( )[짤룩빠리][명] '절름발이'의 방언.

짤룩-이 경북 ( )[짤루기][명] '절름발이'의 방언.

짤룸-발 전북 ( )[ ][명] '절름발'의 방언.

짤룸발-이 전북 ( )[짤룸바리][명] '절름발이'의 방언.

짤쑥-짤쑥 강원 ( )[ ][부] '쩔뚝쩔뚝'의 방언. ¶자는 다리를 다체서 짤쑥짤쑥 걷는다.(쟤는 다리를 다쳐서 쩔뚝쩔뚝 걷는다.)

짤쑥짤쑥-하다 강원 ( )[짤쑥짤쑤카다][동] '쩔뚝쩔뚝하다'의 방언.

짬 경남 ( )[ ][명] '졸음'의 방언.

째증 강원 ( )[ ][명] '짜증'의 방언.

쨀기다 경북 ( )[ ][동] '지리다'의 방언.

쩌뚝-발 전북 ( )[쩌뚝빨][명] '절름발'의 방언.

쩌뚝발-이 전북 ( )[쩌뚝빠리][명] '절름발이'의 방언.

쩌릿쩌릿하다 표준 ( )[쩌릳쩌리타다][형] (몸이나 몸의 일부가) 피가 잘 돌지 못하여 몹시 감각이 무디고 자꾸 아주 세게 아린 느낌이 있다. 〈참〉저릿저릿하다, 짜릿짜릿하다 ¶왼편 엉덩이 아래쪽이 뻐근하면서 그 통증이 발목까지 뻗어 내려와 발을 디딜 적마다 쩌릿쩌릿했다.

쩌릿쩌릿-허다 전남 ( )[쩌릳쩌리터다][형] '저릿저릿하다'의 방언.

쩌릿하다 표준 ( )[쩌리타다][형] (몸이나 몸의 일부가) 피가 잘 돌지 못하거나 전기가 통하여 몹시 감각이 무디고 아린 느낌이 있다. 〈참〉저릿하다, 짜릿하다 ¶무릎을 꿇고 오래 앉아 있었더니 종아리가 쩌릿하다.

쩍둑발-이 전북 ( )[쩍뚝빠리] 명 '쩔룩발이'의 방언.

쩔국발-이 강원 ( )[쩔국빠리] 명 '쩔룩발이'의 방언.

쩔두발-이 전북 충청 ( )[쩔두바리] 명 '절름발이'의 방언.

쩔둑발-이 전북 충남 ( )[쩔둑빠리] 명 '절름발이'의 방언.

쩔뚜발-이 전북 충청 ( )[쩔뚜바리] 명 '절름발이'의 방언.

쩔뚝-발 강원 경기 경상 전라 충남 ( )[쩔뚝빨] 명 '절름발'의 방언.

쩔뚝발-이 표준 ( )[쩔뚝빠리] 명 '절뚝발이'의 센말. 〈유〉쩔뚝-이 〈참〉절뚝발-이 ¶쩔뚝발이 되고 싶지 않으면 여기서 조용히 물러나도록 해라.

쩔뚝-배기 전라 충남 ( )[ ] 명 '절름발이'의 방언.

쩔뚝-배이 경남 ( )[ ] 명 '절름발이'의 방언. ¶우짜다가 쩔뚝배이가 됐노?(어쩌다가 절뚝발이가 됐니?)

쩔뚝-뱅이 강원 경상 ( )[ ] 명 '절름발이'의 방언.

쩔뚝-보 전남 ( )[ ] 명 '절름발이'의 방언.

쩔뚝-쩔뚝 표준 ( )[ ] 부 한쪽 다리가 짧거나 틸이 나서 뒤뚝뒤뚝 자꾸 저는 모양. '절뚝절뚝'보다 센 느낌을 준다. 〈참〉잘똑-잘똑, 절뚝-절뚝, 짤똑-짤똑 ¶동생은 약간 쩔뚝쩔뚝 걸음을 걷지만 건강은 많이 호전되었다.

쩔뚝쩔뚝-하다 표준 ( )[쩔뚝쩔뚜카다] 동 한쪽 다리가 짧거나 탈이 나서 뒤뚝뒤뚝 자꾸 절다. '절뚝절뚝하다'보다 센 느낌을 준다. 〈유〉쩔뚝-거리다

쩔록-발 경남 ( )[ ] 명 '절름발'의 방언.

쩔록발-이 경남 ( )[쩔록바리] 명 '절름발이'의 방언. ¶어릴 때 사고를 당해가 쩔록발이가 됐어도 힘 하나는 장사입니더.(어릴 때 사고를 당해서 절름발이가 됐어도 힘 하나는 장사입니다.)

쩔룩-발 경남 ( )[ ] 명 '절름발'의 방언.

쩔룩발-이 경북 ( )[쩔룩빠리] 명 '절뚝발이'의 방언.

쩔룩-배이 경남 ( )[ ] 명 '절름발이'의 방언.

쩔룩-뱅이 강원 경남 ( )[ ] 명 '쩔룩발이'의 방언.

쩔룸-거리다 경남 ( )[ ] 동 '쩔름거리다'의 방언.

쩔룸-대다 경남 ( )[ ] 동 '쩔름대다'의 방언.

쩔룸발-이 경상 전남 ( )[ ] 명 '절름발이'의 방언. ¶다리 한쪽을 쩔뚝쩔뚝하는 사람은 쩔룸발이라 카지.(다리 한쪽을 쩔뚝쩔뚝하는 사람은 절름발이라고 하지.)〈경북〉

쩔룸-배이 경상 ( )[ ] 명 '절름발이'의 방언.

쩔룸-쩔룸 경남 ( )[ ] 부 '쩔름쩔름'의 방언.

쩔룸쩔룸-하다 경남 ( )[ ] 동 '쩔름쩔름하다'의 방언.

쩔룽-배기 경남 ( )[ ] 명 '절름발이'의 방언.

쩔름-거리다 표준 ( )[ ] 동 한쪽 다리가 짧거나 다치거나 하여 걷거나 뛸 때 몸이 한쪽으로 자꾸 거볍게 기우뚱하다. '절름거리다'보다 센 느낌을 준다. 〈유〉쩔름-대다, 쩔름쩔름-하다 〈참〉잘름-거리다, 절름-거리다, 쨀름-거리다 ¶쩔름거리는 걸음./다리를 쩔름거리다.

쩔름-대다 표준 ( )[ ] 동 한쪽 다리가 짧거나 다치거나 하여 걷거나 뛸 때 몸이 한쪽으로 자꾸 가볍게 기우뚱하다. '절름대다'보다 센 느낌을 준다. 〈유〉쩔름-거리다 ¶쩔름대는 모습./다리를 쩔름대다.

쩔름-발 충북 ( )[ ] 명 '절름발'의 방언.

쩔름발-이 표준 ( )[쩔름바리] 명 '절름발이'의 센말. 〈참〉잘름-발이, 절름발-이, 쨀름발-이

쩔름-배애 경북 ( )[ ] 명 '절름발이'의 방언.

쩔름-뱅이 강원 경상 ( )[ ] 명 '쩔름발이'의 방언.

쩔름-쩔름 표준 ( )[ ] 부 한쪽 다리가 짧거나 다치거나 하여 걷거나 뛸 때 자꾸 몸이 한쪽으로 가볍게 기우뚱하는 모양. '절름절름'보다 센 느낌을 준다. 〈참〉잘름-잘름, 절름-절름, 쨀름-쨀름 ¶그는 쩔름쩔름 걸으면서도 열심

히 작업을 도왔다.

쩔름쩔름-하다 표준 ( )[ ][동] 한쪽 다리가 짧거나 다치거나 하여 걷거나 뛸 때 자꾸 몸이 한쪽으로 가볍게 기우뚱하다. '절름절름하다'보다 센 느낌을 준다. 〈유〉쩔름-거리다

쩔툭-배기 전남 ( )[ ][명] '절름발이'의 방언.

쩰기다 경남 ( )[ ][동] '지리다'의 방언.

쪼랍다 제주 ( )[쪼랍따][형] '떫다'의 방언.

쪽대기 경상 ( )[ ][명] '애꾸눈이'의 방언.

쫄리다 경남 ( )[ ][동] '졸리다'의 방언.

쭉지개 경남 ( )[ ][명] '기지개'의 방언.

쭉찌기 경남 ( )[ ][명] '기지개'의 방언.

쭐룩발-이 경남 ( )[ ][명] '쩔룩발이'의 방언.

찌개-지다 경남 ( )[ ][동] '찌그러지다'의 방언.

찌검 경북 ( )[ ][명] '비듬'의 방언.

찌겁지 경북 ( )[찌겁찌][명] '비듬'의 방언.

찌게미 전북 충남 ( )[ ][명] '비듬'의 방언.

찌게-지다 경상 ( )[ ][동] '찌그러지다'의 방언.

찌그디이 경남 ( )[ ][명] '애꾸'의 방언.

찌그러-뜨리다 표준 ( )[ ][동] 눈살이나 얼굴의 근육에 힘을 주어 주름이 아주 심하게 잡히게 하다. 〈유〉찌그러-트리다 〈참〉짜그라-뜨리다

찌그러-지다 표준 ( )[ ][동] 살가죽에 쭈글쭈글 주름이 잡히다. 〈참〉짜그라-지다

찌긋찌긋-허다 전남 ( )[찌근찌그터다][형] '찌뿌드드하다'의 방언.

찌기미 경남 ( )[ ][명] '비듬'의 방언.

찌끼미 경북 ( )[ ][명] '비듬'의 방언.

찌렁-내 경남 ( )[ ][명] '지린내'의 방언.

찌렁-네 전남 ( )[ ][명] '지린내'의 방언.

찌르르하다 표준 ( )[ ][형] 뼈마디나 몸의 일부가 조금 저린 데가 있다. ¶종일 들일을 하고 돌아오신 어머니는 허리가 찌르르하시다며 아랫목에 누우셨다.

찌른-내 강원 경남 ( )[ ][명] '지린내'의 방언.

찌리다 경북 충북 ( )[ ][동] '지리다'의 방언.

찌리다 경북 ( )[ ][형] '저리다'의 방언.

찌리-찌리 경남 ( )[ ][부] '찌릿찌릿'의 방언.

찌리찌리-하다 경남 ( )[ ][형] '찌릿찌릿하다'의 방언.

찌리-하다 경북 ( )[ ][형] '쩌릿하다'의 방언.

찌린-내 경기 경남 전라 충청 ( )[ ][명] '지린내'의 방언.

찌릿-찌릿 표준 ( )[찌릳찌릳][부] 뼈마디나 몸의 일부가 매우 또는 자꾸 저린 느낌. ¶벌을 받느라 무릎을 꿇고 오래 앉아 있었더니 다리가 찌릿찌릿 저리다./다친 곳이 찌릿찌릿 아파서 못 견디겠다./관련 어휘

찌릿찌릿-하다 표준 ( )[찌릳찌리타다][형] 뼈마디나 몸의 일부가 매우 또는 자꾸 저리다.

찌릿찌릿하다 표준 ( )[찌릳찌리타다][형] (몸이나 몸의 일부가) 피가 잘 돌지 못하여 몹시 감각이 무디고 자꾸 아주 세게 아린 느낌이 있다. ¶발과 발가락의 신경이 손상되면서 따끔거리거나 화끈거리는 느낌이 들기도 하고 전기 충격이 오듯 찌릿찌릿하기도 한다.

찌미 경남 충남 ( )[ ][명] '기미'의 방언.

찌벅-찌벅 전남 ( )[ ][부] '절뚝절뚝'의 방언.

찌벅찌벅-허다 전남 ( )[ ][동] '절뚝절뚝하다'의 방언. ¶여시 한 마리가 발목에 까시가 백혀 갖고 찌벅찌벅허드라고.(여우 한 마리가 발목에 가시가 박혀 가지고 절뚝절뚝하더라고.)

찌부덩-하다 경남 ( )[ ][형] '찌뿌둥하다'의 방언. ¶오늘 몸이 찌부덩하네.(오늘 몸이 찌뿌둥하네.)

찌부둥-하다 경북 ( )[ ][형] '찌뿌둥하다'의 방언.

찌불러-지다 강원 ( )[ ]동 '찌부러지다'의 방언.

찌불레-지다 강원 ( )[ ]동 '찌부러지다'의 방언.

찌뿌둥-하다 표준 ( )[ ]형 몸살이나 감기 따위로 몸이 무겁고 거북하다. ¶머리가 찌뿌둥하다.

찌뿌드드하다 표준 ( )[찌뿌드드하다]형 몸살이나 감기 따위로 몸이 무겁고 거북하다. ¶눈 아픈 일본 글이나 영자 글을 읽다가 머리가 고달프고 몸이 찌뿌드드하면 반드시 콧소리를 하고 휘파람을 불었다.

찌뿌듯하다 표준 ( )[찌뿌드타다]형 (몸이) 몸살이나 감기로 약간 무겁고 거북하다. ¶너무 오랜만에 운동을 해서 그런지 온몸이 다 찌뿌듯하였다.

찌뿌뜽-하다 강원 ( )[ ]형 '찌뿌둥하다'의 방언. ¶몸살이 올라는지 온몸이 찌뿌뜽하네.(몸살이 오려는지 온몸이 찌뿌둥하네.)

찌쁘등등-하다 강원 ( )[ ]형 '찌뿌드드하다'의 방언.

찌이다 경남 ( )[ ]형 '떫다'의 방언.

찍지붓-하다 경남 ( )[찍지부타다]형 '찌뿌드드하다'의 방언.

찍찌붓-하다 경남 ( )[찍찌부타다]형 '찌뿌드드하다'의 방언.

찐-내 전남 ( )[ ]명 '지린내'의 방언.

찐하다 표준 ( )[ ]형 안타깝게 뉘우쳐져 마음이 언짢고 아프다. 〈참〉짠하다 ¶마음이 짠하다./나무라기는 했지만 자식은 자식이라 짠한 심정을 금할 수 없었다./자기의 손안에 든 먹음직스러운 과일이 다른 사람의 손으로 넘어가기 직전에 느껴지는 아깝고 짠하고 억울한 생각이었다.

찔기다 경북 ( )[ ]동 '지리다'의 방언.

찔꿈 경남 ( )[ ]부 '찔끔'의 방언.

찔꿈-거리다 경남 ( )[ ]동 '찔끔거리다'의 방언.

찔꿈-대다 경남 ( )[ ]동 '찔끔대다'의 방언.

찔꿈-찔꿈 경남 ( )[ ]부 '찔끔찔끔'의 방언.

찔꿈찔꿈-하다 경남 ( )[ ]동 '찔끔찔끔하다'의 방언.

찔꿈-하다 경남 ( )[ ][통] '찔끔하다'의 방언.

찔끔-거리다 표준 ( )[ ][통] 액체 따위가 조금씩 자꾸 새어 흐르거나 나왔다 그쳤다 하다. 또는 그렇게 되게 하다. '질금거리다'보다 센 느낌을 준다.〈유〉찔끔-대다, 찔끔찔끔-하다

찔끔-대다 표준 ( )[ ][통] 액체 따위가 조금씩 자꾸 새어 흐르거나 나왔다 그쳤다 하다. 또는 그렇게 되게 하다. '질금대다'보다 센 느낌을 준다.〈유〉찔끔-거리다

찔끔-찔끔 표준 ( )[ ][부] 액체 따위가 자꾸 조금씩 새어 흐르거나 나왔다 그쳤다 하는 모양. '질금질금'보다 센 느낌을 준다.〈참〉질금-질금, 짤끔-짤끔, 찔금찔금

찔끔찔끔-하다 표준 ( )[ ][통] 액체 따위가 자꾸 조금씩 새어 흐르거나 나왔다 그쳤다 하다. 또는 그렇게 되게 하다. '질금질금하다'보다 센 느낌을 준다.〈유〉찔끔-거리다

찔-내 경북 ( )[찔래][명] '지린내'의 방언.

찔뚝발-이 경북 ( )[찔뚝바리][명] '쩔룩발이'의 방언.

찔라래비 강원 ( )[ ][명] '절름발이'의 방언.

찔락-배이 경북 ( )[ ][명] '쩔룩발이'의 방언.

찔락-베이 경북 ( )[ ][명] '쩔뚝발이'의 방언.

찔루발-이 강원 ( )[찔루바리][명] '절름발이'의 방언.

찔룩발-이 경북 ( )[찔룩바리][명] '쩔룩발이'의 방언.

찔리다 경북 ( )[ ][형] '저리다'의 방언. ¶오랜만에 등산을 해서 그런지 발이 좀 찔린다.(오랜만에 등산을 해서 그런지 발이 좀 저린다.)

찔벅찔벅-허다 전남 ( )[찔벅찔버커다][통] '절뚝절뚝하다'의 방언.

찜발-이 경북 ( )[찜바리][명] '절름발이'의 방언.

찡찡하다 표준 ( )[찡찡하다][형] (코가) 막혀서 답답하다. ¶손수건을 꺼내어 찡 찡한 코를 풀었다.

한국어 질병 표현 어휘 사전 Ⅴ

大

촌버짐 제주 ( )[ ]명 '진버짐'의 방언.

촌지침 제주 ( )[ ]명 '헛기침'의 방언.

차레 충남 ( )[ ]명 '사례'의 방언.

차-멀미 표준 (車멀미)[ ]명 차를 탔을 때 메스껍고 어지러워 구역질이 나는 일. 또는 그런 증세. ¶차멀미가 나다./차멀미가 심하다.

차-몰미 강원 전라 ( )[ ]명 '차멀미'의 방언. ¶차몰미 땀세 통 먼 디로는 댕기들 못해.(차멀미 때문에 통 먼 곳으로는 다니질 못해.〈전남〉/서울 가는 내동 차몰미가 나서 힘들었다.(서울 가는 동안 차멀미가 나서 힘들었다.)〈전북〉

차-물미 경상 ( )[ ]명 '차멀미'의 방언.

착통증 표준 (錯痛症)[착통쯩]명 '통각 착오증(痛覺錯誤症)'의 이전 말.

참통 표준 (磣痛)[참통]명 눈에 모래가 들어간 것처럼 깔깔하면서 아픈 증상.

채거리 강원 ( )[ ]명 '사례'의 방언.

채리 강원 ( )[ ]명 '사례'의 방언.

처-매다 표준 ( )[ ]동 친친 감아서 매다. ¶다리에 붕대를 처매다./붕대로 상처를 처맸다.

천연두 표준 (天然痘)[처년두]명 천연두 바이러스가 일으키는 급성의 법정 감염병. 열이 몹시 나고 온몸에 발진(發疹)이 생겨 딱지가 저절로 떨어지기 전에 긁으면 얽게 된다. 감염력이 매우 강하며 사망률도 높으나, 최근 예방 주사로 인해 연구용으로만 그 존재가 남아 있다.

천질 전남 ( )[ ]명 '말라리아, 학질'의 방언.

천징 제주 ( )[ ]명 '천식(喘息)'의 방언.

철룩발-이 제주 ( )[철룩빠리]명 '절름발이'의 방언.

철통 표준 (掣痛)[ ]명 경련이 일어 끌어당기는 듯이 아픈 증상.

첨매다 경상 ( )[ ]동 '처매다'의 방언.

청 전남 ( )[ ]명 '목청'의 방언.

청개 전남 ( )[ ]명 '멍'의 방언.

청기 전남 ( )[ ][명] '멍'의 방언.

청독 전남 ( )[ ][명] '멍'의 방언. ¶방맹이로 쳐 붕께 퍼러게 청독이 오르제.(방망이로 치니까 퍼렇게 멍이 오르지.)

청동 전남 ( )[ ][명] '멍'의 방언.

청둑 전남 ( )[ ][명] '멍'의 방언.

청둥 전남 ( )[ ][명] '멍'의 방언.

청보 제주 ( )[ ][명] '언청이'의 방언.

청부 제주 ( )[ ][명] '언청이'의 방언.

청자 전남 ( )[ ][명] '멍'의 방언.

청지 전남 ( )[ ][명] '멍'의 방언.

체라쎄 전남 ( )[ ][감] 재채기하는 사람 곁의 사람이 지르는 소리 ¶체라쎄! 자네 감기 걸렸는갑만.(체라쎄! 자네 감기 걸렸나 보군.)

체레 전남 ( )[ ][명] '사례'의 방언.

체체라쎄 전남 ( )[ ][감] 재채기하는 사람 곁의 사람이 지르는 소리 ¶체체라쎄, 제침이 되게 나오는구만이라.(체체라쎄, 재채기가 심하게 나오는군요.)

체하다 표준 (滯하다)[ ][동] (먹은 음식이) 잘 소화되지 아니하고 배 속에 답답하게 처져 있다. ¶점심 먹은 게 체했는지 영 속이 안 좋아요./체하거나 할 때면 손가락 사이에 침을 놓아 종구는 이따금 아이들 병을 보아 왔었다.

초 경북 ( )[ ][명] '눈곱'의 방언.

초기 제주 ( )[ ][명] '버섯'의 방언. ¶경ᄒ곡 피부 핏줄이 커지곡 프리똥도 생기곡, 초기·검버섯·저승꼿·사막이 생기곡.(그리고 피부 핏줄이 커지고 주근깨도 생기고 버섯, 검버섯, 저승꽃, 사마귀도 생기고.)

초-꼽재기 경상 ( )[ ][명] '눈곱'의 방언. ¶자고 인나면 초꼽재기 먼저 띠라.(자고 일어나면 눈곱 먼저 떼라.)

초랍다 제주 ( )[초랍따][형] '떫다'의 방언.

초-매다 경상 ( )[ ][동] '처매다'의 방언.

초자구 경북 ( )[ ][명] '눈곱'의 방언.

초재기 경북 ( )[ ][명] '눈곱'의 방언.

초점 경북 ( )[ ][명] '말라리아, 학질'의 방언.

초통하다 표준 (楚痛하다)[ ][형] 몹시 아프고 괴롭다.

촉부리다 제주 ( )[ ][동] '까무러치다'의 방언.

촉-보리다 제주 ( )[ ][동] '까무러치다'의 방언.

촬통 표준 (撮痛)[ ][명] 졸라매는 것처럼 아픈 증상.

최통 표준 (脧痛)[최통/췌통-][명] 피부에 옷이나 손이 닿으면 아파하는 증상.

추막-추막 제주 ( )[ ][부] '섬뜩섬뜩'의 방언.

추진-버짐 경남 ( )[ ][명] '진버짐'의 방언.

추학 전북 ( )[ ][명] '천연두'의 방언.

춘택탕 표준 (春澤湯)[ ][명] 오령산(五苓散)에서 육계(肉桂)를 빼고 인삼을 더하여 달여 만드는 탕약. 더위 때문에 가슴이 답답하고 목이 마를 때 쓴다.

춤막-춤막 제주 ( )[ ][부] '섬뜩섬뜩'의 방언.

춤막춤막ㅎ다 제주 ( )[ ][형] '섬뜩섬뜩하다'의 방언.

춧터는-벵 제주 ( )[ ][명] '말라리아, 학질'의 방언.

충교심통 표준 (蟲咬心痛)[ ][명] 기생충으로 인하여, 명치 밑이 꾹꾹 찌르듯이 아프며 메스껍고 구토 증상이 있는 병. 〈유〉충심통(蟲心痛)

충복통 표준 (蟲腹痛)[ ][명] 회충 때문에 생기는 배앓이. 〈유〉회복통(蛔腹痛), 회통(蛔痛), 횟배(蛔배), 횟배앓이(蛔배알이)

충식치통 표준 (蟲蝕齒痛)[ ][명] 충치로 인하여 생기는 치통. 〈유〉충식통(蟲蝕痛)

충식통 표준 (蟲蝕痛)[ ][명] 충치로 인해 아픈 증세. 〈유〉충식치통(蟲蝕齒痛)

충심통 표준 (蟲心痛)[ ][명] 기생충으로 인하여, 명치 밑이 꾹꾹 찌르듯이 아프며 메스껍고 구토 증상이 있는 병. 〈유〉충교심통(蟲咬心痛)

충통 표준 (蟲痛)[ ][명] 기생충으로 인하여 배가 아픈 증상.

치급-버버리 경남 ( )[ ]몡 '말더듬이'의 방언.

치두-손님 경북 전남 ( )[ ]몡 '천연두'의 방언.

치은종통 표준 (齒齦腫痛)[ ]몡 잇몸이 붓고 아픈 증상. 〈유〉치은통(齒齦痛)

치은통 표준 (齒齦痛)[ ]몡 잇몸이 붓고 아픈 증상. 〈유〉치은종통(齒齦腫痛)

치질 표준 (痔疾)[ ]몡 항문 안팎에 생기는 외과적 질병을 통틀어 이르는 말. 항문 샛길, 치핵, 항문 열창 따위가 있다.

치통 표준 (齒痛)[치통]몡 이가 아파서 통증(痛症)을 느끼는 증세. 〈유〉이앓이 ¶영경이는 썩은 이 때문에 심한 치통을 앓았다./치통은 흔히 있는 질환으로 그것으로 생명에 치명적인 영향을 주거나, 절망적인 불구의 몸이 될 염려는 없다.

치통 표준 (痔痛)[치통]몡 치질 때문에 생기는 통증.

치통수 표준 (齒痛水)[치통수]몡 장뇌(樟腦), 박하, 페놀 따위를 알코올에 녹여 만든 물약. 진통 억제 및 살균 작용이 있어서, 작은 약솜에 묻혀 아픈 이 사이에 끼워 물어 치통을 멎게 하는 데 쓴다.

칠 제주 (漆)[ ]몡 '옻'의 방언. ¶칠 올르는 사름은 칠낭 보기만 ᄒ여도 ᄀ룹낸 ᄒ여마씀.(옻 오르는 사람은 옻나무 보기만 하여도 가렵다고 합니다.)

칠홉-버버리 경북 ( )[ ]몡 '반벙어리'의 방언

한국어 질병 표현 어휘 사전 Ⅴ

ㅋ

칼칼하다 표준 ( )[ ]형 목이 말라서 물이나 술 따위를 마시고 싶은 느낌이 있다.

캑 표준 ( )[ ]부 목구멍에 걸린 것을 뱉어 내거나, 목이 막혔을 때 목청에서 간신히 짜내는 소리.

컬컬하다 표준 ( )[ ]형 목이 몹시 말라서 물이나 술 따위를 마시고 싶은 느낌이 있다.

켜다 표준 ( )[ ]동 갈증이 나서 물을 자꾸 마시다. ¶짜게 먹어서 그랬는지 물을 많이 켰다.

켜이다 표준 ( )[ ]동 갈증이 나서 물을 자꾸 마시게 되다. '켜다'의 피동사. ¶짠 것을 먹었더니 물이 자꾸 켜인다.

코-마구리 제주 ( )[ ]명 '코맹맹이'의 방언.

코-막네이 강원 ( )[ ]명 '코맹맹이'의 방언.

코-막넹이 강원 ( )[ ]명 '코맹맹이'의 방언.

코-막니이 강원 ( )[ ]명 '코맹맹이'의 방언.

코-막사니 제주 ( )[ ]명 '코맹맹이'의 방언.

코-막셍이 제주 ( )[ ]명 '코맹맹이'의 방언.

코-막쉬 제주 ( )[ ]명 '코맹맹이'의 방언.

코-막은쟁이 제주 ( )[ ]명 '코맹맹이'의 방언.

코-막젱이 제주 ( )[ ]명 '코맹맹이'의 방언.

코-망네이 강원 ( )[ ]명 '코맹맹이'의 방언.

코-망넹이 강원 ( )[ ]명 '코맹맹이'의 방언.

코-맹매기 충청 ( )[ ]명 '코맹맹이'의 방언.

코-맹맹이 표준 ( )[ ]명 코가 막혀서 소리를 제대로 내지 못하는 상태. 또는 그런 사람. ¶그는 감기에 걸려서 코맹맹이 소리로 말을 했다

코-먹재이 경남 ( )[ ]명 '코맹맹이'의 방언.

코-아덜 제주 ( )[ ]명 콧구멍에 나는 작은 부스럼. ¶코바우에 코아덜, 둑지나

뒷고개에 큰종기, 등따리에 난 등창, 다리에 화담 돗는거·꽃담 불근거 이런 것들이 다 열독의 일종이라 마씀.(콧망울에 코아덜, 어깨죽지나 뒷목에 큰종 기, 등에 난 등창, 다리에 화담 돋는 거, 꽃담 붉은 거 이런 것들이 다 열독의 일종입니다.)

코-짱배기 경남 ( )[ ]명 '코쭝배기'의 방언.

코-쭝배기 표준 ( )[ ]명 '코'를 속되게 이르는 말.

코-트레기 제주 ( )[ ]명 코가 삐뚤어진 사람.

콕콕 표준 ( )[콕콕]부 작게 또는 아무지게 자꾸 찌르거나 박거나 쩍는 모 양. 〈큰〉쿡쿡 ¶이 모이를 콕콕 쪼아 먹는다./아픈 다리가 콕콕 쑤셔서 밤새 잠을 이루지 못하였다./깨소금 냄새가 코를 콕콕 찌른다.

콜롱콜롱-ᄒ다 제주 ( )[ ]동구 '콜록콜록하다'의 방언. ¶지침 콜롱콜롱ᄒ멍, 데 멩인 어씩비씩ᄒ곡.(기침을 콜록콜록하면 머리가 어쩔어쩔하고.)

콥 잡히다 제주 ( )[ ]동구 눈꼽이 생기다.

콧-방맹이 경남 ( )[콛빵맹이]명 '코맹맹이'의 방언. ¶콧방맹이 소리를 내는 거 보이 또 감기가 심한 모양이다.(코맹맹이 소리를 내는 것을 보니 또 감기가 심한 모양이다.)

콧잠 가두다 제주 ( )[ ]동구 콧김 거두다. 숨이 끊어지다.

쿠싱병 표준 (Cushing病)[ ]명 뇌하수체의 이상으로 부신 겉질에서 분비되는 코르티솔이 너무 많아서 생기는 병. 몸에 지방이 축적되어 털 과다증, 무력 증, 고혈압 따위가 나타나며 얼굴이 둥글어지고 목이 굵어진다. 미국 보스 턴의 외과 의사인 쿠싱(Cushing, H.)이 발견하였다.

쿠싱 증후군 표준 (Cushing症候群)[ ]명구 뇌하수체의 이상으로 부신 겉질에서 분비되는 코르티솔이 너무 많아서 생기는 병. 몸에 지방이 축적되어 털 과 다증, 무력증, 고혈압 따위가 나타나며 얼굴이 둥글어지고 목이 굵어진다. 미국 보스턴의 외과 의사인 쿠싱(Cushing, H.)이 발견하였다.

쿡쿡 표준 ( )[쿡쿡]부 크게 또는 깊이 자꾸 찌르거나 박거나 쩍는 모양. 〈작〉

콕콕 ¶머리를 쿡쿡 쥐어박다./옆구리를 쿡쿡 찌르다./여자들은 쿡쿡 서로
의 허리를 찌르며 웃었다.

쿡쿡거리다 표준 ( )[쿡쿡꺼리다]동 감정이나 감각을 세게 자꾸 자극하다. ¶상
처가 자꾸 쿡쿡거리며 쑤신다.

퀭이 제주 ( )[ ]명 '굳은살'의 방언.

퀴눈 제주 ( )[ ]명 '티눈'의 방언. ¶ㅅㅅ흔 퀴눈이나 발콥 오그라드는 피부뼝이
잇는 경우에도 준동이가 아프곡 걷는 모양세가 톨아져 마씀.(소소한 티눈이
나 발톱 오그라드는 피부병이 있는 경우에도 잔등이가 아프고 걷는 모양새가
틀어집니다.)

큰-기침 표준 ( )[ ]명 남에게 위엄을 보이거나, 제정신을 가다듬느라고 소리를
크게 내어 기침함. 또는 그런 기침. ¶문밖에서 큰기침으로 기척을 해도 아
무도 나오지 않는다.

큰기침-하다 표준 ( )[ ]동 남에게 위엄을 보이거나, 제정신을 가다듬느라고 소
리를 크게 내어 기침하다.

큰-님 강원 ( )[ ]명 '손님마마'의 방언.

큰-마누라 제주 ( )[ ]명 '마마'의 방언.

큰-마누래 강원 ( )[ ]명 '마마'의 방언.

큰-손님 경북 ( )[ ]명 '천연두'의 방언.

큰-지침 강원 경남 ( )[ ]명 '큰기침'의 방언.

큰지침-하다 강원 경남 ( )[ ]동 '큰기침하다'의 방언.

큰-한집 제주 ( )[ ]명 '마마'의 방언.

클클하다 표준 ( )[ ]형 배 속이 좀 빈 듯하고 목이 텁텁하여 무엇을 시원하게
마시거나 먹고 싶은 생각이 있다.

키다 경기 ( )[ ]형 '저리다'의 방언

한국어 질병 표현 어휘 사전 V

ㄹ

톨고지 제주 ( )[ ]명 '딸꾹질'의 방언.

톨곡지 제주 ( )[ ]명 '딸꾹질'의 방언.

톨구기 제주 ( )[ ]명 '딸꾹질'의 방언.

태깍 전북 ( )[ ]부 '딸꾹'의 방언.

태깍-거리다 전북 ( )[ ]동 '딸꾹거리다'의 방언.

태깍-대다 전북 ( )[ ]동 '딸꾹대다'의 방언.

태깍-질 전북 ( )[태깍찔]명 '딸꾹질'의 방언.

태단 강원 ( )[ ]명 '볼거리'의 방언.

태말 강원 경북 ( )[ ]명 '볼거리'의 방언.

태안 강원 ( )[ ]명 '볼거리'의 방언.

태열 제주 ( )[ ]명 체질적으로 타고나거나 대물림한 습진. ¶젯먹는 물애기 습진이 낫질 안ㅎ영 오래가민 요새 미국말로 아토피피부염이엔 ㅎ는 것이 태열 아니우꽈.(젖 먹는 갓난아기 습진이 낫질 않고 오래가면 요새 미국말로 아토피피부염이라고 하는 것이 태열 아닙니까.)

태-하다 경남 ( )[ ]동 '토하다'의 방언.

터는-병 제주 ( )[ ]명 '말라리아, 학질'의 방언.

터는-빙 제주 ( )[ ]명 '말라리아, 학질'의 방언.

터러귓-벵 제주 ( )[ ]명 '말라리아, 학질'의 방언.

터러귓-병 제주 ( )[ ]명 '말라리아, 학질'의 방언.

터러기 제주 ( )[ ]명 '말라리아, 학질'의 방언.

터부리 경남 ( )[ ]명 '투레'의 방언.

터부리-하다 경남 ( )[ ]동 '투레하다'의 방언.

터투아리 제주 ( )[ ]명 '말더듬이'의 방언.

터투와리 제주 ( )[ ]명 '말더듬이'의 방언.

털러귀 제주 ( )[ ]명 '말라리아, 학질'의 방언.

텗다 경상 ( )[ ]형 '떫다'의 방언.

토라지다 표준 ( )[토라지다]통 (먹은 것이) 체하여 잘 삭지 않고 신트림이 나
다.

토러기 제주 ( )[ ]명 '말라리아, 학질'의 방언.

토-하다 표준 ( )[토:하다]통 먹은 것을 삭이지 못하고 도로 입 밖으로 내어놓
다. 〈유〉게우다, 구토-하다(嘔吐하다) ¶젖을 토하다./피를 토하다.

통각기 표준 (痛覺器)[통:각끼]명 피부 표면에 퍼져 있어 자극을 받으면 아픔
을 느끼는 감각점. 〈유〉통각점(痛覺點), 통점(痛點)

통각점 표준 (痛覺點)[통:각쩜]명 피부 표면에 퍼져 있으면서, 자극을 받으면
아픔을 느끼게 하는 점. 〈유〉통각기(痛覺器) 〈준〉통점(痛點)

통게-통게 전남 ( )[ ]부 '두근두근'의 방언.

통경 표준 (痛經)[통:경]명 여성의 월경 기간 전후에 하복부와 허리에 생기는
통증.

통고 표준 (痛苦)[통:고]명 아프고 괴로운 것. 〈참〉고통(苦痛).

통보 전라 ( )[ ]명 '애꾸'의 방언.

통사 경남 ( )[ ]명 '애꾸'의 방언.

통세 표준 (痛勢)[통:세]명 상처나 병의 아픈 형세.

통점 표준 (痛點)[통:쩜]명 피부 표면에 퍼져 있으면서, 자극을 받으면 아픔을
느끼게 하는 점. 〈본〉통각점(痛覺點)

통증 표준 (痛症)[통:쯩]명 몸에 아픔을 느끼는 증세. ¶통증이 오기 시작한
다./진통제를 먹었더니 통증이 조금 가셨다.

통처 표준 (痛處)[통:처]명 상처나 병으로 인해서 아픈 곳.

통초하다 표준 (痛楚하다)[통:초하다]형 (몸이나 마음이) 몹시 아프고 괴롭다.

통태 표준 (痛胎)[통:태]명 임신 초기에 배가 아픈 증상.

통풍 표준 (痛風)[통:풍]명 대사 장애(代謝障碍)나 내분비 장애(內分泌障碍)
로 요산(尿酸)이 체내에 비정상적으로 축적되어 뼈마디가 붓고 아픈 병. 성
인 남자에게 많이 나타나며, 보통 엄지발가락의 심한 관절통 발작으로 시작

된다. 만성화되면 요산이 조직에 침착(沈着)되어 관절이 파괴되고 심장과 신장에 장애가 일어난다. 〈참〉관절염(關節炎) ¶예로부터 통풍은 '제왕의 병'이라고 일컬어졌다.

퇴-하다 경남 ( )[ ]동 '토하다'의 방언. ¶술을 얼매나 먹었는동 밤새 퇴했심더.(술을 얼마나 먹었는지 밤새 토했습니다.)

팅기 전남 ( )[ ]명 '애꾸'의 방언.

투두루기 경기 ( )[ ]명 '두드러기'의 방언.

투럼 충남 ( )[ ]명 '트림'의 방언.

투레 표준 ( )[ ]명 젖먹이가 두 입술을 떨며 투루루 소리를 내는 짓. 〈유〉투레-질

투레-질 표준 ( )[ ]명 젖먹이가 두 입술을 떨며 투루루 소리를 내는 짓. 〈유〉투레-질

투레질-하다 표준 ( )[ ]동 젖먹이가 두 입술을 떨며 투루루 소리를 내다. 〈유〉투레-하다

투레-하다 표준 ( )[ ]동 젖먹이가 두 입술을 떨며 투루루 소리를 내다. 〈유〉투레질-하다

투렝이 강원 ( )[ ]명 '투레질'의 방언.

투룸 전남 ( )[ ]명 '트림'의 방언.

퉁게퉁게-허다 전라 ( )[ ]동 '두근두근하다'의 방언. ¶잘못헌 일도 없는디 맥없이 가심이 퉁게퉁게허니 죽겄네.(잘못한 일도 없는데 맥없이 가슴이 두근두근하니 죽겠네.)/간밤으 호랭이 꿈을 꿨드만 안즉까정 가심이 퉁게퉁게헌다.(전북)/번역 간밤에 호랑이 꿈을 꿨더니 아직까지 가슴이 두근두근한다.

트레미 강원 ( )[ ]명 '트림'의 방언.

트룸 전북 ( )[ ]명 '트림'의 방언.

트르미 경남 ( )[ ]명 '트림'의 방언.

트리미 경남 ( )[ ]명 '트림'의 방언.

트림 표준 ( )[트:림]몡 먹은 음식이 위에서 잘 소화되지 아니하여서 생긴 가
스가 입으로 복받쳐 나옴. 또는 그 가스. 〈유〉애기(噯氣), 애기(噫氣) ¶트림
을 올리다./트림이 나다.

트림-하다 표준 ( )[트:림하다]동 먹은 음식이 위에서 잘 소화되지 아니하여서
생긴 가스가 입으로 복받쳐 나오다. ¶엄마는 아기가 트림하고 난 후에 침대
에 눕혔다.

트릿하다 표준 ( )[트리타다]형 (뱃속이) 먹은 음식이 소화가 잘되지 않아 거북
하다. ¶배가 고파서 밥을 너무 빨리 먹었더니 뱃속이 트릿하다./오늘은 더
구나 속이 트릿해서 몸이 비비 꼬이는 것 같다.

트적지근하다 표준 ( )[트적찌근하다]형 (속이) 조금 거북하여 불쾌하다.

튧다 강원 ( )[ ]형 '떫다'의 방언.

티눈 표준 ( )[ ]몡 손이나 발에 생기는 사마귀 비슷한 굳은살. 누르면 속의 신
경이 자극되어 아프다. ¶티눈이 박이다/티눈을 빼다.

한국어 질병 표현 어휘 사전 Ⅴ

ㅍ

ㅍ리똥 제주 ( )[ ][명] '주근깨'의 방언. ¶경ᄒ곡 피부 핏줄이 커지곡 ㅍ리똥도 생기곡, 초기·검버섯·저승꼿·사막이 생기곡.(그리고 피부 핏줄이 커지고 주근깨도 생기고 버섯, 검버섯, 저승꽃, 사마귀도 생기고.)

ㅍ리찜 찌다 제주 ( )[ ][동구] 죽은깨 끼다.

ㅍ리춤 제주 ( )[ ][명] '주근깨'의 방언. ¶경ᄒ곡 피부 핏줄이 커지곡 ㅍ리춤도 생기곡, 초기·검버섯·저승꼿·사막이 생기곡.(그리고 피부 핏줄이 커지고 주근깨도 생기고 버섯, 검버섯, 저승꽃, 사마귀도 생기고.)

ㅍ리침 제주 ( )[ ][명] '주근깨'의 방언. ¶경ᄒ곡 피부 핏줄이 커지곡 ㅍ리침도 생기곡, 초기·검버섯·저승꼿·사막이 생기곡.(그리고 피부 핏줄이 커지고 주근깨도 생기고 버섯, 검버섯, 저승꽃, 사마귀도 생기고.)

폴쫄레기 제주 ( )[ ][명] '곰배팔이'의 방언.

폿빈뎅이 제주 ( )[ ][명] '마른버짐'의 방언.

폿터는벵 제주 ( )[ ][명] '말라리아, 학질'의 방언. ¶옛날 어린아의덜이 마누라나 호열자나 폿터는벵 닮은 돌림벵이 돌민 하영덜 죽어낫젠마씀.(옛날 어린아이들이 천연두나 콜레라나 학질 같은 전염병이 돌면 많이들 죽어나갔습니다.)

폿터는벵 제주 ( )[ ][명] '말라리아, 학질'의 방언.

폿터는-병 제주 ( )[ ][명] '말라리아, 학질'의 방언.

폿터는빙 제주 ( )[ ][명] '말라리아, 학질'의 방언.

파근파근하다 표준 ( )[ ][형] (다리 따위가) 걸을 때마다 힘이 빠져 노곤하고 걸음이 무겁다.

파근하다 표준 ( )[ ][형] (다리가) 힘이 빠져 노곤하고 걸음이 무겁다. ¶새로 이사 갈 집을 알아보려고 온종일 돌아다녔더니 다리가 파근하다.

파깍-질 전북 ( )[ ][명] '딸꾹질'의 방언.

파라다 전남 ( )[ ][형] '파랗다'의 방언. ¶감재가 인자 파라고 눈이 올라왔으면 독이 있응께 버려 불어야 혀.(감자가 이제 파랗고 눈이 올라왔으면 독이 있으니까 버려 버려야 해.)

파랗다 표준 ( )[파:라타]형 춥거나 겁에 질려 얼굴이나 입술 따위가 푸르께하
다. 〈참〉퍼렇다 ¶그녀는 두려움에 휩싸여 얼굴이 파랗게 질렸다./수영을
오래해서 입술이 파랗게 되었다.

파러다 전남 ( )[ ]형 '파랗다'의 방언.

파미-병신 충북 ( )[ ]명 '절름발이'의 방언.

팍팍하다 표준 ( )[팍파카다]형 (다리가) 몹시 지쳐서 걸음을 내디디기가 어려
울 정도로 무겁고 힘이 없다. 〈참〉퍽퍽하다 ¶장시간 등산을 해서인지 두
다리가 팍팍했다.

팔-벵신 전남 ( )[ ]명 '곰배팔이'의 방언. ¶팔벵신 된 것도 억울한디 니까징 나
를 괄시하냐?(곰배팔이 된 것도 억울한데 너까지 나를 괄시하니?)

팔-빙시이 경북 ( )[ ]명 '곰배팔이'의 방언.

팔-빙신 경북 ( )[ ]명 '곰배팔이'의 방언.

팔-짤레기 제주 ( )[ ]명 '곰배팔이'의 방언.

패기 강원 ( )[ ]명 '딸꾹질'의 방언.

패깍 경기 전북 ( )[ ]부 '딸꾹'의 방언.

패깍-거리다 경기 전북 ( )[패깍꺼리다]동 '딸꾹거리다'의 방언.

패깍-대다 경기 전북 ( )[패깍때다]동 '딸꾹대다'의 방언.

패깍-질 경기 전북 ( )[패깍찔]명 '딸꾹질'의 방언.

패깍-패깍 경기 전북 ( )[ ]부 '딸꾹딸꾹'의 방언.

패끼-질 충남 ( )[ ]명 '딸꾹질'의 방언.

패떼기 강원 ( )[ ]명 '딸꾹질'의 방언.

패띠기 강원 경북 ( )[ ]명 '딸꾹질'의 방언.

퍼걱-질 충남 ( )[퍼걱찔]명 '딸꾹질'의 방언.

퍼기 충남 ( )[ ]명 '딸꾹질'의 방언.

퍼깍 전라 ( )[ ]부 '딸꾹'의 방언.

퍼깍-거리다 전라 ( )[퍼깍꺼리다]동 '딸꾹거리다'의 방언.

퍼깍-대다 전라 ( )[퍼깍때다]동 '딸꾹대다'의 방언.

퍼깍-질 전북 ( )[퍼깍찔]명 '딸꾹질'의 방언.

퍼깍-퍼깍 전라 ( )[ ]부 '딸꾹딸꾹'의 방언.

퍼꺽-질 전북 충남 ( )[퍼꺽찔]명 '딸꾹질'의 방언.

퍼꾹 충남 ( )[ ]부 '딸꾹'의 방언.

퍼꾹-거리다 충남 ( )[퍼꾹꺼리다]동 '딸꾹거리다'의 방언.

퍼꾹-대다 충남 ( )[퍼꾹때다]동 '딸꾹대다'의 방언.

퍼꾹-질 충남 ( )[퍼꾹찔]명 '딸꾹질'의 방언.

퍼꾹-퍼꾹 충남 ( )[ ]부 '딸꾹딸꾹'의 방언.

퍼런ㅎ다 제주 ( )[ ]형 '퍼렇다'의 방언.

퍼렁덩-물 전남 ( )[ ]명 '멍'의 방언.

퍼렇다 표준 ( )[퍼:러타]형 춥거나 겁에 질려 얼굴이나 입술 따위가 아주 푸르께하다. 〈참〉파랗다 ¶입술이 퍼렇게 얼었다.

퍼리다 경남 ( )[ ]형 '퍼렇다'의 방언.

퍽퍽하다 표준 ( )[퍽퍼카다]형 (다리가) 몹시 지쳐서 걸음을 내디디기가 어려울 정도로 몹시 무겁고 힘이 없다.

펄-하다 전남 ( )[ ]형 '파랗다'의 방언.

페때기 강원 ( )[ ]명 '딸꾹질'의 방언.

페뱅 강원 ( )[ ]명 '폐병'의 방언.

페적 제주 ( )[ ]명 '헌데'의 방언.

펠때기 강원 ( )[ ]명 '딸꾹질'의 방언.

펭 제주 ( )[ ]명 '병'의 방언.

편두통 표준 (偏頭痛)[ ]명 갑자기 일어나는 발작성의 머리가 아픈 증세. 한쪽 머리에 주기적으로 나타나며, 원인은 두부(頭部) 혈관의 수축에 의한 뇌의 국소적(局所的) 빈혈(貧血)이다. 구토, 귀울림, 권태 따위를 동반하고 젊은 이, 특히 여자와 두뇌 노동자에게 많다. 〈유〉변두풍(邊頭風) ¶그녀는 가끔

편두통 증세를 호소하고는 했다./스트레스로 인한 편두통에는 진통제(鎭痛劑)보다는 마음의 안정이 더욱 중요하다.

편찮다 표준 ( )[편찬타][형] (윗사람이) 병을 앓으시는 상태에 있다. ¶할아버지, 어디가 어떻게 편찮으신지 말씀해 주세요.

폐-병 표준 (肺病)[폐:뼝/페:뼝][명] 폐에 관한 질병을 통틀어 이르는 말. 흔히 '폐결핵'을 일상적으로 이르는 말이다. 〈유〉폐-결핵(肺結核), 폐질(肺疾), 폐환(肺患). ¶폐병 환자/폐병에 걸리다.

포구-질 경북 ( )[ ][명] '딸꾹질'의 방언.

포깍 전남 ( )[ ][부] '딸꾹'의 방언.

포깍-거리다 경남 전라 충남 ( )[포깍꺼리다][동] '딸꾹거리다'의 방언.

포깍-대다 전남 ( )[포깍때다][동] '딸꾹대다'의 방언.

포깍-질 전라 충남 ( )[포깍찔][명] '딸꾹질'의 방언.

포깍-포깍 전남 ( )[ ][부] '딸꾹딸꾹'의 방언.

포깡-질 전남 ( )[ ][명] '딸꾹질'의 방언.

포깍-질 전북 ( )[포꺽찔][명] '딸꾹질'의 방언.

포쑥 전남 ( )[ ][부] '낼쑥'의 방언.

포꼭-거리다 전남 ( )[포꼭꺼리다][동] '딸꾹거리다'의 방언.

포꼭-대다 전남 ( )[포꼭때다][동] '딸꾹대다'의 방언.

포꼭-질 전남 ( )[포꼭찔][명] '딸꾹질'의 방언.

포꼭-포꼭 전남 ( )[ ][부] '딸꾹딸꾹'의 방언.

포꿈-질 경남 ( )[ ][명] '딸꾹질'의 방언.

포랗다 전북 ( )[포라타][형] '파랗다'의 방언.

포러다 전남 ( )[ ][형] '파랗다'의 방언.

포렇다 전남 ( )[포러타][형] '파랗다'의 방언.

포진 표준 ( )[ ][명] 바이러스의 감염으로 피부 또는 점막에 크고 작은 물집이 생기는 피부병을 통틀어 이르는 말. 입술과 음부 따위에 생기는 단순 포진과 신체의 한쪽에 신경통과 함께 발진이 생기는 대상(帶狀) 포진이 있다.

폭음 표준 (暴瘖)[포금] 명 갑자기 목이 쉬거나 말을 하지 못하는 증상.

폭폭-증 전남 ( )[폭폭쯩] 명 '갑갑증'의 방언. ¶하레 점드락 집이만 있응게 폭
폭증이 나서 미치겄드만.(하루 저물도록 집에만 있으니까 갑갑증이 나서 미
치겠더구먼.)

폭폭-징 전남 ( )[폭폭찡] 명 '갑갑증'의 방언.

폭폭-하다 전라 ( )[폭포카다] 형 할 말을 제대로 못해서 속이 답답하다. ¶참말
로 폭폭혀서 못 살겄네.(진짜로 답답해서 못 살겠네.) / 무담시 폭폭헌 말을
그치로 해 싼다요.(무엇 때문에 답답한 말을 그런 식을 해 대나요.)

폴깍 전남 ( )[ ] 부 '딸꾹'의 방언.

폴깍-거리다 전남 ( )[폴깍꺼리다] 동 '딸꾹거리다'의 방언.

폴깍-대다 전남 ( )[폴깍때다] 동 '딸꾹대다'의 방언.

폴깍-질 전남 ( )[폴깍찔] 명 '딸꾹질'의 방언.

폴깍-폴깍 전남 ( )[ ] 부 '딸꾹딸꾹'의 방언.

폿터는-벵 제주 ( )[ ] 명 '말라리아, 학질'의 방언.

푸깍 전남 ( )[ ] 부 '딸꾹'의 방언.

푸깍-거리다 전남 ( )[푸깍꺼리다] 동 '딸꾹거리다'의 방언.

푸깍-대다 전남 ( )[푸깍때다] 동 '딸꾹대다'의 방언.

푸깍-푸깍 전남 ( )[ ] 부 '딸꾹딸꾹'의 방언.

푸껏 전남 ( )[푸껃] 명 '말라리아, 학질'의 방언.

푸꼿 전남 ( )[푸꼳] 명 '말라리아, 학질'의 방언.

푸꾸 경북 ( )[ ] 명 '이틀거리'의 방언.

푸렁-덩 전남 ( )[ ] 명 '멍'의 방언.

푸렁덩-물 전남 ( )[ ] 명 '멍'의 방언.

푸렁-덩이 전남 ( )[ ] 명 '멍'의 방언.

푸렁동-물 전남 ( )[ ] 명 '멍'의 방언.

푸렁둥 전남 ( )[ ]圐 '멍'의 방언. ¶허구헌 날 몸땡이 맞아 갖고 푸렁둥 자국이 말도 못 허게 만해요.(허구한 날 몸뚱이 맞아서 멍 자국이 말도 못하고 많아요.)

푸렁-물 전남 ( )[ ]圐 '멍'의 방언.

푸렁-장독 전남 ( )[ ]圐 '멍'의 방언.

푸레-질 충남 ( )[ ]圐 '투레질'의 방언.

푸루덩-물 전남 ( )[ ]圐 '멍'의 방언.

푸른-동정 경남 ( )[ ]圐 '멍'의 방언.

푸른-둥지 경남 ( )[ ]圐 '멍'의 방언.

푸른-장디 경남 ( )[ ]圐 '멍'의 방언.

푸릉-디 경남 ( )[ ]圐 '멍'의 방언.

푸릉-장데이 경남 ( )[ ]圐 '멍'의 방언.

푸솜 경남 ( )[ ]圐 '말라리아, 학질'의 방언.

푸정둥 전남 ( )[ ]圐 '멍'의 방언.

푸학 전남 ( )[ ]圐 '말라리아, 학질'의 방언.

풀-심 경남 ( )[ ]圐 '말라리아, 학질'의 방언.

풋-꽃 전남 ( )[ ]圐 '말라리아, 학질'의 방언.

풋-심 경상 ( )[ ]圐 '말라리아, 학질'의 방언.

풍랭치통 표준 (風冷齒痛)[풍냉치통]圐 충치가 생기거나 잇몸이 붓거나 하지 않았는데 이가 아프며 흔들리는 병. 〈준〉풍랭통(風冷痛)

풍랭통 표준 (風冷痛)[풍냉통]圐 충치가 생기거나 잇몸이 붓거나 하지 않았는데 이가 아프며 흔들리는 병. 〈본〉풍랭치통(風冷齒痛)

풍만 경남 ( )[ ]圐 '안경'의 방언.

풍-빙 경북 ( )[ ]圐 '나병'의 방언.

풍수 표준 (風嗽)[ ]圐 풍사(風邪)가 폐(肺)에 들어가서 생기는 해수(咳嗽). 코가 막히고 목이 쉬며 기침이 자주 난다. 〈유〉상풍해수(傷風咳嗽)

풍심통 표준 (風心痛) [ ] 명 풍사(風邪)에 손상되어 심장 부위가 아프면서 양 옆
구리와 배가 결리며 아픈 병.

풍열치통 표준 (風熱齒痛) [ ] 명 외부의 풍사(風邪)와 내부의 열이 서로 부딪쳐
생기는 치통. 잇몸이 붓고 몹시 아프며 고름이 난다. 〈준〉풍열통(風熱痛)

풍열통 표준 (風熱痛) [ ] 명 외부의 풍사(風邪)와 내부의 열이 서로 부딪쳐 생기
는 치통. 잇몸이 붓고 몹시 아프며 고름이 난다. 〈본〉풍열치통(風熱齒痛)

풍온 표준 (風瘟) [ ] 명 봄철에 풍사(風邪)가 침입하여 생기는 급성 열병. 열이
나고 기침을 하며 가슴이 답답하고 목이 마르는 증상이 있다.

풍요통 표준 (風腰痛) [ ] 명 감기로 인하여 허리가 아픈 병. 아픈 자리가 일정하
지 않고 양다리가 뻣뻣하다. ¶풍요통은 허리디스크 증상과 가장 유사하다.

풍협통 표준 (風脇痛) [ ] 명 풍(風)으로 옆구리가 아픈 증세. 〈유〉협풍통(脇風
痛)

피게-질 경기 ( ) [ ] 명 '딸꾹질'의 방언.

피기 경기 충청 ( ) [ ] 명 '딸꾹질'의 방언.

피댓-나다 강원 ( ) [피댄나다] 동 '성나다'의 방언.

피덕-질 경기 ( ) [피덕찔] 명 '딸꾹질'의 방언.

피부-뱅 제주 ( ) [ ] 명 '피부병'의 방언. ¶피부뱅은 봐사알주 ᄀ랑 몰라마씀.(피
부병은 봐야 알지 말로 해서는 모릅니다.)

피빙 전남 ( ) [ ] 명 '폐병'의 방언.

피풍 표준 (皮風) [ ] 명 피부가 소름이 끼치듯이 볼록볼록한 것이 돋으며 가려
운 피부병.

한국어 질병 표현 어휘 사전 Ⅴ

ㅎ

하금 전남 ( )[ ]명 '하품'의 방언.

하깡이 제주 ( )[ ]명 '재채기'의 방언.

하깽이 제주 ( )[ ]명 '재채기'의 방언.

하래비 강원 ( )[ ]명 '말라리아, 학질'의 방언.

하매 제주 ( )[ ]명 '입병'의 방언.

하뿜 경남 ( )[ ]명 '하품'의 방언.

하얌 전남 ( )[ ]명 '하품'의 방언.

하염 전라 ( )[ ]명 '하품'의 방언. ¶잠이 옹께 차꼬 하염을 허구만.(잠이 오니까 자꾸 하품을 하는구먼.)〈전남〉

하옴 제주 ( )[ ]명 '하품'의 방언.

하우염 제주 ( )[ ]명 '하품'의 방언.

하움 제주 ( )[ ]명 '하품'의 방언.

하위여 제주 ( )[ ]명 '하품'의 방언.

하위염 제주 ( )[ ]명 '하품'의 방언.

하위욤 제주 ( )[ ]명 '하품'의 방언.

하위용 제주 ( )[ ]명 '하품'의 방언.

하음 전남 ( )[ ]명 '하품'의 방언.

하이고 표준 ( )[ ]감 아프거나 힘들거나 놀라거나 원통하거나 기막힐 때 내는 소리. '아이고'보다 거센 느낌을 준다. ¶하이고 나 죽겠네.

하팜 경기 ( )[ ]명 '하품'의 방언.

하펌 경남 ( )[ ]명 '하품'의 방언.

하펨 경북 ( )[ ]명 '하품'의 방언.

하폄 강원 ( )[ ]명 '하품'의 방언.

하폼 경남 ( )[ ]명 '하품'의 방언.

하품 표준 ( )[ ]명 졸리거나 고단하거나 배부르거나 할 때, 절로 입이 벌어지면서 하는 깊은 호흡.〈유〉애기(噯氣) ¶하품을 참다./하품을 늘어지게 하다.

하품-하다 표준 ( )[ ][동] 졸리거나 고단하거나 배부르거나 할 때, 절로 입이 벌어지면서 깊은 호흡을 하다. ¶점심 식사 후 교실에 들어가자 여기저기서 졸거나 하품하는 학생들이 눈에 띈다.

하품 경남 ( )[ ][명] '하품'의 방언.

하피미 강원 ( )[ ][명] '하품'의 방언.

학질 표준 (瘧疾)[학찔][명] 말라리아 병원충을 가진 학질모기에게 물려서 감염되는 법정 감염병. 갑자기 고열이 나며 설사와 구토·발작을 일으키고 비장이 부으면서 빈혈 증상을 보인다. 〈유〉말라리아, 말라리아-열(malaria熱), 학(瘧) ¶학질을 앓다./학질에 걸리다.

학질 틀다 제주 ( )[ ][동구] 학질을 앓다.

학질-풍 전남 ( )[ ][명] '말라리아, 학질'의 방언.

한-굿 제주 ( )[한굿][명] '마마'의 방언.

한굿-그르 제주 ( )[한귿끄르][명] '마맛자국'의 방언.

한기 경남 전라 ( )[ ][명] '말라리아, 학질'의 방언.

한복통 표준 (寒腹痛)[ ][명] 추위로 인해 배가 상하거나 배를 차게 했을 때 생기는 배앓이.

한심통 표준 (寒心痛)[ ][명] 명치 부위가 은은히 아프면서 그 통증이 등에까지 뻗치고 손발이 찬 병. 〈유〉냉심통(冷心痛)

한열왕래 표준 (寒熱往來)[하녈왕내][명] 병을 앓을 때, 한기와 열이 번갈아 일어나는 증상.

한요통 표준 (寒腰痛)[하뇨통][명] 찬 기운으로 인하여 허리가 아픈 증상. ¶한요통의 대표적인 증상은 허리에 통증과 함께 시린 느낌이 든다는 것이다.

한-집 제주 ( )[ ][명] '마마'의 방언.

한집-그르 제주 ( )[한집끄르][명] '마맛자국'의 방언.

한쪽눈-찌그딩이 경남 ( )[ ][명] '애꾸'의 방언.

한축 전북 ( )[ ][명] '천연두'의 방언.

ㅎ

한축 경기 전북 ( )[ ]명 '말라리아, 학질'의 방언.

한통 표준 (寒痛)[ ]명 찬 기운으로 인하여 아픈 것.

할딱-바우 전남 ( )[ ]명 '대머리'의 방언. ¶머리가 할딱 빗게져서 할딱바우락 허
제.(머리가 훌렁 벗어져서 대머리라고 하지.)

할딱-배기 전남 ( )[ ]명 '대머리'의 방언.

할딱-뱅이 전남 ( )[ ]명 '대머리'의 방언. ¶느그 아부지보다 할딱뱅이라고 허면
쓰겠냐?(너희 아버지보고 대머리라고 하면 좋겠니?)

할딱-보 전남 ( )[할딱뽀]명 '대머리'의 방언.

할미 경북 ( )[ ]명 '헌데'의 방언.

함 전남 ( )[ ]명 '하품'의 방언.

함-질 전남 ( )[ ]명 '하품'의 방언.

함품 경남 ( )[ ]명 '하품'의 방언.

함-허다 전남 ( )[ ]동 '하품하다'의 방언. ¶어르신덜 앞에서 그러고 입을 쫙 벌
리고 함허들 말어라.(어르신들 앞에서 그렇게 입을 쫙 벌리고 하품하지를 마
라.)

항-것 제주 ( )[항걷]명 '마마'의 방언.

항경 표준 ( )[ ]명 오경(五硬)의 하나. 목이 뻣뻣하여 잘 움직이지 못하는 증상
이다.

항경증 표준 ( )[ ]명 오경(五硬)의 하나. 목이 뻣뻣하여 잘 움직이지 못하는 증
상이다.

항긋 제주 ( )[항귿]명 '마마'의 방언.

항긋-그르 제주 ( )[항귿끄르]명 '마맛자국'의 방언.

해부림-하다 전남 ( )[ ]동 '화내다'의 방언.

해수 표준 (咳嗽)[ ]명 '기침'을 한방에서 이르는 말. 〈유〉기침, 해소(咳嗽▽)

해우름 경남 ( )[ ]명 '엄살'의 방언.

해체이 경기 ( )[ ]명 '언청이'의 방언.

해품 경북 충남 ( )[ ]명 '하품'의 방언.

행키다 경기 ( )[ ]동 '낡히다'의 방언.

향수-벵 경남 ( )[ ]명 '향수병'의 방언.

향수-병 표준 (鄕愁病)[향수뼝]명 고향을 그리워하는 마음이나 시름을 병에 비유하여 이르는 말. 〈유〉망향-병(望鄕病), 회향-병(懷鄕病) ¶향수병에 걸리다./향수병에 시달리다.

허구-증 강원 ( )[ ]명 '허기증'의 방언.

허그-증 전남 ( )[ ]명 '허기증'의 방언.

허기-증 표준 (虛飢症)[허기쯩]명 몹시 굶어 기운이 빠지고 배가 고픈 증세. 일반적으로 위장 따위의 병으로 속이 허하여 항상 허기를 느끼는 증상을 가리킨다. ¶그 시절 백성들은 오랜 굶주림에 일상적으로 허기증을 느끼며 살았다.

허깃-징 제주 ( )[허깃찡/허기찡]명 '허기증'의 방언.

허꺼리 경남 ( )[ ]명 '허기증'의 방언.

허껄-찡 경남 ( )[ ]명 '허기증'의 방언.

허껑이 제주 ( )[ ]명 '재채기'의 방언.

허들 경남 ( )[ ]명 '엄살'의 방언.

허리앓이 표준 ( )[허리아리]명 허리와 엉덩이 부위가 아픈 증상. 척추 질환, 외상, 척추 원반 이상, 임신, 부인과 질환, 비뇨 계통 질환, 신경·근육 질환 따위가 원인이다. 〈유〉요통

허리증 표준 (허리症)[허리쯩]명 신경통으로 인하여 허리가 아픈 증상. 갑자기 쿡쿡 찌르는 것처럼 아프거나 오랫동안 지속적으로 아프기도 한데, 일어나서 앉거나 서기가 힘들다.

허멀 제주 ( )[ ]명 '헌데'의 방언.

허멀-그르 제주 ( )[ ]명 '헌데'의 방언.

허물 제주 ( )[ ]명 '헌데'의 방언.

허물-그르 제주 ( )[ ]명 '헌데'의 방언.

허뿌다 경남 ( )[ ]형 '허하다'의 방언.

허지렁ᄒ다 제주 ( )[ ]형 '어지럽다'의 방언.

허쨍이 경북 ( )[ ]명 '언청이'의 방언.

허창이 경기 ( )[ ]명 '언청이'의 방언.

허채이 경북 ( )[ ]명 '언청이'의 방언.

허챙이 경기 경북 충북 ( )[ ]명 '언청이'의 방언.

허첵이 강원 경기 충북 ( )[ ]명 '언청이'의 방언.

허치 경북 ( )[ ]명 '언청이'의 방언.

허치기 경북 ( )[ ]명 '언청이'의 방언.

허칭이 경북 ( )[ ]명 '언청이'의 방언.

허품 전북 ( )[ ]명 '하품'의 방언.

허-하다 표준 (虛하다)[허하다]형 원기가 부실하다. ¶몸이 허하다./기력이 허하다.

헌데 표준 ( )[헌:데]명 살갗이 헐어서 상한 자리. ¶아이는 기계충이 올랐는지 머리에 헌데가 덕지덕지했다.

헌-뒤 강원 ( )[ ]명 '헌데'의 방언.

헌들 강원 경상 ( )[ ]명 '헌데'의 방언.

헌-디 경상 ( )[ ]명 '헌데'의 방언. ¶세 헌디는 메칠 지나야 낫지 삘 약도 없다.(허 헌데는 며칠 지나야 낫지 별 약도 없다.)

헌딩이 경남 ( )[ ]명 '부스럼'의 방언.

헌미 경남 ( )[ ]명 '헌데'의 방언.

헌역 경기 ( )[ ]명 '홍역'의 방언.

헐떡-보 전남 ( )[ ]명 '대머리'의 방언. ¶머리만 헐떡보제 얼굴은 쌩쌩해.(머리만 대머리지 얼굴은 쌩쌩해.)

헐청이 경북 ( )[ ]명 '언청이'의 방언.

헐치 경상 ( )[ ]몡 '언청이'의 방언.

헐치이 경북 ( )[ ]몡 '언청이'의 방언.

헐칭이 경북 ( )[ ]몡 '언청이'의 방언.

헐키다 충북 ( )[ ]동 '긁히다'의 방언.

헛갱이 제주 ( )[ ]몡 '재채기'의 방언.

헛-구역질 표준 (헛嘔逆질)[헏꾸역찔]몡 게우는 것이 없이 욕지기가 나는 일. 〈유〉건구역-질(乾嘔逆질) ¶헛구역질이 나다./입덧을 하는 아내는 먹은 것도 없이 헛구역질만 한다.

헛-기침 표준 ( )[헏끼침]몡 인기척을 내거나 목청을 가다듬거나 하기 위하여 일부러 기침함. 또는 그렇게 하는 기침. 〈유〉군-기침 〈참〉큰-기침 ¶헛기침 소리./헛기침으로 목청을 가다듬다.

헛껙-질 경남 ( )[ ]몡 '헛구역질'의 방언.

헛배가 부르다 표준 ( )[ ]형구 음식을 먹지 않았는데도 이유 없이 배가 부르다 ¶ 소화 기관에 울혈이 생겨 헛배가 부르고 변비가 계속되었다./담창이 생겼 는지 자꾸 헛배가 부르다.

헛-지침 경북 ( )[ ]몡 '헛기침'의 방언.

헤가리 경북 ( )[ ]몡 '서캐'의 방언. ¶아 머리에 헤가리 잡아 준다꼬 정신이 없 다.(아이 머리에 서캐 잡아 준다고 정신이 없다.)

헤기 경북 ( )[ ]몡 '서캐'의 방언.

헤기 강원 ( )[ ]몡 '버짐'의 방언.

헤까닥-허다 전남 ( )[ ]동 '미치다'의 방언. ¶헤까닥허지 않고서 어치쿠로 넘으 돈에 손을 댈 수 있겄냐?(미치지 않고서 어찌 남의 돈에 손을 댈 수 있겠니?)

헤깔-징 경남 ( )[ ]몡 '허기증'의 방언.

헤깽이 제주 ( )[ ]몡 '재채기'의 방언.

헤-바늘 강원 ( )[ ]몡 '혓바늘'의 방언.

헤비-키다 강원 ( )[ ]동 '긁히다'의 방언.

ㅎ

헤-짜래기 경북 ( )[ ]몡 '혀짤배기'의 방언.

헤-짤배기 강원 ( )[ ]몡 '혀짤배기'의 방언.

헤창이 강원 경북 ( )[ ]몡 '언청이'의 방언.

헤챙이 강원 ( )[ ]몡 '언청이'의 방언.

헤체 강원 ( )[ ]몡 '언청이'의 방언.

헤체이 강원 ( )[ ]몡 '언청이'의 방언.

헤쳉이 강원 경북 ( )[ ]몡 '언청이'의 방언.

헷구역-질 강원 ( )[헫꾸역찔]몡 '헛구역질'의 방언.

헷-바눌 경기 ( )[ ]몡 '헛바늘'의 방언.

헷-방울 경남 ( )[ ]몡 '헛바늘'의 방언.

헷-지침 강원 ( )[헫찌침]몡 '헛기침'의 방언.

헹쿠다 경기 ( )[ ]동 '긁히다'의 방언.

혀뜩-ᄒ다 제주 ( )[ ]동 '까무러치다'의 방언.

혀-짜래기 표준 ( )[혀짜래기]몡 혀가 짧아서 'ㄹ'이나 'ㅅ', 'ㅈ' 따위의 발음을
제대로 하지 못하는 사람. 〈유〉혀-짤배기

혀-짤배기 표준 ( )[혀짤배기]몡 혀가 짧아서 'ㄹ'이나 'ㅅ', 'ㅈ' 따위의 발음을
제대로 하지 못하는 사람. 〈유〉혀-짜래기

혈심통 표준 (血心痛)[혈씸통]몡 어혈(瘀血)로 명치 부위가 아픈 증상.

혈어통 표준 (血瘀痛)[혀러통]몡 어혈로 인하여 생기는 통증.

혈전성-정맥염 표준 (血栓性靜脈炎)[ ]몡 혈전(血栓)으로 말미암아 생기는 정맥
의 염증.

협통 표준 (脇痛)[협통]몡 갈빗대 있는 곳이 결리고 아픈 병.

협풍통 표준 (脇風痛)[협풍통]몡 풍(風)으로 옆구리가 아픈 증세. 〈유〉풍협통
(風脇痛)

헛-바늘 표준 ( )[혀빠늘/혇빠늘]몡 혓바닥에 좁쌀알같이 돋아 오르는 붉은
살. 주로 열이 심할 때에 생긴다. ¶헛바늘이 나다/피곤했는지 하루종일 혓

바늘이 서고 입맛이 깔깔하다./혓바늘이 빨갛게 돋고, 입에서는 고무 냄새
와 쇠 냄새가 났다

호 〈비표준〉( )[호 :]_감 (아이들이 다친 데나 아픈 데를 덜 아프게 하려고) 입을 오
므려 내밀어 입김을 내뿜는 소리. 또는 그 모양. ¶자, 다친 데를 좀 보자. 호
~ 좀 괜찮아?

호명 〈제주〉( )[ ]_명 '마마'의 방언.

호명-정구 〈제주〉( )[ ]_명 '마마'의 방언.

호쎄 〈비표준〉( )[호쎄 :]_감 (아이들이 다친 데나 아픈 데를 덜 아프게 하려고) 입
을 오므려 내밀어 입김을 내뿜으며 쓰다듬을 때 내는 소리. 또는 그 모양. ¶
어렸을 때 아플 때마다 어머니가 다친 부위에 '호쎄' 하며 만져 주셨다.

호쎄하다 〈비표준〉( )[호쎄 : 하다]_동 (아이들이 다친 데나 아픈 데를 덜 아프게 하
려고) 입을 오므려 내밀어 입김을 내뿜으며 쓰다듬다. ¶어디 보자, 우리 아
기, 엄마가 호쎄해 줄게.

호엄 〈경북〉( )[ ]_명 '효험'의 방언.

호열자 〈제주〉( )[ ]_명 '콜레라(colera)'의 음역어. 한자로는 '虎列刺(호열자)'로 쓰
며 현대 한국어에서는 제주 지역의 방언으로 사용되고 있다. ¶옛날 어린아
의덜이 마누라나 호열자나 풋터눈뱅 닮은 돌림뱅이 돌민 하영덜 죽어낫젠
마씀.(옛날 어린아이들이 천연두나 콜레라나 학질 같은 전염병이 돌면 많이
들 죽어나갔습니다.)

호욕 〈경북〉( )[ ]_명 '홍역'의 방언.

호하다 〈비표준〉( )[호 : 하다]_동 (아이들이 다친 데나 아픈 데를 덜 아프게 하려고)
입을 오므려 내밀어 입김을 내뿜다. ¶아빠가 호해 줄게, 많이 아팠겠다.

혼녁 〈충남〉( )[ ]_명 '홍역'의 방언.

혼-디 〈경기〉( )[ ]_명 '헌데'의 방언. ¶아이 온몸이 죄다 헐어 혼디 투성이야.(아
이 온몸이 죄다 헐어 헌데 투성이야.)

혼-쓰다 〈전남〉( )[ ]_동 '까무러치다'의 방언. ¶그 말을 듣자마자 혼써 불고는 옷

에다 기양 오짐을 질질 싸 불고 그러드라고.(그 말을 듣자마자 까무라처 버리고는 옷에다 그냥 오줌을 질질 싸 버리고 그러더라고.)

혼역 강원 경기 경상 전라 충청 ( )[호녁]명 '홍역'의 방언.

혼역-꼿 경기 전남 충청 ( )[호녁꼳]명 '열꽃'의 방언.

혼역-마마 경기 ( )[호녁마마]명 '홍역'의 방언.

혼역-발 경기 ( )[호녁빨]명 '열꽃'의 방언.

혼역-싹 전남 ( )[호녁싹]명 '열꽃'의 방언. ¶옆집 아그 얼굴에 혼역싹이 났닥 허드라.(옆집 아이 얼굴에 열꽃이 났다더라.)

혼욕 전남 ( )[호뇩]명 '홍역'의 방언.

혼윽 전남 ( )[호늑]명 '홍역'의 방언.

혼진 경북 ( )[ ]명 '홍역'의 방언.

홍녁 강원 경기 충북 ( )[ ]명 '홍역'의 방언.

홍시 경기 ( )[ ]명 '홍역'의 방언.

홍역 표준 (紅疫)[ ]명 홍역 바이러스가 비말 감염에 의하여 일으키는 급성 전염병. 1~6세의 어린이에게 많고 봄철에 많다. 잠복기는 약 10일로, 감기와 비슷한 증상으로 시작하여 입안 점막에 작은 흰 반점이 생기고 나중에는 온몸에 좁쌀 같은 붉은 발진이 돋는다. 한번 앓으면 다시 걸리지 않는다. 〈유〉마진(痲疹)

홍-재기 경기 ( )[ ]명 '홍역'의 방언.

홍진 표준 (紅疹)[ ]명 '홍역'을 한방에서 이르는 말.

홍진-소님 경남 ( )[ ]명 '천연두'의 방언.

홍진-열 경남 ( )[ ]명 '열꽃'의 방언.

홍짐 경북 ( )[ ]명 '홍진'의 방언.

홀-치매다 경남 ( )[ ]동 '처매다'의 방언.

화 표준 (火)[화:]명 몹시 못마땅하거나 언짢아서 나는 성. 〈유〉화-딱지(火딱지) ¶화가 치밀다./화를 내다./화를 돋우다.

화끈거리다 표준 ( )[화끈거리다]동 (몸이나 쇠 따위가) 뜨거운 기운을 받아 자꾸 갑자기 달아오르다. 〈유〉화끈대다, 화끈화끈하다 〈참〉후끈거리다 ¶나의 발은 동상과 물집으로 부어오르고 얼굴은 전체가 불에 데인 듯 화끈거린다./감기 기운인지 온몸이 자꾸 화끈거린다.

화끈대다 표준 ( )[화끈대다]동 (몸이나 쇠 따위가) 뜨거운 기운을 받아 자꾸 갑자기 달아오르다. 〈유〉화끈거리다, 화끈화끈하다 〈참〉후끈대다 ¶뜨거운 햇볕에 등짝이 화끈댔다./삔 허리에 파스를 붙였더니 화끈댔다.

화끈화끈하다 표준 ( )[화끈화끈하다]동 (몸이나 쇠 따위가) 뜨거운 기운을 받아 자꾸 갑자기 달아오르다. 〈유〉화끈거리다, 화끈대다 〈참〉후끈후끈하다 ¶지금 나는 오한 때문에 온몸이 화끈화끈하여 꼼짝도 할 수 없어./덴 곳은 화기로 화끈화끈하더니 잠시 후 물집이 생겼다.

화-나다 표준 (火나다)[화:나다]동 성이 나서 화기(火氣)가 생기다. ¶화난 얼굴./나는 화난다고 친구에게 욕설을 한 것을 후회했다.

화-내다 표준 (火내다)[화:내다]동 몹시 노하여 화증(火症)을 내다. ¶툭하면 소리 지르고 화내는 그 사람이 싫다./너무 화내지 말고 침착하게 말하게.

화닥-증 경남 ( )[화닥쯩]명 '갑갑증'의 방언.

화담 표준 (火痰)[ ]명 담음(痰飮)의 하나. 본래 담이 있는 데다 열이 몰려 생기는데, 몸에 열이 심하고 가슴이 두근거리며 입이 마르고 목이 잠긴다.

화담 제주 (火痰)[ ]명 담음(痰飮)의 하나. 본래 담이 있는 데다 열이 몰려 생기는데, 몸에 열이 심하고 가슴이 두근거리며 입이 마르고 목이 잠긴다. ¶화담이라고 다리가 텡텡 붓고 열광 몸살이 나는 벵인디 버얼겅흔 부기가 생기당 심흐민 부끌레기나 화농흐연 고름도 나와마씀.(화담이라고 다리가 탱탱 붓고, 열과 몸살이 나는 병인데 빨간 부기가 생기다가 심하면 부끌레기(방울방울 물집 같은 게 생기는 것)나 화농성 고름도 나옵니다.)

화벵 제주 ( )[ ]명 '화병'의 방언.

화병 표준 (火病)[화:뼝]명 억울한 마음을 삭이지 못하여 간의 생리 기능에 장

애가 와서 머리와 옆구리가 아프고 가슴이 답답하면서 잠을 잘 자지 못하는
병. 〈유〉분노^증후군(憤怒症候群), 울화-병(鬱火病), 울화-증(鬱火症), 한국
^민속^증후군(韓國民俗症候群) ¶화병이 들다./사기꾼에게 된통 당한 어머
니는 그만 화병으로 몸져눕게 되었다.

화빙 제주 ( )[ ]명 '화병'의 방언.

화상 표준 (火傷)[화:상]명 높은 온도의 기체, 액체, 고체, 화염 따위에 데었을
때에 일어나는 피부의 손상. 경증(輕症)은 피부가 벌겋게 된 상태, 제1도는
물집이 생긴 상태, 제2도는 피부가 익어서 갈색이 된 상태, 제3도는 숯덩이
같이 된 상태로 화상의 면적이 온몸의 30%에 이르면 생명이 위험하
다. 〈유〉열상(熱傷) ¶화상을 당하다./그는 작업실로 쓰던 다락방에 불이
나 꽤 심한 화상을 입었다.

화상 표준 (火傷)[화:상]명 높은 온도의 기체, 액체, 고체, 화염 따위에 데었을
때에 일어나는 피부의 손상. 경증(輕症)은 피부가 벌겋게 된 상태, 제1도는
물집이 생긴 상태, 제2도는 피부가 익어서 갈색이 된 상태, 제3도는 숯덩이
같이 된 상태로 화상의 면적이 온몸의 30%에 이르면 생명이 위험하
다. 〈유〉열상(熱傷) ¶화상을 당하다./그는 작업실로 쓰던 다락방에 불이
나 꽤 심한 화상을 입었다.

화수 표준 (火嗽)[ ]명 화열(火熱)로 폐를 상하여 기침이 나고, 얼굴이 붉어지
며, 목이 마르는 병.

활딱-보 전남 ( )[활딱뽀]명 '대머리'의 방언.

화 전라 제주 ( )[ ]명 '화'의 방언.

화 경기 경북 ( )[ ]명 '회충'의 방언.

화-내다 전남 ( )[ ]동 '화내다'의 방언.

화-벌거지 전남 ( )[ ]명 '회충'의 방언.

회 충북 ( )[ ]명 '회충'의 방언.

회복통 표준 (蛔腹痛)[회복통/훼복통]명 회충 때문에 생기는 배앓이. 〈유〉거

위배, 충복통(蟲腹痛), 횟배(蛔배), 횟배앓이(蛔배앓이)〈준〉회통(蛔痛)¶회복통에는 장을 따뜻하게 하는 안회탕을 먼저 써서 안정시킨 후 구충제를 쓰는 것이 순서다.

회충 표준 (蛔蟲)[회충/훼충]명 회충과의 기생충. 몸의 길이는 15~30cm인데, 암컷이 수컷보다 조금 길다. 세 개의 구순(口脣)을 가지며 위창자관은 몸의 중앙을 지나 항문에 이른다. 사람 몸의 작은창자에 기생한다. 〈유〉거위, 고충(蠱蟲), 충(蟲), 회(蛔)

회통 표준 (蛔痛)[회통/훼통]명 회충으로 인한 배앓이.〈유〉거위배, 충복통(蟲腹痛), 횟배(蛔배), 횟배앓이(蛔배앓이)〈본〉회복통(蛔腹痛)

회험 전남 ( )[ ]명 '효험'의 방언.

횟배앓이 표준 (蛔ㅅ배앓이)[회빼아리/휟빼아리]명 회충으로 인한 배앓이. 〈유〉거위배, 충복통, 회복통, 회통〈준〉횟배(蛔배)

효험 표준 (效驗)[효ː험]명 일의 좋은 보람. 또는 어떤 작용의 결과. 흔히 약이나 치료가 좋은 결과를 보일 때 사용하는 말이다. 〈유〉효(效), 효력(效力), 효용(效用)¶효험을 보다./효험이 있다./효험이 높다.

후끈거리다 표준 ( )[ ]동 (몸이나 쇠 따위가) 뜨거운 기운을 받아 자꾸 몹시 달아오르다. 〈유〉후끈후끈하다, 후끈대다¶불에 덴 자리가 후끈거린다./모닥불이 최고로 타오를 때는 온몸이 후끈거려 뒤로 물러나야 했다.

후끈대다 표준 ( )[ ]동 (몸이나 쇠 따위가) 뜨거운 기운을 받아 자꾸 몹시 달아오르다. 〈유〉후끈거리다, 후끈후끈하다〈참〉화끈거리다, 화끈대다

후끈후끈하다 표준 ( )[ ]동 (몸이나 쇠붙이 따위가) 뜨거운 기운을 받아 자꾸 몹시 달아오르다. 〈유〉후끈거리다, 후끈대다〈참〉화끈화끈하다

후루-걸이 제주 ( )[후루거리]명 '말라리아, 학질'의 방언.

후벼파다 표준 ( )[ ]동 날카로운 끝으로 넓고 깊게 긁어내거나 돌려 파내다

후복통 표준 (後腹痛)[후ː복통]명 해산한 뒤에 생기는 배앓이. 〈유〉훗배앓이(後배앓이)

후진통 표준 (後陣痛)[후ː진통]**명** 해산한 다음에 이삼일 동안 가끔 오는 진통. 임신으로 커진 자궁이 줄어들면서 생긴다. 〈유〉산후통(産後痛), 산후진통 (産後陣痛)

훌비 강원 ( )[ ]**명** '입비뚤이'의 방언.

훗배앓이 표준 (後배앓이)[후ː빼아리/훋ː빼아리]**명** 해산한 뒤에 생기는 배앓이. 〈유〉후복통(後腹痛)

휘창 경북 ( )[ ]**명** '회충'의 방언.

휘충 경북 ( )[ ]**명** '회충'의 방언.

휘히 경북 ( )[ ]**명** '회충'의 방언.

흉 표준 ( )[ ]**명** 상처가 아물고 남은 자국. 〈유〉상반(傷瘢), 상흔(傷痕), 흉터 ¶ 상처에 자꾸 손을 대면 흉이 지기 쉽다./이마에 어릴 때 넘어져서 다친 큰 흉이 하나 있다.

흉당 표준 (胸膛)[ ]**명** 가슴 한 복판. 〈유〉복장 ¶노름꾼이 그의 흉당을 차서 닷새를 겪리다 죽었다고 하더라.

흉복통 표준 (胸腹痛)[ ]**명** 가슴속이 쓰리고 켕기며 아픈 병. 위염이나 신경 쇠약 따위로 일어난다. 〈유〉가슴앓이 ¶유배 이후 섭생이 부실하고 활동이 적다 보니, 어쩌다 술을 마시거나 고기라도 먹게 되면 꼭 체증이 와서 흉복통이 뒤따랐다.

흉비 표준 (胸痞)[ ]**명** 가슴이 그득하고 답답한 병. ¶동의보감에 의하면 흉비는 음복양축(陰伏陽畜), 즉 음양의 기운이 잘 소통되지 않기 때문에 생긴다고 한다.

흉터 표준 ( )[ ]**명** 상처가 아물고 남은 자국. 〈유〉상반(傷瘢), 상흔(傷痕), 흉 ¶ 흉터가 생기다./그의 팔에는 총탄에 맞은 검붉은 흉터가 남아 있다.

흉통 표준 (胸痛)[ ]**명** 가슴의 경맥 순환이 안 되어 가슴이 아픈 증상. ¶피부와 사지에 부스럼이 있을 뿐이 아니라 복통과 두통과 흉통과….

흉협통 표준 (胸脇痛)[ ]**명** 가슴과 옆구리가 아픈 증상.

흐-하다 충남 ( )[ ]閺 '허하다'의 방언.

흑안통 표준 (黑眼痛)[흐간통]몡 눈의 검은자위가 아픈 증상.

흔디 강원 경기 ( )[ ]몡 '부스럼'의 방언.

흥-대기 강원 ( )[ ]몡 '홍역'의 방언.

흥통 표준 (興痛)[흥통]몡 염증으로 곪으면서 아픈 증상.

희끈거리다 표준 ( )[히끈거리다]동 (사람이나 그 머리, 정신이) 현기증이 나서 자꾸 정신을 잃고 까무러칠 듯하게 되다. 〈유〉희끈대다, 희끈희끈하다 ¶며칠을 굶었더니 머리가 희끈거리고 힘이 없다.

희끈대다 표준 ( )[히끈대다]동 (사람이나 그 머리, 정신이) 현기증이 나서 자꾸 정신을 잃고 까무러칠 듯하게 되다. 〈유〉희끈거리다, 희끈희끈하다

희끈희끈하다 표준 ( )[히끈히끈하다]동 (사람이나 그 머리, 정신이) 현기증이 나서 자꾸 정신을 잃고 까무러칠 듯하게 되다. 〈유〉희끈거리다, 희끈대다

희끗거리다 표준 ( )[히끋꺼리다]동 (사람이나 그 머리, 정신이) 현기증이 몹시 심하게 나서 자꾸 까무러칠 듯하게 되다. 〈유〉희끗대다, 희끗희끗하다 ¶부패한 시신을 본 정우는 토악질이 올라오면서 희끗거렸다.

희끗대다 표준 ( )[히끋때다]동 (사람이나 그 머리, 정신이) 현기증이 몹시 심하게 나서 자꾸 까무러칠 듯하게 되다. 〈유〉희끗거리다, 희끗희끗하다

희끗희끗하다 표준 ( )[히끄티끄타다]동 (사람이나 그 머리, 정신이) 현기증이 몹시 심하게 나서 자꾸 까무러칠 듯하게 되다. 〈유〉희끗거리다, 희끗대다

희뜩거리다 표준 ( )[히뜩꺼리다]동 (사람이나 그 머리, 정신이) 현기증이 몹시 심하게 나서 자꾸 까무러칠 듯하게 되다. 〈유〉희뜩대다, 희뜩희뜩하다

희뜩대다 표준 ( )[히뜩때다]동 (사람이나 그 머리, 정신이) 현기증이 몹시 심하게 나서 자꾸 까무러칠 듯하게 되다.

희뜩희뜩하다 표준 ( )[히뜨키뜨카다]동 (사람이나 그 머리, 정신이) 현기증이 몹시 심하게 나서 자꾸 까무러칠 듯하게 되다.

히가리 경북 ( )[ ]몡 '서캐'의 방언.

히비-케다 강원 ( )[ ]동 '긁히다'의 방언.

히여똑-ᄒ다 제주 ( )[ ]동 '까무러치다'의 방언. 〈유〉히여뜩-하다

히여뜩-ᄒ다 제주 ( )[ ]동 '까무러치다'의 방언. 〈유〉히여똑-하다 ¶'히여뜩ᄒ다'
는 데멩이가 빙빙 도는 거 ᄀᆞᆺ치록 어질어질흔 중셉주.('히여뜩하다'는 머리
가 빙빙 도는 것처럼 어질어질한 증세이죠.)

히채이 경북 ( )[ ]명 '언청이'의 방언.

히체이 경북 ( )[ ]명 '언청이'의 방언.

힌-버짐 경남 ( )[ ]명 '버짐'의 방언.

힛-바늘 경남 ( )[ ]명 '혓바늘'의 방언

한국어 질병 표현 어휘 사전 Ⅴ

부록

부록1/표준어-방언형 대응 목록

가는귀-먹다 가는귀-묵다, 실기-먹다, 실-먹다

가래 가라, 개래, 삼포

가래-침 가라-투, 가래-덧, 가래-덩어리, 가래-때, 가래-똘, 가래-뜻, 가래-멍어, 가래-멍어리, 가래-춤, 가래-텃, 가래-토시, 가래-투, 가래-톳, 가래-툿, 가 랫-대, 가랫-덕, 가랫-덧, 가랫-도리, 가랫-터, 가러-톳, 가럼-망알, 가럼-망 울, 가리-때, 가리-말, 가리-춤, 가리-태, 가리-터, 가리-토시, 가리-톳, 가 릿-대, 개-춤, 게-춤, 게-침, 느진돌, 느진돗, 말, 말기

가래-톳 느진돗

가려움 개룸

가려움-증 ㄱ려움증, 개란-정, 개란-증

가렵다 ㄱ릅다, 가랍다, 가럅다, 가럽다, 가려웁다, 가룝다, 가룹다, 가룹다, 가릅 다, 가립다, 간가랍다, 간저럽다, 간지랍다, 간지롭다, 간지룹다, 개랍다, 개랩다, 개럽다, 개럽다, 개룝다, 개룹다, 개릅다, 개립다, 갠지랍다, 갠지 럽다, 갠지롭다, 거럽다, 건거럽다, 건지랍다, 겅그럽다, 게랍다, 게럽다, 게룹다, 굼지럽다, 근지롭다, 까럽다, 껀지럽다, 께거럽다, 솖다, 솔다, 재 그럽다, 제거럽다, 지거럽다, 지그럽다, 지럽다

가무라-지다 강그라-지다, 강그러-지다

가뿐-하다 개쁜-하다, 개픈-하다

가뿟-가뿟 개픈-개픈

가뿟-하다 가풋-하다, 개픈-허다

가쁘다 가푸다, 가프다

가슴-병 가심-뱅

가슴-앓이 가슴-뱅, 가슴-빙, 가슴속-앓이, 가슴-아피, 가슴-애피, 가심-아피, 가 심-앓이, 가심-애피, 가심-에피

가슴앓이-하다 가슴아피-허다, 가슴애피-허다, 가심아피-허다, 가심앓이-하다,

　　　가심애피-허다, 속앓이-하다

가위 가새기, 가왜, 가이

가위-눌리다 가새-눌리다, 가왜-눌래다, 가왜-눌래키다, 가왜-눌리키다, 가이-눌
　　　리다

가프다 가푸다, 가프다

간병 간벵, 갠병

간지럼 간지락-개, 간지락발, 간지람, 간지랍-밥, 간지럽, 간지롬, 간지룸, 간지
　　　름, 간지름-밥, 간지박, 간질굼, 갈금, 강거람, 갠지람, 건지람, 겐지람, 겐
　　　지-밥, 근지막, 제그럼, 제글럼, 조곰, 조기염, 짜감

간지럽다 가룹다, 가지랍다, 간지랍다, 간지롭다, 간지룹다, 강그럽다, 갠지랍다,
　　　갠지럽다, 갠지룹다, 그지럽다, 근지릅다, 깐지랍다, 껀지럽다, 자갑다, 재
　　　거랍다, 재거럽다, 재구랍다, 저골-롭다, 저곱다, 저굽다, 저급다, 조곱다

간질간질-하다 갈실갈실-허다, 난질난질-하다

간질-병 간질-벵, 간질-빙

감기 감그, 감기-돌게, 개-대가리, 개-따가리, 개-때가리, 개-뿔, 개-잠머리, 개-저
　　　꼽자구, 개-점머리, 개-조따가리, 개-조버리, 개-조부리, 개-조푸리, 개-좃
　　　대가리, 개-좃머리, 깨-좃비리, 개-좃부리, 개-좃불, 개-주때가리, 개-주뻐
　　　리, 개-주뿌리, 개-주뿔, 개-줌머리, 개-지꼽자구, 개-지뻐리, 개-지뿌데기,
　　　개-지뿌리, 개지삐리, 개-짐머리, 검기, 고뿌-개짐머리, 고뿔, 고푸리, 고
　　　풀, 괴뿔, 꼬뿔, 돌게, 된-내기, 운기

갑갑-증 까깝-수, 울떡-징, 폭폭-중, 폭폭-징, 화닥-증

갑갑-하다 가깝-하다, 까깝-허다, 까꿉-하다, 깝깝-허다, 끄꿉-하다

갑갑-히 갑갑-시리, 갑갑-이

갑작-병 갑작-벵

거스러미 꺼시름

거위-배 거수엣빙

건강 근강

건강-하다 근강-하다

건강-히 근강-히

건구역-질 건게옥-질

건-기침 건-지침

건망-증 이짐

게-거품 게-버끔, 기-거품, 기-버끔, 끼-거품, 끼-밥

게우다 게어-내다, 기다, 기우다, 내-치다, 넘기다, 넴기다, 올리다

결핵 겔핵

고름 애옥

고약 궤약

고자 불기

고질-병 고질-벵

골 골-때기, 골패기, 보굴

골골 겔겔, 고글고글

골골-거리다 겔겔-거리다

골골-대다 겔겔-대다

골골-하다 고글고글-하다

골-나다 보굴-나다, 에골-나다

골-딱지 골-때기

골-병 골-벵, 골-비이, 골-빙

골병-들다 골벵-들다, 골빙-들다, 얼병-들다

곰기다 겡기다, 곪-지다, 굉기다

곰배-팔 고매-팔, 고-팔이, 골배-팔, 곰배-폴, 곰배폴-이, 곰백-팔, 꼼배팔-이, 앤팔-이, 외팔-째이, 팔-벵신, 팔-빙시이, 팔-빙신, 팔-짤레기, 폴-쫄레기

곰-보 고도리, 곰뱅이, 꼼-보, 닥-보, 딱지, 박조, 빠꼬, 빠꾸, 빡-보, 빡빡-지, 빡조, 빡종, 빵틀, 소님-터, 소임-터, 손님-터, 쌕손, 얼근-보, 얼근-재이, 얽은-이, 유자-껍닥

곰보, 얼금-뱅이 억배기

곰보-딱지 꼼보-딱지

곱사-등 꼽새-등어리

곱사등-이 고부랭이, 고새등, 곱사뎅-이, 곱사드-이, 곱사디-이, 곱새, 곱새등, 곱새이, 구불딩-이, 꼽두-이, 꼽사, 꼽사구, 꼽사댕-이, 꼽사뎅-이, 꼽사드-이, 꼽사디-이, 꼽새, 꼽새-디, 꼽새이, 꼽쇄, 꼽치, 굽새, 등고새, 등-곱새, 등-곱생이, 등곱쟁이, 등-굽새, 등-굽쟁이, 등-꼽새

과로 가로

과로-하다 가로-하다

과민 가민

과민-하다 가민-하다

관절-염 간절-염, 독무릎

구역-질 게옥-질, 게왁-질, 게욕-질, 게웅-질, 겍-질, 겨욱-질, 괘악-질, 괴약-질, 괴역-질, 괴옥-질, 괴웅-질, 구엑-질, 구역-정, 구역-징, 구욕-질, 귀억-질, 귀-역징, 그엑-질, 기역-질, 기웅-질, 깨악-질, 꽤악-질, 꽥-질, 꾀약-질, 꾁-질, 꾸엑-질, 꾸역-질, 꿱-질, 뀌역-질, 역-디기, 역-징, 외옥-질, 웩게-질

구역질-하다 게역질-하다, 게욱질-하다

구정-물, 진-물 구진-물, 궂인-물

구토-하다 구투-하다

굳은-살 퀭이

굶-기다 굶-게다, 굶-지다, 굼가다,   -기다

귀-머거리 귀-마구리, 귀-막레이, 귀막-쉬, 귀막-재이, 귀막-쟁이, 귀-머구리, 귀먹-보, 귀먹-자가리, 귀먹-자국, 귀먹-장구, 귀먹-재가리, 귀먹-재기, 귀먹-재이, 귀먹-쟁이, 귀먹-쟤이, 귀먹-저거리, 귀먹-젱이, 귀-먹추, 귀-멍챙이, 귀-멍쳉이, 귀-멍추, 귀목-쟁이, 귀묵-쟁이, 기-머거리, 기-머그리, 기-머러기, 기-머머리, 기먹-재가리, 기먹-재이, 기먹-쟁이, 기먹-저리, 기먹-정거리, 막-보, 막-쟁이, 먹구, 먹기, 먹-룽, 먹-바, 먹보, 먹초, 먹추, 먹-텡이, 먹-통, 먹팅이, 전베기

귀-먹다 귀-막다, 귀-멀다, 귀-묵다, 기-막히다, 기-먹다, 기-멀다

귀-앓이 기-앓이

귓-병 깃-뼁

근지럽다 건지럽다, 근거럽다, 근시럽다, 근지릅다

긁-히다 걸키다, 괄키다, 괠키다, 그키다, 글체다, 글치다, 긁어-지다, 긁-헤다, 기
　　　　키다, 길레다, 끄럽-히다, 끄키다, 끍-헤다, 끍-히다, 낄키다, 낅-히다, 밀
　　　　어-먹다, 행키다, 헐키다, 헤비-키다, 헹쿠다, 히비-케다

급병 급-기

기계-독 기게-둑, 기겟-독, 기기-독

기계-총 기게-독, 기게-버점, 기게-창, 기게-충, 기게-비점, 기게-충, 도, 도레-버
　　　　짐, 도장-밥, 도장-버듬, 도장-버딤, 독진, 돈-독, 머리-버즘, 부화-버짐, 소
　　　　야치, 이발-독, 이발총, 이발-충, 이발충

기미 기메, 김, 까문-점, 끼미, 제미, 지네, 지메, 지모, 지무, 지미, 지시미, 지위,
　　　　짐, 찌미

기지개 기제기, 기지기, 재치기, 제제기, 제지개, 지개, 지개기, 지꼬대, 지드개,
　　　　지저리, 지제기, 지지개, 지지깨, 지지러기, 지지레기, 지지리, 지지링이,
　　　　지직, 지질개, 지징이, 쭉지개, 쭉찌기

기침 깨챔, 끼침, 지첨, 지침

기침-병 지침-뼁

기침-약 지첨-약

기침-하다 지첨-하다

까무러-지다 자물시다, 자물씨다

까무러-치다 가물시다, 까무술레다, 까무-트리다, 까물-뜨리다, 까물-씨다, 깡그
　　　　라-치다, 자무러-지다, 자무술레다, 자무-치다, 자물수리다, 자물싸-지다,
　　　　자물-쎄다, 자물쎄-지다, 자물-쒐다, 자물아-지다, 잠미치다, 장과-지다,
　　　　장구지다, 촉-버리다, 촉-보리다, 혀뜩-ᄒ다, 혼-쓰다, 히여뜩-ᄒ다, 히여
　　　　뜩-ᄒ다

까부라-지다 까바-지다

깔깔-하다 까리까삼-하다, 꺼끌-허다, 새기다

깔끄럽다 까그랍다, 까까롭다, 까까룹다, 까끄럽다, 까끄리-하다, 까랍다, 깔끄

리-하다, 꾀가롭다, 꾀고롭다, *끄끄럽다*

꺼칠-하다 꺼찰-하다, 꺼치리-하다

꽥 깩

꾀-병 께-벵, 꾀-벵, 꿱-벵, 꿱-빙

꾀병-쟁이 께벵-재이

꾀병-하다 께벵-하다

끙끙-거리다 쏭쏭-저들다

낑낑 껑껑

낑낑-거리다 껑껑-거리다, 쏭쏭-거리다

나른-하다 나긋나긋-하다, 나랏나랏-하다, 나랏-하다, 나렷-하다, 나롯나롯-하다, 나롯-하다, 나릇나릇-하다, 나릇-하다, 나리지근-허다, 나리지급-허다, 나릿-하다, 나작-하다, 날싹날싹-하다, 날싹-하다, 네큰-하다

나른-히 나긋-나긋, 나랏-나랏, 나롯-나롯, 나릇-나릇, 날싹-이, 노긋-노긋, 느랏-느랏

나병 나목-병, 나벵, 용다리-빙, 용다릿-벵, 풍-빙

나병, 문둥-병 용다리-빙

나슨-하다 니작-허다

나아-지다 나사-지다

나-환자 공다리, 옹다리, 용다리

나-환자, 문둥-이 용다리

냉방-병 냉방-벵

노곤-하다 네큰-하다, 노건-하다, 노고네-하다, 노고니-하다, 노근-하다, 노큰-하다, 뇌곤-허다, 눼곤-하다, 시곤-하다

노글-노글 노골-노골

노글노글-하다 노골노골-하다, 노골노골-허다

노래-지다 노라-지다

노망, 치매 노실

뇌-경색 네-경색

부록

뇌-내출혈 네-내출혈

뇌-빈혈 내빈열

뇌-졸중 쓸리는벵, 쓸림증, 중치-멕힘

눈-곱 누꿉, 누꿉-쟁이, 누꿉, 눈-갑지기, 눈-겁지, 눈-겁지기, 눈-고바리, 눈-고
비, 눈-곱데기, 눈-곱자꾸, 눈-곱작, 눈-곱재가리, 눈-곱재기, 눈-곱재이,
눈-곱지, 눈-괴비, 눈-구재비, 눈-굽쟁이, 눈-귑, 눈-껍, 눈-꼬롭재기, 눈-꼬
지바리, 눈-꼬징이, 눈-꼽이, 눈-꼽자구, 눈-꼽재기, 눈-꼽쟁이, 눈-꾀비,
눈-꾸부리, 눈-꾸재비, 눈-꿰비, 눈-ㄲ부리, 눈-ㄲ부지기, 눈-끕, 눈-끼비,
눈-끼빙이, 눈-낍, 눈-딱지, 눈-비주구, 눈-쩐재, 눈-초, 눈-초재, 눈-초제
기, 눈-초제이, 눈-초지기, 눈-코재기, 눈-콥, 눈-콥재기, 는-곱, 애주가리,
저께, 초, 초-꼽재기, 초자구, 초재기

눈-곱자기 눈-곱자구, 눈-곱쟁이, 눈-꼽재이

눈-깜작이 눈-깜쟁이, 눈-깜쩩이

눈-병 누네피, 눈-벵, 눈-빙, 눈-애피, 눈에-피

다래끼 개씹, 개-좆, 개-좃, 꼬투리, 눈-다라시, 눈-다락지, 눈-다랏, 눈-다래끼,
눈-다리께, 눈-다리끼, 눈-대래끼, 눈-대래키, 눈-대지비, 눈-사바리, 눈-종
멩이, 다라, 다라꿔, 다라끼, 다라시, 다라지, 다라찌, 다라키, 다락, 다락
지, 다란, 다람, 다랍, 다랏, 다랗, 다래, 다래기, 다래께, 다래미, 다래비,
다래키, 다랭이, 다레, 다레끼, 다루께, 다루끼, 다리께, 다리끼, 다리케,
다리키, 달래, 달래끼, 달렝이, 대래끼, 대래키, 대레끼, 대리끼, 대접, 대
지비, 대집, 둘럿, 둘뤄리, 둘륏, 드리, 들것, 들럿, 들롯, 들   , 민-다리깨,
반-다레끼, 배접, 배즈, 배치, 알개-씹, 우개-씹

다리-병신 다시-빙시이

다릿-병 다릿-벵

답답-증 오발-딱지

답답-하다 답다부리-하다, 답답다, 어드등-하다

당뇨-병 당뇨-벵

당달-봉사 날-봉사, 단달-봉사, 달달-봉사, 당갈-봉사, 당다리-봉사, 당달-보사,

당달-보살, 당알-봉사, 뜬-봉사

대끼다 덖다, 디끼다, 때끼다, 띠끼다

대-머리 대갈, 대머거리, 댐-머리, 데베이, 두탈, 먼둥데이, 문애-대가리, 민둥-바구, 민들-바구, 민들-바우, 버꺼지, 번들-개, 벗거지, 벗거징이, 벗어-배기, 빈대머리, 빠까지, 뺀대머리, 뺀뺀골이, 뻐꺼지, 뽄대, 쌀-대가리, 할딱-바우, 할딱-배기, 할딱-뱅이, 할딱-보, 헐떡-보, 활딱-보

대상^포진 띠-무슬

돌림 돌금, 돌림-뺑이

돌림-병 돌갯-병, 돌금, 돌량, 돌림-벵

되-게 대기, 뎁-게, 뒤-게, 디-게, 세기, 시-게, 시기

되다 대다, 데다, 데지다, 뒤다, 디다

두근-두근 두근반-두근반, 두근반-세근반, 또가-또가, 또까-또까, 퉁게-퉁게

두근두근-하다 도끈도끈-허다, 두근반세근반-하다, 또가또가-하다, 또까또까-하다, 퉁게퉁게-허다

두드러기 두더기, 두덜기, 두데레기, 두데리기, 두두락, 두두래이, 두두러기, 두두럭, 두두레, 두두레기, 두두레이, 두두렝이, 두두룩, 두두리, 두둘기, 두뒤기, 두드라기, 두드레기, 두드리, 두드리기, 두디기, 두디러기, 두디레기, 두디리, 두디리기, 두딜기, 두트레기, 뚜두러기, 뚜두럭, 뚜두레기, 뚜두룩, 뚜두륵, 뚜드러기, 뚜드럭, 뚜드레기, 뚜드륵, 투두루기

두려워-하다 두레워-하다, 두루워-하다, 솔마음-하다, 솔모음-하다

두렵다 두럽다, 두렙다, 두룹다, 두릅다, 또깝다, 저으다, 저프다

두벌-죽음 두분-죽음

두벌죽음-하다 두분죽음-하다

뒈지다 되어지다, 되지다, 뒈싸-지다, 뒈여-지다, 뒤배-지다, 뒤여-지다, 뒤지다, 디지다

뒤-둥그러지다 뒈-둥그라지다, 뒈-둥그러지다, 뒈-종그라지다, 뒤-중그라지다

뒤뚱 디뚱

뒤뚱-거리다 디뚱-거리다

뒤뚱-대다 디뚱-대다

뒤뚱-뒤뚱 디뚱-디뚱, 뭉갈-뭉갈, 뭉알-뭉알

뒤뚱뒤뚱-하다 디뚱디뚱-하다, 뭉갈뭉갈-하다, 뭉알뭉알-하다

뒤뚱-발이 두듬-발이, 뒤듬-발이, 디딤-발이, 디뚱-발이

뒤뚱-하다 디뚱-하다

뒷-수발 딧-수발

뒷수발-하다 딧수발-하다

뒷-시중 딧-시중

따끔-거리다 소왁-거리다, 소왁-ㅎ다

딸꾹 깔뚝, 껄떡, 따꼭, 따꾹, 딸각, 딸국, 딸깍, 딸꼭, 때깍, 떠꾹, 떨국, 떨꾹, 뽀깍, 태깍, 패깍, 퍼깍, 퍼꾹, 포깍, 포꼭, 폴깍, 푸깍

딸꾹-거리다 깔딱-거리다, 깔뚝-거리다, 껄떡-거리다, 따꾹-거리다, 딸각-거리다, 딸국-거리다, 딸깍-거리다, 딸꼭-거리다, 때깍-거리다, 떠꾹-거리다, 떨국-거리다, 떨꾹-거리다, 뽀깍-거리다, 태깍-거리다, 패깍-거리다, 퍼깍-거리다, 퍼꾹-거리다, 포깍-거리다, 포꼭-거리다, 폴깍-거리다, 푸깍-거리다

딸꾹-대다 깔뚝-대다, 껄떡-대다, 따꼭-대다, 따꾹-대다, 딸각-대다, 딸국-대다, 딸깍-대다, 딸꼭-대다, 때깍-대다, 떠꾹-대다, 떨꾹-대다, 뽀깍-대다, 태깍-대다, 패깍-대다, 퍼깍-대다, 퍼꾹-대다, 포깍-대다, 포꼭-대다, 폴깍-대다, 푸깍-대다

딸꾹-딸꾹 깔뚝-깔뚝, 껄떡-껄떡, 따꼭-따꼭, 따꾹-따꾹, 딸각-딸각, 딸국-딸국, 딸깍-딸깍, 딸꼭-딸꼭, 때깍-때깍, 떠꾹-떠꾹, 떨국-떨국, 떨꾹-떨꾹, 뽀깍-뽀깍, 패깍-패깍, 퍼깍-퍼깍, 퍼꾹-퍼꾹, 포깍-포깍, 포꼭-포꼭, 폴깍-폴깍, 푸깍-푸깍

딸꾹-질 껄때기, 까닥-질, 까딱-질, 깔딱-중, 깔딱-지, 깔딱-질, 깔때구, 깔때기, 깔뚝-이, 깔뚝-질, 깔띠기, 껄데기, 껄디기, 껄때기, 껄떠기, 껄떡-이, 껄떡-질, 껄떼기, 껄뚝-이, 껄띠기, 끌떠기, 끌띠기, 따국-질, 따각-질, 따꼭-질, 따꾹-질, 따끅-질, 딱국-질, 딱퍼꺽-질, 딸각-질, 딸국-질, 딸깍-질, 딸깨기, 딸꼭-질, 딸꾸기, 딸뀍-이, 때깍-질, 때꾹-질, 떠꾹-질, 떨국-질, 떨꺽-

이, 떨껙-이, 떨꾹-질, 뻐꾹-질, 뽀깍-질, 탈고지, 탈곡지, 탈구기, 태깍-질, 파깍-질, 패기, 패깍-질, 패끼-질, 패떼기, 패띠기, 퍼격-질, 퍼기, 퍼깍-질, 퍼껵-질, 퍼꾹-질, 페때기, 펠때기, 포구-질, 포깍-질, 포깡-질, 포껵-질, 포꼭-질, 포꿈-질, 폴깍-질, 피게-질, 피기, 피덕-질

땀-띠 뜸두르레기, 뜸떼기 뜸뚜기, 따미-뜨레이, 땀-따구, 땀-따기, 땀-따레기, 땀-따레이, 땀-때, 땀-때기, 땀-때이, 땀-떼, 땀-뚜대기, 땀-뚜덕, 땀-뚜덩, 땀-뚜덩이, 땀-뚜데기, 땀-뚜드러기, 땀-뚜드레이, 땀-뚜러기, 땀-뚜럭, 땀-뚜룩, 땀-뛰, 땀-뛰기, 땀-뜨래기, 땀-뜨래이, 땀-뜨러기, 땀-뜨럭, 땀-뜨레기, 땀-뜨레이, 땀-뜨리기, 땀-띠기, 땀-띠래기, 땀-띠럭, 땀-띠레기, 땀-테기, 땜-띠

땀띠-약 땀떼기-약, 땀떼-약, 땀뚜-약, 땀띠기-약

땅딸-보 땅깜-보

땅딸-이 따또, 딴또, 땅딸-귀

떫다 떠럽다, 떠룹다, 떠릅다, 떨룹다, 떨부다, 떨붑다, 떱다, 뚧다, 뜨럽다, 뜲다, 띠럽다, 띠룹다, 조락조락-하다, 조락-지다, 쪼랍다, 찌이다, 초랍다, 퉒다, 틃다

미럽디 내렵다, 누답다, 누룹나, 마답다, 마둇다, 마륩다, 마릅다, 마릅다, 마릅다, 매랍다, 매럽다, 매렙다, 매렙다, 매룹다, 매룹다, 매릅다, 매리다, 매립다, 메룹다

마르다 깽필-하다, 마리다, 말라다, 말르다, 모루다, 모르다, 모리다

마른-기침 모른-지침, 모린-지침

마른-버즘 풋빈뎅이, 갈강-버즘, 갈방-버짐, 건-버짐, 겅-버짐, 군-버줌, 군-버즘, 깔-버짐, 돈-버짐, 마른-매짐, 마른-버듬, 마른-버슴, 마른-버줌, 마른버짐-이, 마른-보짐, 마린-버심, 마린-버짐, 모룬-버짐, 모른-버숨, 모른-버짐, 모른-비점, 모른-비접, 모린-버즘, 모린-버짐, 백-버짐, 범-버섯, 벙남, 벙납, 벡-버즘, 벳-버줌, 벳-버즘

마른-버짐 군버즘

마른-벼락 마른-베락

마마 마누라, 큰-마누라, 큰-마누래, 큰-한집, 한-굿, 한-집, 항-것, 항굿, 호명, 호
　　　명-정구

마마, 천연두 마누라

마맛-자국 준지-그르, 한굿-그르, 한집-그르, 항굿-그르

만성-병 만성-뼁

말더듬-이 거바, 다도악이, 다두아리, 다떠버리, 담-버버리, 담-벙어리, 더금버리,
　　　더더-부리, 더딤-바리, 더딤-배이, 더둠-뱅이, 더듬-바리, 더듬-배이, 더듬-
　　　뱅이, 더듬-쟁이, 더딤-이, 더투아리, 때때, 때때바리, 때뜨바리, 떠두바리,
　　　떠듬-이, 떠뜨바리, 떼떼-바리, 말-더뎀이, 말더딤-이, 말-떠듬이, 말떠딤-
　　　이, 말-서스미, 새-다래기, 세-다레기, 세-딱뛰기, 세-짤배기, 쌔짝래기, 치
　　　급-버버리, 터투아리, 터투와리

말라-깽이 말러-껭이, 빼까리, 빼깡-쟁이, 빼깡-챙이, 빼깡쳉이, 빼빼-따리, 빼빼
　　　시, 빼빼-장군, 뺏뺏-이

말라리아 도독놈-병, 도독-병, 도둑놈-병, 물먹는-빙, 쇠하래비, 쉬하래비, 시늉-
　　　빙, 초점, 털러귀, 후루-걸이

말라리아, 학질 풋터는뼁, 풋터는-병, 풋터는빙, 꿴-빙, 날-거리, 날-걸리, 날-러
　　　리, 터는-병, 터는-빙, 터러컷-뼁, 터러컷-병, 터러기

말라-비틀어지다 말라-삐뜰어지다, 말러-비틀어지다

말리다 말료다, 말루다, 말륩다, 말리-우다, 몰라다, 몰랴다, 몰롸다, 몰료다, 몰
　　　류다, 몰리다, 몰리-우다, 시드룹다, 시들루다

맥-없다 맥살-없다, 멕-웃다, 싸름-하다

맥-없이 매가리-없이, 맥살없-이

멀미 머릿-메, 멀, 멀기, 멜미, 모리, 몰미, 무로리, 물미, 물-오리

멀미-약 물미-약

멀미-하다 몰미-하다, 물미-하다

멍 맹당구, 먹, 먹장, 먹통, 멍당구, 멍장구, 멩, 명, 명당구, 밍, 심-거무, 심당구,
　　　심-바우, 심장구, 싱거무, 싱검, 싱당구, 얼-병, 장덕, 청개, 청기, 청독, 청
　　　동, 청둑, 청둥, 청자, 청지, 퍼렁덩-물, 푸렁-덩, 푸렁덩-물, 푸렁-덩이, 푸

렁둥-물, 푸렁둥, 푸렁-물, 푸렁-장독, 푸루덩-물, 푸른-동정, 푸른-둥지, 푸른-장디, 푸릉-디, 푸룽-장데이, 푸정둥

멍-들다 먹지다

멍울 마들가리, 말, 망을, 멍어리, 멍을, 모드래기, 모오리, 몽우리, 몽울

메스껍다 니욱니욱-허다, 니울니울-하다, 대룹다, 메스껍다, 메슬겁다, 메시꿉다, 메쓰껍다, 미서껍다, 미서끄럽다, 미스껍다, 미시껍다, 미싱-하다

메슥-거리다 미슥-거리다, 미승-거리다, 미식-기리다, 미싱-거리다, 미싱-기리다

메슥-대다 미승-대다, 미식-대다, 미싱-대다

메슥-메슥 메숙-메숙, 미숙-미숙, 미승-미승, 미식-미식, 미싱-미싱

메슥메슥-하다 메숙메숙-하다, 미숙미숙-하다, 미승미승-하다, 미식미식-허다, 미싱미싱-하다

며느리-고금 메누리-고곰, 메누리-고굼, 메누리-고굼, 메누리-고봄, 메누리-보곰, 메누리-보굼, 메누리-보금, 메누리-시엄, 메누리-심, 메누리-심니, 메누릿-심, 메느리-보굼, 메느리-보금, 메느리-심, 메느릿-심, 메늘-심, 메르-시림, 메릿-심, 며누리-고굼, 며누리-심, 며느리-심, 미나리-새미, 미나리-심, 미느리-심

목-메다 목-걸다, 목 맥히디, 목-뽕치다, 묵-영지다, 야세-걸나

목-숨 목-섬, 목-솜, 목시미, 목-심, -심

목-쉬다 목-시다

목-젖 모-젖, 목-고대, 목-고디, 목-고레, 목-구레, 목-적, 목-전, 목-젓, 목-좃, 목-좃, 목-줄, 목-지, 목-축

목-청 목-정, 목징, 목-창, 목-총, 목-충, 속-청, 청

몰아-쉬다 모아-시다

몸-부림 늘치, 담, 몸-부럼, 몸씨-질, 몸-씰

몸살 몰살, 몸쌀, 몸질, 몸체, 몸치

몸-서리 몸-써리, 몸써리-무서리, 몸-썰, 몸-썰머리

몸서리-나다 몸써리-나다, 몸썰머리-나다

몸서리-치다 몸써리-치다

몸져-눕다 몸겨-눅다

몸조리-하다 잔조로다, 잔조리-하다

못 멍구쟁이

무-사마귀, 물-사마귀 믈축, 믄축

문둥-병 문더이, 문데이, 문데이-벵, 문뎅이, 문두이, 문둥-벵, 문뒤-이, 문뒤이-
벵, 문디, 문디-떡다리, 문디이, 문딩이, 문떨, 문-상, 뭉디이, 뭉딩-이, 보
리-문디, 보리-문딩이, 썩-문둥이, 용천-배기, 용천-뱅이, 용천-아치, 용촌-
배기

문둥-이 문딩이

물-젖 무-젖

물-켜다 물-써다, 물-쓰다, 물-씨다

뭉치다 웅치다

미치광-이 광인-다리, 광절-다리, 광질-다리, 돌-메총이, 두리훼, 메총이, 미추갱-
이, 미추과-이, 미춘강-이, 미춘광-이, 미춰개-이, 미치개-이, 미치갱-이,
미치과-이, 미치팽-이, 미치핑-이, 미친-개이, 미친-갱이, 미친핑-이, 미친-
배기

미치다 두리다, 메치다, 미추다, 헤까닥-허다

미친-년 두린-년

반-벙어리 반-버머리, 반-버버리, 반-버부리, 반-벙치, 반-봉어리, 반-부칭이, 칠
흡-버버리

반-병신 반-벵신, 반-빙시이, 반-빙신

반-의사 반-이사

반-죽음 얼-죽음

발한-증, 땀^과다증 뚬나는 벵

밭다 보타-지다, 보투다, 보트다, 볻다

밭은-기침 바뜬-지침, 밭은-지침, 보탄-지침, 보튼-지침, 볻은-기침, 볻은-지침

밭장-다리 빹장-다리

배냇-병신 배냇-빙신, 배냇-웃움, 배안잇-숭물, 베안엣-빙신, 베안잇-벵신, 본-숭

물, 본-승

배냇-짓 배쏙-짓

뱃-멀미 배-몰미, 배-물미

버섯 초기

버짐 기계-똥, 기계-버짐, 도장-병, 바른-버짐, 버검, 버딤, 버드름, 버듬, 버딤, 버심, 버점, 버좀, 버즘, 버지미, 베짐, 베찜, 보듬, 보짐, 뵈짐, 비점, 비접, 소-버섬, 조벤, 헤기, 흰-버짐

버짐-약 버점-약, 조벤-약

버쩍 배쩍, 버짝

벗겨-지다 벳기-지다

벗어-지다 벗거-지다

벙어리 말-모레기, 말-모로기, 말-몰레기, 모레기, 모로기, 모르기, 밥지리, 버꾸, 버리, 버머리, 버바리, 버버리, 버벙치, 버부레이, 버부렝이, 버부리, 버부어리, 버어리, 버짜, 벌보, 범버리, 법딩, 법딩이, 법버, 법보, 법자, 벗보, 벙치, 베짜, 봉어리, 봉오리, 비버리, 뺄찌, 애배

변비 벤비

변비-약 벤비-약

별세 벨세

별세-하다 벨세-하다

병 벵, 벵이, 빙, 펭

병-나다 빙-나다

병-들다 벵-걸리다, 벵-들다, 빙-들다

병-문안 벵-문안

병문안-하다 벵문안-하다

병신 벵신, 빙시, 빙신, 빙싱이

병원 벵언, 벵온, 벵완, 벵운, 벵원, 벵은, 병언, 비운, 비원, 빙안, 빙언, 빙원

병-치레 벵-치리, 빙-치리

병치레-하다 벵치리-하다, 빙-허다

보얗다 보여다

보호 보오

보호-자 보오-자

볼-거리 단, 며가리, 목다내, 목돌개, 벌-거리, 벌-앓이, 볼-고리, 볼-땀, 볼-몸살, 볼-부리, 볼-부석, 볼-부스레기, 볼-부시, 볼-부시기, 볼-치, 볼-치기, 볼태기-몸살, 불-부석, 뽈-거리, 뽈때기-몸살, 뽈-치, 뽈-치거리, 뽈치기, 종점, 태단, 태말, 태안

봉사 눈-봉사, 보사, 본사, 봉새, 봉서, 봉소, 봉시

부기 부, 부이

부르트다 붕무르다, 붕물다

부상-병 부상-벵

부스럼 곰깨이, 곰발, 곰발이, 공것, 공곳, 공깽이, 공껭이, 꼬무라지, 꼬무레기, 꼼발, 단게, 보프레미, 부럼, 부름, 부수럼, 부수럼지, 부수레미, 부수롬, 부수룸, 부수름, 부수목, 부순먹, 부술먹, 부술목, 부숭물, 부스러기, 부스럼지, 부스레기, 부스레미, 부스렘, 부스롬, 부스룸, 부스름, 부스름묵, 부스리기, 부스림, 부슬검, 부슬막, 부슬먹, 부슬멕, 부슬목, 부슬묵, 부승몰, 부승무, 부시럼, 부시레기, 부시렘, 부시룸, 부시르미, 부시름, 부시림, 부시먹, 부실막, 부실먹, 부실목, 부실묵, 부으럼, 부으럼지, 부으레기, 부으레미, 부푸레미, 브스룸, 비슴, 뿌시럼, 헌딩이, 흔디

부아 배, 부레, 부애, 부야, 부에, 부예, 부와, 부왜, 부해, 부홰, 북도매기, 북두매기, 북부기, 붕에, 비아, 비애, 비야

부아-통 부애-통, 부와-통

부어-오르다 부얼-거리다, 부-오르다, 붓어-오르다

부어-터지다 부-터지다, 붓어-터지다

부인-병 부인-벵

부항-단지 부앙-단지

불치-병 불치-벵

비듬 머리-비눌, 비게, 비김, 비누룩, 비눌, 비덤, 비돔, 비둠, 비드마, 비듭, 비디

미, 비딤, 비럼, 비름, 비슬, 비즘, 비지, 비지미, 지개미, 지거미, 지겸, 지게미, 지굼, 지굽, 지기미, 지미, 찌개미, 찌겸, 찌겹지, 찌기미, 찌끼미

비루 비리

뾰두라지 빼둘가지, 빼들가지, 뻬둘가지, 뽀드락지, 뽀드리기, 뽀들가지, 쀠둘가지, 뾰들가지

뾰루지 가시-허물, 꼬드락지, 꼬마지, 꼬무락지, 보포레미, 봄부라치, 봄부락지, 봄부래기, 봄부래치, 봄부랭이, 뾰로지

삐다 가모ㄲ다, 가무까-먹다, 가무ㄲ다, 가무지다, 가무치다, 가무타다, 감투다, 꽁치다, 빼이다, 뽀이다, 쀠다, 오모까-먹다, 오모ㄲ다, 오무까-먹다, 오무-ㄲ다, 잡치다

사레 사나, 사네, 사라, 사레, 사루, 사리, 살러레, 살러리, 살레, 살코, 살혜, 새알, 샐, 싸래, 싸레, 싸레-기, 싸리, 쌔알, 차레, 채거리, 채리, 체레

사레-들다 가리-넘어가다, 각기다, 살러레-들다, 살러리-들다, 살레-들다, 살혜-들다, 새알-들리다

사마귀 무사막, 사마구, 사마기, 사마우, 사막

상처 본치

생인-손 배접, 베적, 베점, 새이 손, 세이-손까락, 새인-손, 생-손가라기, 생-손가락, 생-손고락, 생안-손고라기, 생안-손고락, 생이-손가락, 생한-손, 셍-손, 손구라기, 쌩인-손가락, 에린-손

서캐 새가리, 서가리, 서구, 서기, 서카리, 세, 세가리, 세가지, 세개, 세갱이, 세겡이, 세기, 세카리, 세캐, 세캥이, 세켕이, 시가리, 시갱이, 쌔가리, 쌔기, 써가리, 써개, 써개이, 써갱이, 써게이, 써께, 쎄, 쎄가래, 쎄개이, 쎄게이, 쎄겡이, 쎄기, 쎄기이, 쎄카리, 쎼가리, 쐐, 씨가리, 씨개, 씨게미, 씰개, 헤가리, 헤기, 히가리

선-하품 선-하움, 선-하움, 선-하위염, 슨-하품

설사 설세

설사-병 설사-벵

섬뜩-섬뜩 추막-추막, 춤막-춤막

섬뜩섬뜩-하다 춤막춤막-하다

섬뜩-하다 선뜩-하다, 섬지그랑-하다, 수굿-하다, 썸뜩-시럽다, 썹지그랑-하다

성-나다 꼬다, 꼬라지-내다, 꼴다, 몽니-내다, 승-나다, 승-내다, 썽-나다, 썽-내다,
     쌍깔-내다, 쓩-나다, 쓩-내다, 에불-나다, 피댓-나다

속-병 속-뼝, 속-빙, 속-애피, 속-한, 쏙-뼝, 쏙-병

손-거스러미 손-거슴, 손-거심, 손-까시래기, 손-까풀, 손-꺼시럼, 손-끄시럼, 손
     지질-껍질, 지질-껍지

손님-마마 베실, 소님, 소님-마마, 큰-님

수두 뜨레, 물-마누라, 시두, 압세기, 압시기

수명 수멩

시다 새구랍다, 새구럽다, 새구룹다, 새굽다, 새그랍다, 새그럽다, 새그룹다, 새
     부랍다, 새부럽다, 서다, 세거랍다, 세구랍다, 세그럽다, 스다, 시거럽다,
     시겁다, 시구다, 시구랍다, 시구룹다, 시구룹다, 시굽다, 시그럽다, 시그
     룹다, 시그룹다, 시그릅다, 시급다, 시꾸다, 시럽다, 시웁다, 시트다, 십다,
     쌔그랍다, 씨겁다, 씨구럽다, 씨다, 저급다

시들다 뜨다, 소들다, 쑤들다

시들-시들 시달-시달, 씨들-씨들

시들시들-하다 씨들씨들-하다

시들-하다 시글탱-허다, 시드레-하다, 시드름-하다, 시부정-하다, 시장-시럽다,
     시춤-허다, 싸드리-하다

시리다 시다, 시럽다, 시룹다, 실리다, 실히다, 씨리다

식은-땀 선-뚬

신경-병 신겡-뼝

신장-병 신장-뼝

심-병 마음-뼝

심장-병 심장-뼝

쌍-언청이 쌍-얼쳉이

쑤시다 수시다, 쑤세다, 쉬세다

쓰다 시겁다, 십다, 쑵다, 쉬다, 쓰굽다, 쓰급다, 씁다, 씨겁다, 씨굽다, 씨급다, 씨
다, 씹다, 입맛-쓰다

씁쓰레-하다 쌉수리-하다, 쌉쓰름-하다, 쌉쓰리-하다, 쓰우룽-하다, 씁스룽-하다,
씁쓰룽-하다, 씨우룽-하다, 씹쑤룸-허다, 씹쓰름-하다, 씹씨레-하다, 씹씨
름-하다

씁쓰름-하다 씁씨룸-하다, 씹씨룸-하다

씁쓸-하다 쑵지랑-하다, 씹썰-하다, 씹썰-허다

안경 눈-따깨, 눈-따께, 안겅, 안겡, 앤겅, 앤겡, 앤경, 풍만

안짱-다리 안개-다리, 안-애고리, 안-애오리, 앙고바리, 앵고-다리

앉은-뱅이 아진-배기, 아진-뱅이, 앉은-베기, 앉을-방이, 앉을-뱅이, 앉인-배이,
앉인-베기, 앉인-뱅이, 앉일-뱅이, 앉일-벵이, 앙진-뱅이, 앚인-배기

암-내 저드랑-내

애꾸 까재비, 까지비, 눈-짜그레이, 눈-째그레이, 눈-쪽데이, 눈-찌그뎅이, 눈-찌
그딩이, 바누리, 반-봉새, 보름-백이, 사또, 사워리, 새보, 새총-재이, 애꼬,
애꼬-눈, 애꾸-땡이, 애꾸-백이, 애꾸-쟁이, 애-눈깔퉁이, 앵꼬, 앵꾸, 에-
눈, 에눈-봉사, 왜눈-백이, 왜대-백이, 왜짝-눈, 왜통-백이, 외꼬-쟁이, 외
누깔-이, 외눈-배기, 이눈 베이, 쇠눈-맥이, 외눈-뱅이, 외눈-텡이, 외눈-
퉁이, 외눈-튕이, 외눈-파리, 외다-백이, 외대-백이, 외알때-눈, 외알때-백,
외짝-눈, 외째기-눈, 외통-재, 외퉁-배기, 외퉁-백이, 웨눈-뱅이, 웨눈-벡
이, 짜방-눈, 찌그디이, 통보, 통사, 튕기, 한쪽눈-찌그딩이

애꾸눈-이 까지뱅이, 눈-거저리, 눈-까재비, 눈-까지비, 눈꼬락-쟁이, 눈꼴-태기,
눈-쪽대기, 애꼬-쟁이, 에꼬-젱이, 에통-베기, 외눈-쟁이, 외통-배기, 외통-
보, 외통-쟁이, 웨눈-박이, 웨통-쟁이, 쟁겡이, 쪽대기

약-그릇 약-그륵

약-대접 약-대집

약-봉지 약-봉다리

약-사발 약-사바리

약-상자: 약-당새기

약-장사 약-장새

약-주머니 약-조마이

약-탕기 약-단지

양치-질 양기-질, 양수-질, 양지, 양추-질

양치-하다 양지-치다

양칫-소금 양치-소곰

어리둥절 두렁청

어지럼-병 어지럼-빙

어지럼-증 어지렝이, 어질-뱅

어지럽다 아지랍다, 어지랑ㅎ다, 어지렁-하다, 어지롭다, 어지룹다, 어지릅다, 에
　　지릅다, 허지렁-하다

어지럽-히다 버찌르다, 버찔르다, 어지룹-히다

언청이 덩치, 삐-보, 알쳉이, 알칭이, 어느치, 어르치이, 어리칭이, 어청이, 어체
　　이, 어챙, 어쳉이, 어치이, 어칭이, 언체이, 언쳉이, 언치, 언칭이, 얼쨍이,
　　얼찡이, 얼챙이, 얼청이, 얼체이, 얼쳉이, 얼치니, 얼칭이, 엄니-쟁이, 엄쳉
　　이, 엉체이, 에칭이, 올쳉이, 원챙이, 월쳉이, 으리칭이, 을치이, 청보, 청
　　부, 해체이, 허쨍이, 허창이, 허채이, 허챙이, 허쳉이, 허치, 허치기, 허칭
　　이, 헐청이, 헐치, 헐치이, 헐칭이, 헤창이, 헤챙이, 헤체, 헤체이, 헤쳉이,
　　히채이, 히체이

얼금-뱅이 얼거-배기, 얼궁-뱅이, 얼그맹이, 얼그-바리, 얼그-배기, 얼그-빼기, 얼
　　근-배기, 얼근-배이, 얼금-배기, 얼금-배끼, 얼뚝-배기, 얼룸-뱅이, 얼-뱅
　　이, 얽은-놈, 얽이-이

얽다 얼그다

엄살 게살, 설레, 셍-설레, 숭물, 시겁, 앙업, 어거리, 어멍, 어징이, 언구락, 언구
　　럭, 언구렁, 언구록, 언구룩, 언그럭, 언그룩, 엄색, 엄성, 엄풍, 엉구락, 엉
　　구럭, 엉구렁, 엉그럭, 영살, 영정, 영척, 옴살, 웅어, 해우름, 허들

엄살-꾸러기 엄살-꾸레기

엄살-떨다 게살-부리다, 꾀-바시다, 숭-씨다, 시겁-뜰다, 언그럭-떨다, 언그럭-부

리다, 언그럭-쓰다, 언그럭-지기다, 엄살-까다, 엄살-부리다, 엄살-씨다, 엄살-지기다, 엄살-치다, 옴살-뜰다, 음살-뜰다

엄살-스럽다 시겁-시룹다, 음살-시룹다

엄살스레 엄살시리

엄살-쟁이 시겁-쟁이, 엄구럭-재이, 엄살-다리, 엄살-재이, 옴살-쟁이, 음살-쟁이

엄살-하다 엉구럭-지기다

여드름 늣-싸움, 낫-사옴, 낫-사움, 낫-싸움, 놋-사움, 니께미, 니께비, 니끼미, 니끼비, 애드라미, 앤드래미, 앤드름, 야드래미, 야드름, 얘드라미, 얘드름, 어드룸, 어드름, 에두룸, 여두룸, 여두름, 여드램, 여드럼, 여드레미, 여드룸, 위드름, 으다렘, 으두름, 으드럼, 으드렘, 으드름, 으드림, 이더럼, 이두룸, 이두름, 이드래미, 이드러미, 이드럼, 이드렘, 이드룸, 이드름, 이드림, 이디레미, 이디름, 이으드름

열-꽃 꽃, 꽃, 꼳, 바람, 열, 열-꽃, 혼역-꽃, 혼역-발, 혼역-싹, 홍진-열

염병 엠-벵, 엠병, 염-벵, 염빙, 엔병, 염-벵, 엠-병, 염빙, 임병, 임빙

오줌-소태 산기

옴 건지래비, 버리, 비리, 오돌

옻 칠

외-언청이 외-얼쳉이

외팔-이 애팔-이, 에팔-이, 에폴-이, 왜팔-이, 외팔-둥이, 외팔-재이, 외폴-이, 웨팔-둥이

우울-병 우울-벵

우환 우한

울화 울애

울화-병 울애-벵, 울화-벵

웃음-병 웃음-벵

위-경련 넹-빙

위장-병 위장-벵

유전-병 유전-벵

유행-병 유행-벵

으슬-으슬 으스슥-으스슥, 으시식-으시식, 으식-으식, 으씩-으씩

으슬으슬-하다 으식으식-하다, 으씩으씩-허다

응어리 어부리, 엉어리

의사 벵-잽이, 병-잽이, 의싸, 이사

의심-병 의심-벵

의안 개-눈

이틀-거리 두-직, 이틀-거, 이틀-기, 푸꾸

임신 너무, 노무데기

임종 대시

입-병 하매

입-비뚤이 삐뚜렝이, 입-뛔웨기, 입-비뚜레이, 입-비뚜루미, 입-삐틀이, 입-토레
        기, 입-토리왜기, 입-투레기, 입-트 레기, 입-트루웨기, 입-트리왜기, 홀비

잉태 입테

자국 그르

작은-마마 돌림-마누라, 뜰-항굿, 족은-노로, 족은-한집

잔-기침 잔-지침, 잰-지침

잘겁-하다 자겁-하다

잠-투정 잠-덧, 잠-튀정, 잠-트세, 잠-티정

재채기 재차기, 재착, 재채이, 재채지, 재책-질, 재츰, 재치, 재치개, 재치기, 재칙,
        재침, 제침, 지채기, 지청기, 지치기, 하깡이, 하껭이, 허껑이, 헛갱이, 헤
        깽이

저리다 딸리다, 보타-지다, 부트다, 쎙기다, 쏘다, 재룹다, 재리다, 저럽다, 저리-
        하다, 제랍다, 제럽다, 제리다, 지룹다, 지리다, 찌리다, 쩔리다, 키다

저릿저릿-하다 쩌릿쩌릿-허다

전염-병 돌림벵

절뚝발-이 발-찰레기, 발-촐레기, 알레발-이, 절축발-이, 절툭발-이, 질뚝-배기,
        쩔뚝-배이, 쩔룩발-이

절뚝-절뚝 자울락-자울락, 잘쑥-잘쑥, 절락-절락, 짤레-짤레, 찌벅-찌벅

절뚝절뚝-하다 ; 찌벅찌벅-허다, 찔벅찔벅-허다

절룩-거리다 잘심-거리다

절룩-절룩 잘심-잘심, 절심-절심

절룩절룩-하다 잘심잘심-하다

절름-발 잘룸-발, 절룸-발, 짤룸-발, 쩌뚝-발, 쩔뚝-발, 쩔록-발, 쩔룩-발, 쩔름-발

절름발-이 개구다리, 뒤뚝발-이, 뛰뚱발-이, 띠뚝발-이, 뻐때, 잘룸발-이, 전동발-이, 전둥다리, 전타리, 전-태, 절둑발-이, 절락발-이, 절루발-이, 절루-뱅이, 절룩발-이, 절룩파리, 절룸발-이, 절룸-배이, 절룸-뱅이, 절름-배기, 절름-배이, 절-전태, 짝발-이, 짤레, 짤룩발-이, 짤룩-이, 짤룸발-이, 쩌뚝발-이, 쩔두발-이, 쩔둑발-이, 쩔뚜발-이, 쩔뚝-배기, 쩔뚝-뱅이, 쩔뚝-보, 쩔록발-이, 쩔룩-배이, 쩔룸발-이, 쩔룸-배이, 쩔룽-배기, 쩔름-배애, 쩔툭-배기, 찔라래비, 찔루발-이, 찜발-이, 철룩발-이, 파미-병신

젖-몸살 젯-몸살

졸리다 자구랍다, 자구-럽다, 자구룹다, 자몰다, 자몰리다, 자부랍다, 자부럽다, 자부롭다, 자부룹다, 자부릅다, 자불리다, 자브럽다, 자오룹다, 자올리다, 자우럽다, 자우룹다, 자운리다, 잠-덜레다, 잠-에납다, 조랍다, 조럽다, 조렵다, 조롭다, 조룹다, 조릅다, 조보롭다, 조부럽다, 조브랍다, 조블리다, 조울리다, 졸레다, 졸렵다, 졸루다, 졸리키다, 쫄리다

졸-음 거적-귀신, 거적-손님, 자구룸, 자구름, 자바람, 자버람, 자버럼, 자볼-음, 자부라미, 자부람, 자부럼, 자부레미, 자부룸, 자부림, 자불-음, 자불음, 자붐, 자올-음, 자올-움, 자올-음, 자우램, 자우름, 자우림, 자울림, 자울-움, 저부름, 조람, 조렴, 조리미, 조림, 조부람, 조붐, 조으름, 졸림, 졸미, 졸엄, 졸-음, 졸-움, 좀, 죄림, 쨤

종-다래끼 조락, 조락-바구리, 조레기, 종-다리끼, 종댕이, 종맹이, 종-태기

주근깨 프리똥, 프리춤, 프리침

중병 중벵

지리다 자리다, 잘기다, 제랍다, 짤기다, 쩰기다,   기다, 찌리다, 찔기다

지린-내 지렁-내, 지령-내, 지루-내, 지른-내, 짠-내, 찌렁-내, 찌렁-네, 찌른-내, 찌
    린-내, 찐-내, 찔-내

직업-병 직업-뼝

진-버짐 도려-버즘, 도리-버즘, 돈-비접, 먹는-버짐, 물-버듬, 물버즘, 물-버짐,
    세-버짐, 소-버짐, 진-버듬, 진-버섯, 진-버슴, 진-버심, 진-버줌, 진-버즘,
    진-보짐, 진-비점, 진-비접, 찬-버짐, 추진-버짐

진저리 엉걸, 엉기, 지지리, 진지리, 진질미

진절-머리 진지럭적

질병 질뼝

짜부라-뜨리다 짜불-따리다, 짜불레-따리다

짜부라-지다 짜불레-지다

짜증 언기쩡, 짜장, 짜징, 째증

짜증-스럽다 짜징-시럽다

짜증스레 짜징시리

쩌릿-하다 찌리-하다

쩔뚝발-이 쩔락-베이

쩔뚝-쩔뚝 짤쑥-짤쑥

쩔뚝쩔뚝-하다 짤쑥짤쑥-하다

쩔룩발-이 쩍둑발-이, 쩔국발-이, 쩔룩-뱅이, 쭐룩발-이, 찔뚝발-이, 찔락-배이,
    찔룩발-이

쩔름-거리다 쩔룸-거리다

쩔름-대다 쩔룸-대다

쩔름발-이 쩔름-뱅이

쩔름-쩔름 쩔룸-쩔룸

쩔름쩔름-하다 쩔룸쩔룸-하다

찌그러-뜨리다 멜라-지다, 멜르다, 멜싸-지다, 멜쓰다, 찌개-지다, 찌게-지다

찌릿-찌릿 찌리-찌리

찌릿찌릿-하다 찌리찌리-하다

찌부러-지다 짜바-지다, 찌불러-지다, 찌불레-지다

찌뿌둥-하다 찌부덩-하다, 찌부둥-하다, 찌뿌뜽-하다

찌뿌드드-하다 찌긋찌긋-허다, 찌쁘등등-하다, 찍지붓-하다, 찍찌붓-하다

찔끔 쩔꿈

찔끔-거리다 쩔꿈-거리다

찔끔-대다 쩔꿈-대다

찔끔-찔끔 쩔꿈-쩔꿈

찔끔찔끔-하다 쩔꿈쩔꿈-하다

찔끔-하다 쩔꿈-하다

차-멀미 차-몰미, 차-물미

처-매다 짜-매다, 첨매다, 초-매다, 홀-치매다

천식 천징

천연-두 곰보-병, 베실, 비슬, 소염, 소임, 소임-뼝, 수두-소님, 시돗-소님, 시두-소
님, 시두-손님, 시둣-소님, 쏘임, 왕-손님, 외-소님, 유디, 추학, 치두-손님,
큰-손님, 한축, 홍진-소님

치질 지질

침-흘리개 니치름-쟁이

켜다 써다, 씨다

켜-이다 써-이다, 씨다

코-맹맹이 코-마구리, 코-막네이, 코-막넹이, 코-막니이, 코-막사니, 코-막셍이,
코-막쉬, 코-막은쟁이, 코-막젱이, 코-망네이, 코-망넹이, 코-맹매기, 코-먹
재이, 콧-방맹이

코-쭝배기 코-짱배기

콜레라 호열자

콜록콜록-하다 콜롱콜롱-ㅎ다

콧-병 송인

큰-기침 큰-지침

큰기침-하다 큰지침-하다

토-하다 장분-쏟다, 장분질-하다, 태-하다, 퇴-하다

퇴행성-슬관절염 골담

투레 더부리, 떠부리, 터부리

투레-질 다부랭이, 따부리, 투렝이, 푸레-질

투레-하다 더부리-하다, 떠부리-하다, 터부리-하다

트림 가-트림, 개-투림, 개-트름, 게-투룸, 게트라기, 게트레기, 게-트름, 게트림, 그트럼, 그트름, 기드름, 기트람, 기트래미, 기트름, 기-트림, 껄떠래미, 껄테미, 끼트리미, 끼트림, 드름, 지트럼, 투럼, 투룸, 트레미, 트룸, 트르미, 트리미

트림-하다 게틀우다

티눈 쿼눈

파랗다 파라다, 파러다, 퍼런-하다, 퍼리다, 펄-하다, 포랗다, 포러다, 포렇다

폐병 내빙, 내짐, 페벵, 피빙

포진 무술

풍토-병 본벵

피부-병 피부-벵

하품 아염, 아음, 하금, 하뽐, 하얌, 하염, 하옴, 하우염, 하움, 하위여, 하위염, 하위욤, 하위용, 하음, 하팜, 하펌, 하펨, 하폄, 하폼, 하픔, 하피미, 함, 함-질, 함품, 해품, 허품

하품-하다 함-허다

학질 개-노릇, 고롬, 고룸, 도닥-놈, 도독-놈, 도독눔-빙, 말-거리, 말거미, 매일-거리, 복학, 부학, 쉬아래비, 시능-병, 심, 염징, 엥일-학, 자레, 지거, 천질, 춧터는-벵, 토러기, 풋터는벵, 풋터는-벵, 푸껏, 푸꽂, 푸솜, 푸학, 풀-심, 풋-꽂, 풋-심, 하래비, 학질-풍, 한기, 한축

향수-병 향수-벵

허기-증 허구-증, 허그-증, 허깃-징, 허꺼리, 허껄-찡, 헤깔-징

허-하다 허뿌다, 흐-하다

헌-데 곳-것, 폐적, 할미, 허밀, 허멀-그르, 허물, 허물-그르, 헌-뒤, 헌들, 헌-디,

헌미, 혼-디

헛구역-질 헛껙-질, 헷구역-질

헛-기침 맨-지침, 찬-지침, 헛-지침, 헷-지침

혀-짜래기 세-짜내기, 세-짜래기, 쎄-짤래이

혀-짤배기 세-다데기, 세-다드레기, 헤-짜래기, 혜-짤배기

혈전성^정맥염 멕ᄂ림

혓-바늘 섯-바닐, 섯-바눌, 섯-바늘, 섯-발, 세-가시, 세-까시, 세-바눌, 세-바늘, 세-바닥, 셋-가시, 셋-바누리, 셋-바눌, 셋-바늘, 셋-바람, -바눌, 쇠-파눌, 쇳-바눌, 쇳-바늘, 쇳-방울, 쉿-바늘, 쌧-바알, 썻-발, 쎄-까시레이, 쎄-바늘, 쎗-바눌, 쎗-바늘, 쎗-방울, 쎗-방웅, 쐿-바늘, 혜-바늘, 헷-바눌, 헷-방울, 힛-바늘

혓-병 세-꼴리

홍역 가개, 과개, 과거, 구술, 구슬, 구시, 구실, 녹두-손님, 떠래, 뜰항-굿, 배실, 압세기, 압시기, 작은-마누라, 죽은-마누라, 죽은-마마, 헌역, 호욕, 혼녁, 혼역, 혼역-마마, 혼욕, 혼욱, 혼진, 홍녁, 홍시, 홍-재기, 홍-대기

홍진 홍짐

화 복통, 해

화-나다 용심-나다

화-내다 도분-내다, 뒤-쎄다, 해부림-하다, 홰-내다

화병 화뼁, 화빙

화상 고말, 구마, 덴-그르, 된-그르

회충 거수에, 거수웨, 거수의, 건시, 게우리, 공이, 꺼갱이, 꺼꾸, 해, 해-벌거지, 회, 휘창, 휘충, 휘히

효험 소암, 소엄, 소험, 솜, 호엄, 회험

흉, 흉-터 숭

흉당 숭당

부록2/출처

〈사전류〉

『고려대한국어대사전』(2009) https://dic.daum.net/index.do?dic=kor

『네이버 지식백과 간호학대사전』

『암용어사전』(2019), 국립암센터.

『우리말샘』 https://opendic.korean.go.kr/main

『의학대사전』

『표준국어대사전』(2008) https://stdict.korean.go.kr/main/main.do

『한국민족문화대백과사전』 http://encykorea.aks.ac.kr/

〈기타 인용 매체〉

MSD매뉴얼일반인용- https://www.msdmanuals.com/ko-kr/%ED%99%88

https://www.amc.seoul.kr/asan/healthinfo/easymediterm/easyMediTermSubmain.
              do

건강다이제스트 http://www.ikunkang.com/

과학문화포털 사이언스올 https://www.scienceall.com/

https://terms.naver.com/list.naver?cid=60408&categoryId=55558

뉴스1 https://www.news1.kr/

대한부정맥학회 https://www.k-hrs.org:4433/main.asp

대한심장학회 https://www.circulation.or.kr:4443/

대한한의학회 표준한의학용어집2.1 https://cis.kiom.re.kr/terminology/search.
              do

데일리메디 https://www.dailymedi.com/

동아일보 https://www.donga.com/

디지털타임스 http://www.dt.co.kr/

매경헬스 http://www.mkhealth.co.kr/

매일경제 https://www.mk.co.kr/

머니투데이 https://www.mt.co.kr/

메디컬 옵저버 http://www.monews.co.kr/

메디컬타임즈 https://www.medicaltimes.com/Main/

메디컬투데이 http://www.mdtoday.co.kr/

문화일보 http://www.munhwa.com/

민족문화연구원 말뭉치 http://riksdb.korea.ac.kr/

베리타스알파 http://www.veritas-a.com/

서울대학교병원 의학정보 http://www.snuh.org/intro.do

서울아산병원 의료정보 알기 쉬운 의학용어

세계일보 https://www.segye.com/

약업신문 https://www.yakup.com/

약학정보원 https://www.health.kr/

연세말뭉치 https://ilis.yonsei.ac.kr/corpus/#/search/TW

연합뉴스 https://www.yna.co.kr/

한국학통합플랫폼(https://kdp.aks.ac.kr/) 한국 구비문학 대계(https://kdp.aks.
        ac.kr/gubi)

제민일보 https://www.jemin.com

부록3/질병 표현 어휘 관련 논저 목록

강영봉(2015). 「제주도방언 어휘 연구의 회고와 전망」, 『방언학』 22. 한국방언학
　　회. 7-57.

강현숙(1983). 「복부통증환자의 동통어휘 및 동통평가척도를 위한 조사 연구」,
　　서울대학교 석사학위논문.

권복규(1999). 「조선전기 역병의 유행에 대하여」, 서울대 의과대학 석사학위논
　　문

권복규(2000) 「조선시대 전통의서에 나타난 질병관」, 서울대 의과대학 박사학위
　　논문.

김간우(1998). 「관절통을 경험한 도서지역 여성의 체험연구」, 『류마티스건강학
　　회지』 5(2), 265-285.

김경원·나우권(2021). 「조선의 역병 연구(1) -허준의 『신찬벽온방』을 중심으
　　로-」, 『도교문화연구』 55, 9-43.

김근애·김양진(2022). 「한국어 통증표현 어휘의 낱말밭 연구」, 『한국사전학』 40,
　　한국사전학회. 140-169.

김선자(1985). 「수술환자의 통증지각정도에 관한 연구」, 이화여자대학교 석사학
　　위논문.

김순자(2021). 「천징에 쿳간잘귀 달영 먹엉 구완헷젠 허여」, 『제주어』 4, (사)제
　　주어연구소, 134-155.

김순자(2022). 「둘윗 난 건 옷 앞섭 무건 구완헤낫져」, 『제주어』 5, (사)제주어연
　　구소, 148-221.

김신자(2022). 「제주방언 감정표현의 유형 연구」, 제주대학교 석사학위 논문.

김양진(2021). 「〈조선왕조실록〉 속 의료 관련 어휘군 연구」, 『우리말연구』 66,
　　우리말학회. 51-76.

김양진(2023). 『질병 표현 어휘 사전 -주요 사망원인 질병을 중심으로』. 모시는
　　사람들.

김양진·곽자현·박연희(2024).『질병표현어휘사전Ⅱ -한국인이 자주 걸리는 질병 관련 표현』, 모시는사람들.

김양진·염원희(2020).『화병의 인문학 -전통편』, 모시는 사람들.

김양진·장미(2025).『질병표현어휘사전Ⅲ -한국인의 전염병』, 모시는사람들.

김양진·장미(2025).『질병표현어휘사전Ⅳ -사용역에 따른 한국인의 질병』, 모시는사람들.

김재현(2016).「한국어 통증 표현 어휘 콘텐츠 구축 및 제시 방안 연구」, 배재대학교 석사학위논문.

김정선(1991).「소화성궤양환자의 통증표현양상에 관한 연구」, 이화여자대학교 석사학위논문.

김준희(2019).「국어의 통증 표현 연구」,『한말연구』52, 81-109.

박명희·백선희·김남초·송혜향(2002).「호스피스병동에 입원한 말기 암 환자의 암성 통증 표현 양상」,『임상간호연구』8-1, 81-109.

변정환(1984).「조선시대의 역병에 관련된 질병관과 의료시책에 관한연구」, 서울대 석사논문.

송미영(2020).「제중원 한글 의학 교과서에 나타난 전염병 관련 어휘에 대한 고찰 - 두창(痘瘡)과 콜레라를 중심으로」, 국어사연구 31, 233-263.

송미영(2020).「한국인의 주요 전염병과 그 명칭에 대한 통시적 고찰 - '장티푸스, 말라리아, 한센병' 등을 중심으로」,『어문논총』84, 중앙어문학회. 7-43.

송승훈 외 4인(2014).「다양한 신경병증통증에서 보이는 한국어 통증 표현」,『대한통증·자율신경학회지』3-2, 78-82.

신동원(2013).『호환 마마 천연두』

신안식(2020).「역사이야기 전통시대의 전염병, 역병」.『월간 공공정책』175, 98-101.

유경희(1985).「흉부외과환자를 대상으로 한국어어휘통증척도의 타당도 검증에 관한 연구」, 서울대학교 석사학위논문.

윤귀옥·박형숙(1996).「악성종양 환자의 통증 및 통증관리에 관한 연구」,『기본간호학회지』3-2, 299-316.

부록

이선우 외(2013). 「통증 표현 형용사의 낱말밭 연구」, 『의미자질 기반 현대 한국어 낱말밭 연구』, 한국문화사, 232-265.

이숙희(1986). 「일반인에게서 국어 어휘를 이용한 통증척도의 타당성 조사」, 서울대학교 석사학위논문.

이승민(1988). 「고려시대 유행한 전염병의 史的 연구」, 서울대 보건대학원 박사논문.

이승희(2018). 「19세기 『학봉종가 한글편지』에 나타난 질병 관련 어휘에 관한 고찰」, 한국문화 82, 113-140.

이은옥 외(1987). 「요통환자의 통증행위에 대한 조사 연구」, 『간호학회지』17-3, 184-194.

이은옥 외(1988). 「관절통 환자의 통증정도와 통증연관행위에 관한 연구」, 『간호학회지』18-2, 197-210.

이은옥(1981). 「한국인의 동통양상 및 완화방법」, 『대한간호』20-5, 33-38.

이은옥·송미순(1983b). 「동통 평가도구 개발을 위한 연구 - 한국 통증 어휘별 강도 순위의 유의도 및 신뢰도 검사-」, 『대한간호학회지』8-1, 106-118.

이은옥·윤순녕·송미순(1983a). 「동통반응평가도구 개발을 위한 연구(Ⅰ)」, 『최신의학』26-8, 1111-1138.

이은옥·윤순녕·송미순(1984). 「통증어휘를 이용한 통증비율척도의 개발연구」, 『대한간호학회지』14-2, 93-113.

이은옥·이숙희(1986). 「정상성인에서의 한국어 어휘를 이용한 통증척도의 타당도 연구」, 『간호학회지』16-2, 13-26.

이혜연(2014). 「여성결혼이민자를 위한 병원·약국 어휘망 구축」, 상명대학교 석사학위논문.

장미·김양진(2025). "질병 어휘의 은유 양상 연구 - 비의료 분야에 적용된 양상을 중심으로", 『스토리콘텐츠』 7, 경희대학교 스토리텔링연구소, 131-159.

장세권 외(2003). 「표준형성인 암성통증 평가도구 개발을 위한 암성통증어휘 조사」, 『한국호스피스완화의료학회지』 6-1, 1-10.

장순연(2006). 「수술 후 통증표현어휘와 통증강도 ; 산부인과 수술환자를 중심으로」, 고려대학교 교육대학원 석사학위논문.

전효심(1987).「국어 어휘통증척도의 타당도 연구」, 한양대학교 석사학위논문.

정영조·김영훈(1981).「정신과환자의 통증호소에 관한 임상적 고찰」,『최신의
　　　학』24-3, 65-69.

조금숙(1984).「수술환자의 통증양상에 관한 탐색적 연구」, 연세대학교 교육대
　　　학원 석사학위논문.

조항범(2023).「제주 방언의 어휘사 - 신체 부위 기능 장애자를 지시하는 어휘를
　　　중심으로」

최호철(2013).『의미 자질 기반 현대 한국어 낱말밭 연구』, 한국문화사.

Zhang mi·Rynangjin Kim(2025). "A Study on the Metaphorical Expressions of
　　　Korean Medical Terms: From Non-Medical to Medical Domains(한국
　　　어 의료 용어의 은유 표현 연구-비의료 계열에서 의료 계열 방향)"(영문),
　　　Language Research(어학연구) 61-3, 329-348.